Baedeker
Allianz Reiseführer

Rügen

Hiddensee

VERLAG KARL BAEDEKER

Die wichtigsten Reiseziele

** Top-Reiseziele – auf keinen Fall versäumen!

Map labels:

Ostsee

** Kap Arkona
* Vitt

** Insel Hiddensee
Kloster
Vitte
Neuendorf

** Stubnitz·Kreidefelsen
* Schloss Spyker
Großer Jasmunder Bodden
Kl. Jasmunder Bodden

Ummanz
* Waase (Kirche)
* Ralswiek
* Feuersteinfelder

* Gingst (Historische Handwerkerstuben)
* Bergen (Marienkirche, E.-M.-Arndt-Turm)

Kubitzer Bodden

** Jagdschloss Granitz
** Binz
* Sellin
* Lancken-Granitz (Hünengräber)
** Göhren
** Putbus
* Middelhagen

** Stralsund

Groß Zicker

Rügischer Bodden

Strelasund

© Baedeker

Klassizistisches Badehaus in Putbus-Lauterbach
▶ S. 146

Heute eine Museums-Galerie: das Pfarrwitwenhaus in Groß Zicker ▶ S. 127

Inhalt

Das verträumte Fischer-dörfchen Breege ▶ S. 78

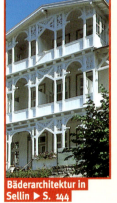

Bäderarchitektur in Sellin ▶ S. 144

Praktische Informationen von A bis Z

Seite 198 – 246

Rügener Keramiktöpferei
▶ **S. 210**

Kulturhistorisches Denkmal: das Fischerdörfchen Vitt in der Nähe des Kap Arkona ▶ S. 122

Perlen

Schöne Aussichten

über Rügen hat man in Bergen vom Ernst-Moritz-Arndt-Turm aus.

Als es zu Beginn des 20. Jahrhunderts in Mode kam, zur "Sommerfrische" in ein elegantes Ostseebad zu reisen, waren die Urlauber vor allem von den kilometerlangen weißen Sandstränden auf Rügen und ihrer kleinen Schwester Hiddensee fasziniert. Bevor man sich allerdings dazumal in die Fluten stürzte, mussten sich die Herren den knielangen Badeanzug noch bis unters Kinn zuknöpfen, während die Damen mit einem Badekarren ins Wasser gefahren wurden, um dort – vor neugierigen Blicken geschützt – ins kühlende Nass zu gleiten. Befreit von all diesen Zwängen genießen heute Tausende von Urlaubern jedes Jahr den Sommer an Rügens und Hiddensees Bilderbuchstränden. Die beiden Inseln mit ihrer außergewöhnlichen landschaftlichen Vielfalt, ihren hübschen Kleinstädten, den Schlössern, Kirchen, Museen und malerischen Fischerdörfern sind heute das ganze Jahr über ein lohnendes Ferienziel. Zahlreiche Wander- und Fahrradwege schlängeln sich durch herbe Heidelandschaften, öffnen den Blick auf sanft geschwungene, schilfbestandene Boddenküsten oder verlaufen oberhalb Rügens schroff abfallender Steilküsten. Die berühmteste unter ihnen ist das Wahrzeichen von Deutschlands größter Insel: die acht Kilometer lange Steil-

Oasen der Ruhe

sind zahlreich auf der kleinen Insel Hiddensee.

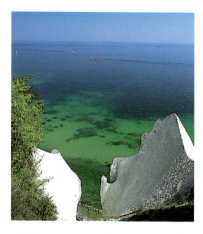

Das Wahrzeichen

von Rügen ist der leuchtend weiße Kreidefelsen.

der Ostsee

küste der Stubnitz mit den leuchtend weißen, mächtigen Kreidefelsen, besonders dem hoch aufragenden, sagenumwobenen Königsstuhl. Will man die Kreideküste nicht erwandern, kann man den Blick auf die Kliffe von einem Schiff aus genießen. Wer einen Ausflug zu Lande bevorzugt, kann wie vor 100 Jahren mit der historischen Dampflok "Rasender Roland" in gemächlichem Tempo über die Insel Rügen zockeln und dabei die schönen Ostseebäder Binz, Göhren, Baabe und Sellin bewundern, deren prachtvolle Villen und Pensionshäuser mit ihren reich ornamentierten Holzfassaden, Veranden, Erkern und Türmchen im Stil der Bäderarchitektur den Glanz vergangener Zeiten heraufbeschwören. Ein besonderes Erlebnis ist ein Besuch der kleinen Insel Hiddensee, die bereits im 19. Jahrhundert von berühmten Schauspielern, Künstlern und Schriftstellern, allen voran der Dichter Gerhart Hauptmann, als Refugium entdeckt wurde. Hier scheint die Zeit tatsächlich stehen geblieben zu sein: Auf den ungepflasterten Straßen der drei idyllischen alten Dörfer und über die sanften Hügel der reizvollen Landschaft sieht man bis heute fast nur Pferdekutschen und Fahrräder fahren – das autofreie Hiddensee ist ein wahres Paradies für alle, die sich nach Ruhe und Entspannung sehnen.

Die Bäderarchitektur

zeugt vom Badetourismus um 1900.

as Strandleben

nn man auf beiden Inseln sgiebig genießen.

Das Jagdschloss Granitz

ist eine der Hauptsehenswürdigkeiten auf Rügen.

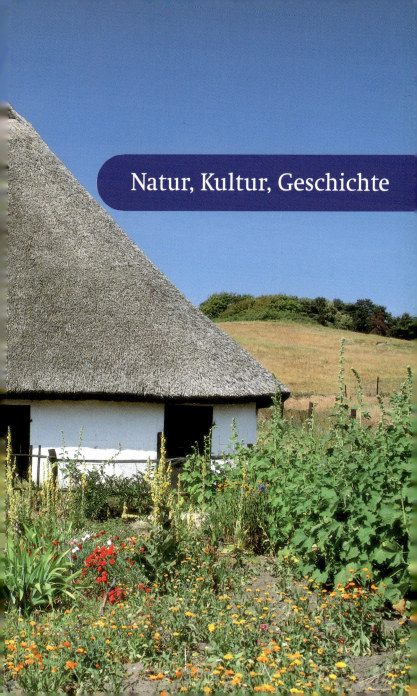

Natur, Kultur, Geschichte

Zahlen und Fakten

Allgemeines

Lage

Die Ostseeinsel Rügen liegt im Norden des Bundeslandes Mecklenburg-Vorpommern. Sie ist nur durch den etwa 1 km breiten Strelasund vom Festland abgetrennt. Auf dem Landweg erreicht man Rügen von der Hansestadt Stralsund aus über den seit 1936 bestehenden 2,5 km langen Rügendamm. Die Insel Hiddensee liegt vor der Westküste ihrer "großen Schwester" und kann nur mit der Fähre von Rügen bzw. vom Festland aus erreicht werden.

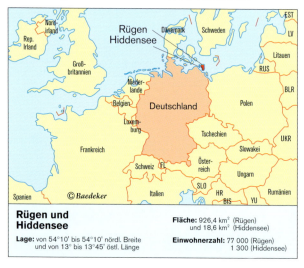

Rügen und Hiddensee

Lage: von 54°10' bis 54°10' nördl. Breite und von 13° bis 13°45' östl. Länge

Fläche: 926,4 km² (Rügen) und 18,6 km² (Hiddensee)

Einwohnerzahl: 77 000 (Rügen) 1 300 (Hiddensee)

Größe

Mit einer Fläche von 926 km² und einer Küstenlänge von 574 km ist Rügen die größte Insel Deutschlands. Die Nord-Süd-Ausdehnung beträgt etwa 50 km, die Ost-West-Ausdehnung rund 43 km. Kein Ort auf der Insel liegt weiter als acht km vom Wasser entfernt. Die im Westen vorgelagerte, knapp 19 km² große Insel Hiddensee ist dagegen nur 17 km lang und zwischen 3 km und 125 m breit.

Verwaltung

Rügen, Hiddensee und Stralsund gehören verwaltungspolitisch zum Bundesland Mecklenburg-Vorpommern. Rügen und Hiddensee bilden einen der insgesamt zwölf Landkreise des nordöstlichen

◀ Das Pfarrwitwenhaus von 1720 in Groß Zicker

Bundeslandes; sie sind damit der einzige Insellandkreis Deutschlands. Kreisstadt ist Bergen, mit fast 17 000 Einwohnern die größte Ortschaft der Insel. Die Bewohner Rügens leben in 41 Gemeinden und den vier Städten Garz, Bergen, Putbus und Sassnitz.
Die Hansestadt Stralsund gehört zu den 6 kreisfreien Städten von Mecklenburg-Vorpommern.

Bis heute ist der Ursprung des Namens "Rügen" ungeklärt. Die älteste schriftliche Überlieferung, in der der Name auftaucht, stammt aus dem Jahr 703 n. Chr.: In der "Angelsächsischen Kirchengeschichte" des Benediktiner-Mönchs und Kirchenlehrers Beda Venerabilis (um 672 – 735) werden die slawischen Inselbewohner als "Rugini" bezeichnet. Doch erst im 11. und 12. Jh. fand die Insel häufiger namentliche Erwähnung. In der Abschrift eines alten Klosterregisters von Corvey (ca. 1060) liest man von der "Rugiacensis insula". Der dänische Geschichtsschreiber Saxo Grammaticus (um 1150 – 1216) nannte in seiner "Gesta Danorum", in der er u. a. die Belagerung und Zerstörung der Tempelburg Arkona durch die Dänen beschrieb, die Insel "Rugia". Helmold von Bosau (um 1120 bis um 1177) bezeichnete in seiner "Slawenchronik" (um 1168) die auf Rügen lebenden Slawen u. a. auch als Rugianer. Im Lauf der Jahrhunderte bekam die Insel noch eine Reihe weiterer Namen, die alle von der ältesten Bezeichnung "Rugini" abgeleitet zu sein scheinen. In Urkunden und auf Denkmälern wird sie Ruja, Rujania, Ruija, Roijen und Rujen genannt sowie Ruigen, Reyen, Rhugen und Ruegen. Die Umschrift des alten Stadtsiegels von Garz lautet: "Sigillum civitatis Gharz in Ruija".

Die frühesten Belege für den Namen Hiddensee finden sich im 12./13. Jh. in den Götter- und Heldensagen der sog. "Prosaedda" des Isländers Snorri Sturlusson ("Hidensey") und in den Schriften des Saxo Grammaticus ("Hithinsö"), der auch eine etymologische Erklärung für den Namen liefert: Einst soll der norwegische König Hithin vor der Küste von Hithinsö um seine Geliebte Hilda gekämpft haben, und zwar mit deren Vater. Das Wörtchen "sö" heißt Insel, also bedeutet Hithinsö Insel des Hithin. Auch in der jüngeren isländischen Knytlingasaga taucht der Name "Hedinsö" auf, der sich dann im Laufe der Zeit zu Hiddensee gewandelt hat.

Naturraum

Nur wenige Besucher der Inseln Rügen und Hiddensee wissen, dass das Land an der Ostseeküste erdgeschichtlich sehr jung ist. Es wurde erst während und nach der letzten Eiszeit gestaltet, die vor etwa 10 000 Jahren endete. Von Skandinavien nach Süden vordringende Gletscher hobelten den Boden ab, rissen die Erde auf und schoben gewaltige Gesteinsmassen vor sich her. Dort, wo das Eis über einen längeren Zeitraum hinweg die Erde bedeckte, lagerten sich sog. Moränenwälle ab. Überall blieben Geröll, Kies, Sand und große Felsbrocken, die so genannten Findlinge, liegen. Ein sehr stattliches Exemplar ist der 1626 Tonnen schwere Buskam bei Göhren. Es entstanden Kliffranddünen, kurze, steinige sog. Blockstrände, Kessel- und Flachmoore sowie Sandmager- und Salzrasen auf den von Schmelzwasserflüssen am Gletscherrand aufgeschütteten Kies- und

**Eiszeit
(Fortsetzung)**

Sandflächen: So wurde schließlich die reizvolle hügelige Landschaft der beiden Ostseeinseln geformt. Allerdings entstand die Ostsee erst nach dem Abschmelzen des Eises, als der Meeresspiegel um knapp 100 m anstieg.

Küstenlinie

**Wechselspiel
von Wind und
Meer**

Zwischen den eiszeitlichen Gesteinshügeln bildete sich eine buchtenreiche Küstenlinie heraus. Das ständige Wechselspiel von Wind und Meeresströmungen schuf in weiten Teilen Mecklenburgs und Pommerns eine weithin flache und überwiegend geradlinig verlaufende so genannte Ausgleichsküste, deren "Haken" (Landvorsprünge) und Buchten durch Wind und Wasser "ausgeglichen" worden sind. Die so entstandenen langen und breiten Sandstrände haben die Ostseeküste seit dem 19. Jh. zu einem beliebten Urlaubsziel gemacht.

Reizvoll ist die Kreideküste Rügens zu jeder Jahreszeit: Hier leuchtet der weiße Fels des Königsstuhls zwischen den herbstlich gefärbten Wäldern der Stubbenkammer.

Boddenküste

Im Falle der Inseln Hiddensee und Rügen haben wir es mit einer Sonderform der Ausgleichsküste, der so genannten Boddenküste zu tun. Bodden (niederdeutsch = Meeresboden) sind seichte Buchten mit unregelmäßigen Umrissen an einer flachen Küste.

**Steilküste,
Kliffe**

Entlang der Küste Mecklenburg-Vorpommerns treten einzelne Steilküstenabschnitte mit markanten und aussichtsreichen Kliffen hervor. Berühmtestes Beispiel ist der Königsstuhl auf Rügen – dieser

(Seitenrandtext links) Naturraum

119 m aufragende weiße Kreidefelsen gilt als meistbesuchter Ort der großen Ostseeinsel; er gehört zur acht Kilometer langen Kreideküste der Stubnitz. Küstenlinie (Fortsetzung)

Landschaftsbild der Insel Rügen

Die größte Insel Deutschlands ist durch den schmalen Strelasund vom Festland getrennt. Die Insel selbst besteht aus den großen Inselkernen Rügen (Zentrum), Wittow (Norden), Jasmund (Nordosten) und Granitz (Südosten) sowie aus mehreren "Inselkernchen" im Süden. Rügen zeichnet sich durch eine außerordentliche landschaftliche Vielfalt aus: Sanfte bewaldete Hügel gehen in wellige Ebenen mit großen Wiesen, ausgedehnten Feldern und sumpfigen Mooren über; Steilküstenkliffe mit schmalen Steinstränden wechseln mit breiten, feinsandigen Stränden an lang gestreckten Buchten.

Die flachwellige Landschaft des Südwestteils der Insel wird gelegentlich auch Niederrügen genannt. Zu diesem Gebiet gehören auch Teile West- und Zentralrügens sowie der Halbinsel Wittow. **Niederrügen**

Der nordöstliche Inselteil mit Bergen, der Stubbenkammer, dem Kap Arkona und der malerischen Kreideküste von Jasmund wird gemeinhin als Hochrügen bezeichnet. Sehr abwechslungsreiche Landschaftsbilder haben diesen Inselteil zum touristischen Anziehungspunkt werden lassen. **Hochrügen**

Die im Norden der Hauptinsel Rügen gelegenen Halbinseln Wittow und Jasmund gehören zu den attraktivsten Kleinlandschaften von Rügen. Die höchste Erhebung ist der 161 Meter hohe Piekberg auf Jasmund. Recht imposant ist die wildromantische Kliffküste mit dem 47 Meter hohen Kap Arkona, der nördlichsten Stelle Rügens. Die wie ein Pult nach Osten aufsteigende Halbinsel Jasmund ist von Buchenwäldern bedeckt. Weltberühmt sind die Kreidefelsen im Umfeld des 117 Meter hohen Königsstuhls. Diese Stubnitz genannte Gegend, d.h. die Ostküste Jasmunds mit dem bizarren Steilufer und dem anschließenden Waldgebiet, wurde 1990 zum Nationalpark erklärt. **Wittow und Jasmund**

Die Schaabe, eine etwa 11 km lange und durchschnittlich nur 1 km breite Nehrung, verbindet die Halbinseln Wittow und Jasmund miteinander. An ihrer Ostküste verläuft ein wunderbarer weißer Sandstrand. Außerdem trennt diese Landzunge den Großen Jasmunder Bodden von der Ostsee. **Schaabe**

Diese Landzunge verbindet die Halbinsel Jasmund mit der Granitz (Südostrügen) und trennt den großenteils verlandeten beziehungsweise vermoorten Kleinen Jasmunder Bodden von der Ostsee. Auch die Schmale Heide hat einen langen, breiten Sandstrand zu bieten, der in den Sommermonaten zahlreiche Badegäste anlockt. Im Norden der Landzunge befindet sich das "steinerne Meer" von Rügen, ausgedehnte Felder aus Feuersteinen. **Schmale Heide**

Der Große und der Kleine Jasmunder Bodden waren ursprünglich ein einziger großer Brackwassersee. 1869 baute man an der engsten **Bodden**

Großer und Kleiner Jasmunder Bodden (Fts.)	Stelle des Sees einen Damm für eine Straße und eine Eisenbahnlinie von Bergen nach Sassnitz – seitdem sind die beiden Bodden voneinander getrennt.
Südostspitze von Rügen	Am abwechslungsreichen Küstenabschnitt zwischen Binz und Thiessow im Südosten Rügens befinden sich die großen Ostseebäder mit ihren schönen Stränden. Im Norden ragen die bewaldeten, bis zu knapp 100 m hohen Hügel der Granitz auf.

Von der Brandung umtost ist der nördlichste Punkt Rügens: das Kap Arkona, auf dem sich der Marinepeilturm befindet.

Landschaftsbild der Insel Hiddensee

Die der Insel Rügen westlich vorgelagerte Insel Hiddensee ist ein landschaftlicher Höhepunkt an der deutschen Ostseeküste. Die höchste Erhebung auf Hiddensee ist der im Norden der Insel 72 m aufragende Dornbusch, ein mit Ginster, Holunder-, Brombeer- und Sanddornbüschen bewachsener Hügel. Durch seine exponierte Lage ist er der Erosion in besonderem Maße ausgesetzt, daher verläuft der Küstenabbruch (Steilküste) hier sehr dramatisch. Am östlichen Rand des Dornbuschs wird ständig Land angeschwemmt, wodurch so genannte Haken, Landvorsprünge, gebildet werden. Dieses Gebiet darf man nicht betreten. Aus dem Abbruchmaterial vom Dornbusch entstand unter Einwirkung einer südlichen Strömung auch das rund 18 km lange, aber stellenweise nur 250 m breite Flachland der Insel. Im Mittelteil Hiddensees dehnt sich die naturgeschützte Dünenheide aus; entlang der Westküste zieht sich ein feinsandiger Strand. Im Süden der Insel wachsen die sog. Geller

16

Sandwatten, die ebenfalls aus ständig angeschwemmtem Land bestehen, fast mit der benachbarten Insel Zingst zusammen.

Erdgeschichte

Etwa 550 Mio. Jahre alt sind die ältesten Gesteine im Untergrund der Insel Rügen. Ablagerungen von Sedimenten aus dem Paläozoikum, dem Erdaltertum (vor ca. 590 bis 250 Mio Jahren), und dem Mesozoikum, dem Erdmittelalter (vor ca. 250 bis 70 Mio. Jahren), haben sich zu Kalk- und Sandsteinen geformt. Vor mehr als 70 Mio. Jahren wurden jene Kreidekalke abgelagert, die heute als Kreidefelsen der Stubnitz bekannt sind und als Schreibkreide abgebaut werden. Breite Feuersteinbänder durchziehen die weiß leuchtenden Kalke. In den kreidezeitlichen Ablagerungen findet man sehr viele Fossilien, darunter Korallen, Seeigel und "Donnerkeile", Reste urzeitlicher Tintenfische.

Auch Spuren des Tertiärs (vor 70 bis 2 Mio. Jahren) kann man auf Rügen entdecken. Wer nach einer Sturmflut an den Stränden Rügens unterwegs ist, findet mit etwas Glück Bernstein, versteinertes Baumharz.

Im Eiszeitalter, das vor etwa 1,5 bis 2 Mio. Jahren begann, bildeten sich in Skandinavien riesige Inlandeispanzer, die sich in mehreren, von Warmzeiten unterbrochenen Kälteperioden nach Süden bis in die Norddeutsche Tiefebene vorschoben. Das Eis transportierte und zerrieb gewaltige Mengen an Gestein und Schutt, die nach dem Abschmelzen der Gletscher liegen blieben.

In der letzten Eiszeit erreichte der Eisvorstoß nur noch die nördlichen Teile der heutigen Inseln Hiddensee und Rügen. Während mehrerer Gletschervorstöße und -rückzüge wurden hier Moränen (Gesteinsschutt) zusammen- und übereinander geschoben. Zurück blieb eine sog. Stauchendmoräne, die sich heute von Kloster auf Hiddensee ostwärts über Bergen und Putbus auf der Insel Rügen bis zur Insel Vilm verfolgen lässt. Sie bildet die Grenze zwischen Hoch- und Niederrügen.

Am Ende der letzten Eiszeit vor etwa 10 000 Jahren schmolzen die im Pleistozän gebildeten Inlandeismassen weiter ab, und es bildete sich das Litorina-Meer. Diese "Ubbr-Ostsee" überflutete die eiszeitliche Landschaft und ließ eine buchtenreiche Küstenlinie entstehen. Der Meeresspiegel stieg um etwa 100 m an. Im Bereich der heutigen Insel Rügen ragten die relativ hohen Moränenzüge der letzten Eiszeit als Inseln aus dem Meer: Wittow, Jasmund, Zentralrügen und Mönchgut. Letztere zerfiel sogar in mehrere kleine Inselchen. In dieser Zeit wurden auch die Kreideschichten von Jasmund freigelegt.

Die einzelnen Inselkerne sind erst in geologisch sehr junger Zeit miteinander verbunden worden. Wind und Strömung haben in den letzten Jahrtausenden das von der Brandung abgetragene Material exponierter Strandabschnitte und Kliffe ostwärts verfrachtet und als sog. Haken (Landvorsprünge) an die Inselkerne angelagert. Die Umformung der Küste dauert bis heute an. Da es in der Ostsee so gut wie keine Gezeiten gibt, treten größere Wasserstandsschwankungen nur bei Sturmfluten auf. Besonders deutlich konnte man das Phänomen der Küstenverlagerung im Frühjahr 1996 auf der

Erdgeschichte
(Fortsetzung)

Insel Hiddensee beobachten. Damals wurde die Steilküste des Dornbuschs von den heranbrausenden Fluten "angeknabbert". Die Ablagerung erfolgte u.a. an der Nehrung von Neubessin.

Naturschutzgebiete

Naturschutz-
gebiete

Die Einmaligkeit der Landschaft Rügens und ihrer Naturschätze machte es notwendig, der Insel einen besonderen Schutz zukommen zu lassen. Heute treffen hier vier Großschutzgebiete zusammen, die 1990 im Rahmen des Nationalparkprogramms von der letzten DDR-Regierung festgesetzt wurden.

Nationalparks
Vorpommersche
Boddenland-
schaft

Der 805 km² große Nationalpark Vorpommersche Boddenlandschaft umfasst große Teile der Küstenlandschaften der Halbinseln Darß und Zingst, Teile der Westküste Rügens, die Insel Hiddensee sowie die Flachgewässer des Kubitzer, Schaproder und Vitter Boddens zwischen Rügen und Hiddensee. Mit etwa 690 km² ist der größte Teil des Nationalparks Wasserfläche, die sich im Herbst in den größten Kranich-Rastplatz Europas verwandelt.

Eine blühende Vegetation überzieht den Dornbusch auf Hiddensee während der Sommermonate.

Nationalpark
Jasmund

Auf der Halbinsel Jasmund, zwischen Lohme und Sassnitz, befindet sich der kleinste Nationalpark Mecklenburg-Vorpommerns, der 3000 ha umfassende Nationalpark Jasmund. Neben dem Wahrzeichen Rügens, der malerischen Kreideküste mit dem imposanten Königsstuhl und den eindrucksvollen Wissower Klinken, zugleich Besuchermagnet des Nationalparks, kann der Naturliebhaber

Feuchtwiesen, Trockenrasen, Moore und Rotbuchenwälder mit ihrer typischen Fauna erleben.

Das Biosphärenreservat Südost-Rügen hat eine Fläche von 235 km^2 und umfasst die Halbinsel Mönchgut, die Granitz, die Region Putbus, die Insel Vilm, den Nordteil des Rügischen Boddens sowie die Seebäder Sellin, Göhren und Baabe. Bewaldete Höhenzüge, Hügel, Salzwiesen, Seen, Moore, Steilküsten, Sandstrände und Buchenwälder machen den besonderen Reiz dieser abwechslungsreichen Landschaft aus. Auf der Insel Vilm finden sich, begünstigt durch ihren langjährigen Schutzstatus, urwaldartige Baumriesen.

Die restlichen Flächen Rügens, ausgenommen die größeren Orte und Gewerbegebiete, zählen zum Naturpark Rügen, der jedoch bisher noch keinen gesetzlichen Status erhalten hat. Er hat Anteil an fast allen Landschaftsformen der Insel.

Die drei Schutzgebiete Rügens werden vom Nationalparkamt Rügen verwaltet. Der Nationalpark Vorpommersche Boddenlandschaft hat seinen Sitz auf der Halbinsel Fischland-Darß-Zingst. Je nach Schutzgebiet, Nationalpark, Biosphärenreservat oder Naturpark, variieren die Ziele und die damit verbundenen Maßnahmen. Nationalparks haben die Aufgabe, Naturlandschaften zu erhalten und sie ihrer eigenen Entwicklung zu überlassen, ohne die Menschen dabei auszusperren. Im Nationalpark Jasmund ist ein Nationalparkhaus geplant, das dem Besucher attraktive Angebote und Informationen vermitteln wird. Biosphärenreservate sind weltweit Ausschnitte aus repräsentativen Kulturlandschaften mit großen Anteilen an naturnahen Biotopen. Neben dem Naturschutz steht hier die Nutzung des Gebiets durch den

> ## Baedeker TIPP) Natur pur
>
> Natürlich kann man auf eigene Faust durch das Biosphärenreservat Südost-Rügen spazieren oder den Nationalpark Jasmund erwandern, doch zusammen mit den Mitarbeitern der Nationalparks, die das ganze Jahr über geführte Wanderungen anbieten und ihre Erfahrungen und Erkenntnisse gern und wortreich weitergeben, Rügens geschützte Landschaften zu erkunden und seltene Pflanzen und Tiere zu entdecken, ist ein besonders beeindruckendes Naturerlebnis. Infos über die einzelnen Wanderrouten beim Nationalparkamt Rügen in Lancken-Granitz (☎ 03 83 03 / 88 50).

Menschen im Vordergrund. Ziel ist es, möglichst im Einklang mit der Natur umweltschonend zu wirtschaften und dadurch zum Erhalt dieses Landschaftsraumes beizutragen. Dem Biosphärenreservat ähnliche Aufgaben hat der Naturpark. Hier sollen alte, durch den Menschen geprägte Kulturlandschaften mit Hilfe von umweltverträglichen Wirtschaftsformen dauerhaft erhalten bleiben und den Menschen als Lebensgrundlage dienen.

In diesem Sinne versuchen die für die Insel Verantwortlichen gemeinsam, Rügen zu einer Modellregion zu entwickeln. Das bedeutet, neben dem Erhalt der Natur und der landschaftlichen Schönheit die Wirtschaftsformen zu finden, die ein langfristiges Fortbestehen einer intakten, in sich geschlossenen Kreislaufwirtschaft gewährleisten. Ansätze dazu liefern die ökologisch betriebene Landwirtschaft, ein auf Vernetzung basierendes Verkehrskonzept und die allgemeine wirtschaftliche Ausrichtung der Insel.

Ostseeküsten-klima

Die Inseln Rügen und Hiddensee haben das Ostseeküstenklima von Mecklenburg-Vorpommern, das einem häufigen Wechsel zwischen maritimen und kontinentalen Einflüssen unterliegt. Für dieses Klima sind starke Luftbewegungen, niedrige Durchschnittstemperaturen, relativ wenig Niederschläge und eine hohe Luftfeuchtigkeit charakteristisch.

Der Frühling auf Rügen beginnt spät und ist größtenteils feucht und kühl, der Sommer ist warm, doch unbeständig, gefolgt vom Herbst mit meist freundlichem Wetter. Der Winter ist entweder streng und trocken oder milde und feucht, jedoch ausgeprägt lang anhaltend.

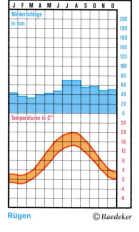

Rügen   © Baedeker

Klimatische Besonderheiten

Rügen und Hiddensee bieten ein ideales Reizklima, d.h. ein gesundes Klima mit intensiver Sonneneinstrahlung und hohem Salz- und Jodgehalt der Luft. Die durch ihre Pollenarmut gekennzeichneten West- und Nordwestküsten Rügens bieten Allergikern ein gesundheitsförderndes bzw. heilendes Klima.

Für Rügen typisch ist eine gewisse Unzuverlässigkeit des Witterungsverlaufs, was der Insel sehr raue, aber auch sehr milde Wetterperioden beschert. Im Hochsommer kann beständig warmes Hochdruckwetter herrschen, ebenso können die atlantischen Tiefausläufer feuchtkaltes Wetter bringen. Beständigster Schönwettermonat ist meist der September.

Temperaturen

Nirgendwo in Deutschland scheint die Sonne so viel wie auf Rügen, durchschnittlich 1800 Stunden im Jahr. Die Temperaturen liegen im Frühjahr und Sommer bei durchschnittlich 20 °C, wobei schon im Mai auch Temperaturen von 30 °C, im Hochsommer von bis zu 35 °C erreicht werden können.

Die Temperatur des Ostseewassers bleibt auch im Sommer frisch, doch wärmen sich die flachen Buchten Rügens angenehm auf. Eine Wassertemperatur von 16 – 22 °C, in den geschützten Boddengewässern sogar bis 25 °C, sorgt von Mitte Juni bis September für erfrischenden Badespaß.

Niederschläge

Die Niederschläge sind in etwa gleichmäßig übers Jahr verteilt und mit 600 – 700 mm sehr niedrig; es herrscht jedoch eine relativ hohe Luftfeuchtigkeit. Aufgrund der verschiedenen landschaftlichen Formen können auf der Insel lokal sehr stark voneinander abweichende Niederschlagsmengen gemessen werden.

Winde

Vorherrschend sind Winde aus westlichen Richtungen. Besonders Hiddensee und Westrügen verzeichnen überdurchschnittlich viele stürmische Tage.

Aufgrund der Tatsache, dass auf Rügen bedeutende Schutzgebiete ausgewiesen sind, ist hier eine reichhaltige Flora und Fauna zu finden. Lehrpfade und Aussichts- oder Beobachtungskanzeln in den Schutzgebieten ermöglichen es den Besuchern, die vielfältige Tier- und Pflanzenwelt vor Ort zu erleben.

Pflanzen

Wälder

Ursprünglich war Rügen überwiegend mit artenreichen Laubwäldern bedeckt, die jedoch schon im Mittelalter großflächig gerodet wurden. Nur noch wenige Restflächen der ehemaligen Buchenurwälder sind in der Stubnitz im Nationalpark Jasmund, auf der Granitz und auf der Insel Vilm vorhanden.

Kulturlandschaft

Rügen ist eine hauptsächlich agrarisch genutzte Kulturlandschaft. Durch die Industrialisierung der Landwirtschaft zu DDR-Zeiten verschwanden viele Landschaftsformen, und der Artenreichtum ging stark zurück. Doch durch Extensivierung, d. h. durch die Verminderung der landwirtschaftlichen Produktion, und der Beweidung durch Schafe entwickeln sich wieder Flächen mit einer vielfältigen Vegetation, die den Besucher im Frühling und Sommer mit einem Blütenmeer empfangen. Floristische Besonderheiten bieten die Salzwiesen an den Bodden und die Magerrasen auf den Hügeln.

Alleen

Die prachtvollen Alleen Rügens wurden fast alle im 19. Jh. gepflanzt. Heute sind sie mehr und mehr durch Straßenbaumaßnahmen und die zunehmende Verkehrsdichte gefährdet.

Bodden

In den Boddengewässern Rügens sind große Mengen von Algen vorhanden; die Frühjahrsblüte der Kieselalgen und die Sommerblüte von Blau- und Grünalgen sind natürliche Erscheinungen in diesen Gewässern. Artenzusammensetzung und Anzahl der Algen sind jedoch vom Nährstoffgehalt des Wassers abhängig, der durch die starke Belastung dieser Gewässer, u. a. durch die Landwirtschaft, sehr hoch ist. Das führt bei der Zersetzung der Pflanzen zu einem höheren Verbrauch des Sauerstoffs als durch Fotosynthese produziert werden kann, weil das Sonnenlicht nicht sehr tief in das aufgrund der Algenmassen trübe Wasser eindringen kann.

Küste

Auf den Dünen entlang der Nehrungen sind vor etwa 150 Jahren Kiefernwälder angepflanzt worden, die sich seitdem natürlich entwickeln konnten. Besonderheiten der Strandflora sind der Meerkohl am Blockstrand von Wittow und die Gemeine Küchenschelle.

Nationalparks

Im Frühjahr sind entlang der Kreideküste von Jasmund die mit Eibe und Elsbeere durchsetzten Buchenwälder mit blühenden Leberblümchen, Buschwindröschen, Goldsternarten und Lerchensporn besonders reizvoll. In den Kesselmooren gedeihen Wollgräser und Torfmoose, aber auch Fieberklee, Sonnentau und Moosbeere sind hier anzutreffen. Die feucht-schattigen Uferschluchten beherbergen Eschen, Ulmen, Ahorn sowie Seggen, Riesenschachtelhalme und Moose. Auf den Kreideschutthängen wachsen zahlreiche der über 20 Orchideenarten auf Rügen.

Pflanzen (Fortsetzung)

Aufgrund der verschiedenen Landschaftsformen zeichnet sich Hiddensee im Nationalpark Vorpommersche Boddenlandschaft durch eine vielfältige Vegetation mit großem Artenreichtum aus. Auf dem Dornbusch sind nur noch wenige Reste der ehemaligen Bewaldung übrig geblieben, sodass Trockenrasenflächen hier typisch sind. Eine Besonderheit ist die Dünenheide als letzte erhaltene Küstenheidelandschaft der Ostsee mit Besenheide, Krähenbeere und Kriechweide.

Tiere

Wild

In den Wäldern Rügens sind Rot- und Damwild, Rehe, Füchse und Wildschweine zu Hause. Im ehemaligen Staatsjagdgebiet auf der Halbinsel Jasmund gibt es noch Mufflons, die zu Jagdzwecken ausgesetzt wurden.

Seltene Tiere

Im Nationalpark Jasmund sind Strudelwürmer und Muschelkrebse als Eiszeitrelikte, außerdem Springfrösche, Schlingnattern sowie andere geschützte Lurche und Kriechtiere noch vorhanden. In den Feuchtwiesen, Mooren und auf den Trockenrasenflächen ist eine artenreiche Insekten-, Spinnen- und Weichtierfauna anzutreffen.

Vögel

An den Küsten Rügens befinden sich bedeutende Brutgebiete verschiedener Vogelarten des Ostseeraums. Besonders die geschützten, unzugänglichen Gebiete und kleinen Inseln, beispielsweise zwischen Rügen und Hiddensee, sind sichere Brutbiotope. Hier nisten

Eine große Kormorankolonie brütet regelmäßig auf der Insel Zudar. Allerdings sind seither dort auch alle Bäume abgestorben.

Möwen auf Rügen und ...   **... Graue Kraniche**

verschiedene Möwenarten, Brandseeschwalben und zahlreiche Watvögel auf den Salzwiesen. Eine Besonderheit sind die Brutgebiete der Mehlschwalben an der Kreidesteilküste im Nationalpark Jasmund. In den Röhrichtgürteln der Bodden sind Rohrammern und Rohrsänger, Wasserrallen und Haubentaucher zu Hause. Etwa zehn Greifvogelarten gibt es auf Rügen, darunter mehrere Seeadlerpaare.

Tiere (Fortsetzung)

Vom Fischreichtum um Rügen profitieren die Kormorane. Diese großen schwarzen Wasservögel leben und brüten meist in großen Kolonien, von denen sich eine auf der kleinen Insel Tollow in der Schoritzer Wiek befindet.

Kormorane

Für viele nordische Zugvögel stellt die Insel Rügen mit ihren Bodden, Buchten, Flachwasserbereichen und Salzwiesen ideale Rastplätze für den Vogelzug im Frühjahr und Herbst. Tausende von Wildgänsen, Wildenten, Schwänen und Kranichen rasten hier und sammeln Kräfte für den Weiterflug. Auf Wittow und Trend sind zahlreiche Goldregenpfeifer zu beobachten.

Zugvögel

Alljährlich im Frühjahr und Herbst durchqueren zahlreiche Graue Kraniche die Vorpommersche Boddenlandschaft sowie die westlichen Teile Rügens. Während der Frühjahrszug in die Brutgebiete im Baltikum und in Skandinavien sehr rasch erfolgt, bleiben die Vögel während ihres Herbstzuges in die Winterquartiere in Frankreich und Spanien oft über mehrere Wochen in der Rastregion. Tagsüber sind sie auf Futtersuche auf den abgeernteten Feldern Rügens und des Festlands anzutreffen; abends fliegen sie mit ihrem typischen trompetenähnlichen Geschrei im Formationsflug zu ihren Schlafplätzen, die sich meist – sicher vor Feinden – in den

Kraniche

23

Tiere (Fortsetzung)	Flachwasserzonen befinden. Da Kraniche äußerst störempfindliche Tiere sind, sollten sie nur von geschützten Beobachtungsplattformen aus mit dem Fernglas beobachtet werden.
Fische	Die Ostsee gilt als artenarmes Gewässer, doch sind hier wie auch in den Boddengewässern wegen des geringen Salzgehalts viele Meeres- und auch Süßwasserfische anzutreffen, z. B. Heringe, Flundern, Aale, Hechte, Zander, Dorsche sowie Plötzen und Bleie. Für die Fischer ist Hochsaison, wenn im Frühjahr die wegen ihrer grünen Gräten sehr exotisch wirkenden Hornfische, v. a. aber die Heringsschwärme zum Laichen in den Greifswalder Bodden ziehen.

Bevölkerung

Einwohnerzahlen	Seit der Wiedervereinigung 1990 sinkt die Einwohnerzahl Rügens von damals 86 000 ständig weiter; heute hat die Insel nur noch rund 77 000 Einwohner – eine Folge des Geburtenrückgangs und der Abwanderung gerade junger Menschen aufgrund der hohen Arbeitslosigkeit auf der Insel. Auf Hiddensee leben rund 1300 Menschen, in der Hansestadt Stralsund etwa 62 000.
Religion	Die Bevölkerung von Rügen, Hiddensee und Stralsund ist überwiegend evangelisch (Pommersche Evangelische Kirche).
Sprache	Plattdeutsch hört man hauptsächlich die älteren Rügener miteinander reden. Immerhin beherrscht noch ein Drittel der Einwohner Rügens diese Mundart. Das aus dem Altsächsischen hervorgegangene Platt- bzw. Niederdeutsch war im Mittelalter die Verkehrssprache im norddeutschen Raum. In der Blütezeit der Hanse vom 14. bis Anfang des 16. Jh.s wurden alle Verordnungen und Verträge auf Plattdeutsch abgefasst. Erst nach der Bibelübersetzung Martin Luthers im 16. Jh. setzte sich Hochdeutsch als Literatur- und Amtssprache durch. Das Plattdeutsche zerfiel danach in viele landschaftlich unterschiedliche Dialekte und blieb die Umgangssprache der einfachen Menschen. Das Rügener Platt, von dem es fünf verschiedene Dialekte gibt, klingt etwas weicher als das Plattdeutsch des restlichen Mecklenburg-Vorpommerns.

Wirtschaft

Allgemeine Wirtschaftslage	Bis in die jüngste Vergangenheit war der Zugang zur Ostsee und damit die Verbindung nach Skandinavien, zu den baltischen Staaten und vor allem zur ehemaligen UdSSR das größte wirtschaftliche "Kapital" Rügens. Seit der Wiedervereinigung Deutschlands ist dieser Standortvorteil relativiert worden und die Wirtschaft Rügens, in erster Linie von Landwirtschaft, Fischerei und vom Fremdenverkehr getragen, von markanten strukturellen Problemen gekennzeichnet. Ungeklärte Besitzverhältnisse brachte die Produktion von vielen Betrieben lange Zeit zum Stillstand. Hohe Arbeitslosigkeit und eine anhaltende Abwanderung vor allem junger Menschen sind Ausdruck dieser Umorientierungsphase. Besonders groß waren die Arbeitsplatzverluste in der Landwirtschaft und in der Fischerei.

Etwa zwei Drittel der Gesamtfläche Rügens werden landwirtschaftlich genutzt, v.a. zum Anbau von Getreide, Kartoffeln und Gemüse sowie zur Rinder-, Schweine- und Hühnerzucht. Nach der Wende wurden die in den Fünfziger- und Sechzigerjahren eingerichteten Landwirtschaftlichen Produktionsgenossenschaften (LPGs) aufgelöst und eine ganze Reihe von marktwirtschaftlich orientierten Firmen gegründet, wobei nach wie vor große Produktionsbetriebe mit einer durchschnittlichen Betriebsgröße von 1500 ha dominieren. Allerdings gingen durch diese Umstellung ca. 70% der Arbeitsplätze verloren, nur noch etwa 20% aller Erwerbstätigen arbeiten in der Landwirtschaft. Großen Wert legen die Landwirtschaftsbetriebe inzwischen auf qualitativ hochwertige, exportfähige Produkte. Die Bio-Bauernhöfe, die in den letzten Jahren auf Rügen entstanden sind, haben diese "ökologische Trendwende" eingeleitet.

Immer noch verdienen viele Rügener ihren Lebensunterhalt mit der Fischerei, obwohl sie als Wirtschaftszweig immer unbedeutender wird.

Die Fischerei zählt auf Rügen zu den traditionellen Wirtschaftsbereichen und war ehemals ein wichtiger Erwerbszweig der Insel. Auf dem Mönchgut wird heute noch nach traditionellen Fangmethoden mit Reusen gefischt, meist allerdings im Nebenerwerb. Die heute einem großen Konkurrenzdruck ausgesetzte Fischerei ist vor allem durch den Preisverfall für Fisch nur wenig einträglich. Regionale Bedeutung hat noch der Heringsfang, aber auch der saisonal auftretende Hornhecht zählt zu den Rügener Fischspezialitäten. Einige Fischer tummeln sich heute auf dem Fremdenverkehrssektor und veranstalten mit ihren Kuttern Rundfahrten für Touristen. Andere versuchen, durch den Verkauf von selbst geräuchertem Fisch ihre Einkünfte zu verbessern.

Industrie, Gewerbe

Rügen hat nur wenige Gewerbebetriebe, in erster Linie in den Bereichen Kreidebergbau, Landmaschinen- und Bootsbau sowie Nahrungsmittelverarbeitung.

Kreideabbau

Traditioneller Wirtschaftszweig ist der Kreideabbau. Bereits Mitte des 19. Jh.s entstanden in mehreren Inselorten Schlämmkreidefabriken. Seit 1963 wird im Schlämmkreidewerk Klementelvitz in der Nähe von Sassnitz Kreide abgebaut, einer der wenigen größeren Betriebe, die über die Wende 1989 hinweg ihr wirtschaftliches Überleben sichern konnten.

Bootsbau

Der Bootsbau ist stark rückläufig. Es gibt noch einige kleine Werften in Lauterbach, Gager und Wiek, die Segelboote und -yachten bauen und Reparaturen durchführen.

Nahrungsmittelindustrie

Etwas bessere Zukunftsperspektiven hat die Nahrungsmittelverarbeitung. Mit dem "Rügener Badejungen", wie der traditionelle Camembert aus der Käserei Bergen heißt, konnte sich ein neues Markenprodukt etablieren. Daneben zählen die luftgetrocknete Rügenwurst, der Rügener Schafskäse und der Wittower Kohl zu den auch überregional bekannten Qualitätsprodukten.

Hoffnung auf bessere Zeiten zeichnet sich auch für die Fisch verarbeitende Industrie Rügens ab. Durch Aufspülung wird zurzeit am Fährhafen Sassnitz eine etwa 12 ha große Industriefläche geschaffen, auf der bis Ende 2002 eines der modernsten Fischbearbeitungszentren der Welt mit über 150 Arbeitsplätzen gebaut wird. Auf dem neuen Industriegelände sollen durch die Ansiedlung v. a. von Transportbetrieben weitere Arbeitsplätze entstehen.

Dienstleistungen

Weit über die Hälfte aller Rügener Unternehmen arbeiten im Dienstleistungsbereich. Eine immer größere Rolle spielt der Fähr-

Der Fährhafen in Sassnitz ist das Tor nach Skandinavien.

26

verkehr. Der neue internationale Fähr- und Transithafen Sassnitz-Mukran, zugleich der größte Umschlagplatz für Eisenbahnfährverkehr in Deutschland, hat sich als Rügens wichtigster Standort für den Güterverkehr mit Schweden, Russland und den baltischen Staaten etabliert. Der alte Sassnitzer Hafen wird heute als Fischereihafen sowie von Ausflugs- und Kreuzfahrtschiffen genutzt.

Mit jährlich steigender Anzahl an Feriengästen ist der Tourismus der Haupterwerbszweig Rügens; etwa 12 % aller Arbeitsplätze sind in dieser Branche angesiedelt. Besonders im Südosten der Insel ist der Tourismus der tragende Wirtschaftszweig und Wachstumsmotor. Etwa 70 % des Bettenangebots von Rügen sind in den Seebädern Binz, Sellin, Göhren und Baabe zu finden. Als größtes Inselseebad mit rund 10 000 Betten nimmt Binz nach wie vor eine herausragende Stellung ein. Touristisch bedeutsam sind auch Sassnitz und die Gemeinden im Nordwesten der Insel. Dort sind einige touristische Großprojekte entstanden, die weitere große Bettenkapazitäten zur Verfügung stellen, zum Beispiel in Dranske und in Vaschvitz.
Wegen des starken Zuwachses an Übernachtungsmöglichkeiten wurde auch Rügens touristische Infrastruktur, v. a. Schwimmbäder und andere Sporteinrichtungen, ausgebaut, sodass Rügen heute den Vergleich mit anderen Touristenzentren nicht zu scheuen braucht. Allerdings soll die Zunahme des touristischen Angebots, z. B. die Anzahl der Hotelbetten, begrenzt werden, um Rügens Natur, sein größtes Kapital, schützen und bewahren und damit gleichzeitig den Lebensunterhalt vieler Rüganer sichern zu können.
Ein kleiner, aber wichtiger wirtschaftlicher Bereich ist der Gesundheitstourismus. Schon Mitte des 18. Jh.s lockte Rügen mit seinem Klima die ersten Badegäste an, um hier zu kuren. Heute gibt es eine ganze Reihe von Kur- und Reha-Kliniken, insbesondere auch für Kinder, die u. a. Atemwegserkrankungen und mit dem Sassnitzer Kreideheilschlamm Gelenk- und Hautkrankheiten behandeln.

Eine besondere Rolle spielt der Fremdenverkehr auf Hiddensee, das inmitten des Nationalparks Vorpommersche Boddenlandschaft liegt. Da die Insel als Urlaubs- und Ausflugsziel außerordentlich beliebt ist, lebt inzwischen fast die gesamte Inselbevölkerung vom Tourismus. Um die Ursprünglichkeit und das charakteristische Landschaftsbild Hiddensees zu bewahren, werden auch hier Überlegungen zur Einschränkung und Kanalisierung des Touristenstroms angestellt.

Verkehr

Abgesehen von Fährverbindungen ist Rügen mit dem Auto nur über den 2,5 km langen Rügendamm zwischen Stralsund und der Insel zu erreichen. Gleichzeitig trägt der Rügendamm die Hauptverkehrslast Richtung Skandinavien über den Fährhafen Sassnitz, was v. a. im Sommer zu langen Staus führt. Da die Ziegelgrabenbrücke im Rügendamm täglich fünfmal für jeweils 20 Minuten geöffnet wird, um die wartenden Schiffe weiterziehen zu lassen, müssen Autofahrer zusätzliche Einschränkungen auf dem Weg nach Rügen hinnehmen – allerdings finden drei der fünf Brückenöffnungen am späten Abend beziehungsweise mitten in der Nacht statt.

Deutsche Alleenstraße Auf der Insel selbst besteht ein dichtes Straßen- und Wegenetz. Einen besonderen Reiz üben die dicht bestandenen Alleen aus. Die erste Teilstrecke der Deutschen Alleenstraße – 1993 eingerichtet, um die erhaltenswerten baumbestandenen Straßen stärker in den Blickpunkt der Öffentlichkeit zu rücken – beginnt in Sellin und führt über Putbus, Garz, Poseritz, Gustow zum Rügendamm. Allerdings sollten die von Eichen, Kastanien, Pappeln und Ulmen gesäumten Straßen wegen der sich stets ändernden Lichtverhältnisse auch tagsüber mit Licht befahren werden. Das Radwegenetz wird ständig weiter ausgebaut. Hiddensee ist für Privatautos gesperrt.

Die Deutsche Alleenstraße beginnt auf Rügen. Sie verläuft hier von Sellin über Putbus und Garz nach Stralsund.

Busverkehr Auf Rügen gibt es 40 Buslinien, die die einzelnen Ortschaften untereinander verbinden; daher können fast alle Sehenswürdigkeiten mit öffentlichen Verkehrsmitteln erreicht werden. Ein Nachtbus fährt zwischen Sassnitz und Göhren, ein Theaterbus von Binz nach Putbus.

Schienennetz Die Insel Rügen ist mit der Hauptstrecke Stralsund – Bergen – Sassnitz (und weiter nach Trelleborg mit der Fähre) an das überregionale Schienennetz angeschlossen. Direktverbindungen nach Stralsund bestehen von mehreren Städten Deutschlands aus, u. a. von Berlin, Frankfurt am Main, Hamburg, Köln und Stuttgart, was besonders in der touristischen Hauptsaison von Bedeutung ist.
Auf der Insel selbst hat das Schienennetz einen eher bescheidenen Umfang. Eine Nebenstrecke zweigt von Lietzow ab und führt über Prora nach Binz. Putbus und Lauterbach sind von Bergen aus zu erreichen.

Wirtschaft

28

Als Touristenattraktion gilt der "Rasende Roland", eine dampf- **"Rasender**
betriebene Schmalspurbahn von Putbus zu den Seebädern Binz, **Roland"**
Sellin, Baabe und Göhren (▶ Praktische Informationen S. 226).

Als Drehscheibe des Ostseeraums unterhält Rügen Fährverbindun- **Schiffsverkehr**
gen nach Schweden, Dänemark, Polen, Litauen und Russland. Die
Eisenbahnfährverbindung von Sassnitz (Fährhafen Sassnitz-Mu-
kran) nach Trelleborg in Schweden, traditionell "Königslinie"
genannt, besteht schon seit 1906.
Zur Entlastung des Rügendamms wurde im zwischen Greifswald
und Stralsund gelegenen Stahlbrode eine Fährverbindung nach
Rügen (Glewitz) eingerichtet.
Von vielen Rügener Häfen bieten zahlreiche Schiffslinien Angel-,
Ausflugs-, Kutter- oder Inselrundfahrten an. Von Seebrücke zu Seebrücke der Seebäder Sassnitz, Binz, Sellin und Göhren ist ein
Linienverkehr eingerichtet.
Die Insel Hiddensee ist über mehrere Fährverbindungen zu errei-
chen, sowohl von Stralsund aus als auch von den Fährhäfen Rügens
in Schaprode oder Wiek (▶ Praktische Informationen S. 234).

Die Anbindung an den nächsten größeren Flughafen erfolgt über **Flugverkehr**
Rostock-Laage. Die Insel Rügen hat in der Nähe von Bergen, in Güttin, einen kleinen Flugplatz, der für Inselrundflüge sowie für den
Personenverkehr mit kleineren Maschinen ausgelegt ist und während der Urlaubssaison auch von Berlin und Hamburg aus direkt
angeflogen wird.

Geschichte

Frühzeit

Altsteinzeit

Wahrscheinlich waren Rentierjäger die ersten Bewohner Rügens. Die ältesten Funde, die auf eine menschliche Besiedlung hinweisen, sind zwei bearbeitete Ren-Geweihstangen, die beim Ausheben eines Grabes im Garzer Moor Anfang des 20. Jh.s freigelegt wurden. In der Nähe von Gingst fand man, ebenfalls bei Grabungsarbeiten, eine aus Horn geschnitzte Harpune, die Ende der Altsteinzeit, im 9. Jahrtausend v. Chr., entstanden war.

Mittelsteinzeit, Lietzow-Kultur

Erste Anzeichen für eine dauerhafte Ansiedlung von Menschen liefern Funde aus der Mittelsteinzeit (8000 – 4000 v. Chr.), vor allem Werkzeuge und Waffen aus Feuerstein, die vornehmlich am Spitzen Ort bei Lietzow ausgegraben wurden. Diese Kultur nennt man nach dem Fundort Lietzow-Kultur (▶ Kunst und Kultur S. 45).

Jungsteinzeit

Aus der Jungsteinzeit (3000 – 1800 v. Chr.) sind die ersten Begräbnisstätten erhalten geblieben. Es handelt sich dabei um gewaltige Großstein- beziehungsweise Hünengräber (▶ Kunst und Kultur S. 45). Während der Jungsteinzeit vollzog sich ein tief greifender gesellschaftlicher Wandel: Aus den umherziehenden Jägern und Sammlern wurden sesshafte Bauern, die sich von Viehzucht und Ackerbau ernährten.

Bronzezeit

Die Bronzezeit (1800 – 600 v. Chr.) setzte auf Rügen verhältnismäßig spät ein. Erst ab 1500 v. Chr. wurden die Steinwerkzeuge allmählich von dem neuen Material Bronze verdrängt. Über eineinhalbtausend Jahre war die Legierung aus Kupfer und Zinn das Hauptmaterial bei der Herstellung von Werkzeugen und Schmuck, für den man aber auch Bernstein verwendete. Das hellgelbe bis orangerote, bisweilen auch bräunliche fossile Harz war seit der Steinzeit bekannt und als Tauschobjekt begehrt. Über große Handelswege, die so genannten Bernsteinstraßen, gelangte das kostbare Material von der Nord- und Ostseeküste nach Mittel- und Südeuropa.

Im Unterschied zu ihren Vorfahren bestatteten die bronzezeitlichen Bewohner Rügens ihre Toten nicht mehr in riesigen Steingräbern, sondern gingen dazu über, die Leichen mit der Steinzeit zu verbrennen und die Urnen mit der Asche in Hügelgräbern beizusetzen. Da die Hügelgräber zuweilen mit wertvollen Bestattungsbeigaben versehen waren, wurden viele von ihnen von Grabräubern geplündert.

Eisenzeit

Während der Eisenzeit (600 v. Chr. – 1. Jh. n. Chr.) besiedelten die ostgermanischen Rugier Hiddensee und Rügen. Gefunden wurde aus dieser Zeit u. a. auch römisches Kunsthandwerk, das durch Tauschhandel nach Rügen gelangte. Bei Gustow wurde ein Gräberfeld freigelegt, auf dem vom Ende der Bronzezeit bis in die römische Kaiserzeit Bestattungen stattfanden. In der Zeit der Völkerwanderung (3. – 6. Jh.) verließen die Rugier die Insel; vermutlich wurden sie von vordringenden slawischen Stämmen vertrieben. Was von ihnen blieb, ist der Name der Insel: Rügen.

Bei Lancken-Granitz, in der Nähe von Sellin, befinden sich fünf beeindruckende Hünengräber aus der Jungsteinzeit.

Slawenzeit (7. – 13. Jahrhundert)

Vom 7. Jh. an besiedelten die slawischen Ranen die Insel Rügen. Sie betrieben neben Fischfang Ackerbau und Viehzucht und errichteten Befestigungsanlagen, Verwaltungsgebäude und Tempel. Als tüchtige Seefahrer trieben sie bereits im 9. Jh. umfangreichen Handel mit den benachbarten Stämmen.

Gemessen an dem langen Zeitraum, in dem die Ranen auf Rügen siedelten, sind die Zeugnisse ihrer Anwesenheit eher spärlich. Ab dem 8. Jh. errichteten sie Burgen, in die sich die Bevölkerung in Kriegszeiten zurückziehen konnte. Darüber hinaus fungierten die Burgen auch als Marktplatz, Tempel und Versammlungsstätte. Bedeutende Zentren des politischen und religiösen Lebens waren die Burgen in Arkona, Rugard und Garz. Im 11. Jh. bildete sich bei den Ranen eine adlige Oberschicht heraus, doch die größte Macht lag in den Händen der Priester. Wichtige Entscheidungen sowohl in religiösen als auch in weltlichen Fragen wurden mit Hilfe von Orakeln gefällt. Die höchste Instanz der Priesterschaft war der Oberpriester, der seinen Sitz in der Festung Arkona hatte. Dort befand sich auch das Hauptheiligtum der Ranen, ein monumentales, vier-

Slawenzeit (Fortsetzung)

köpfiges Standbild von Svantevit, dem Gott des Friedens, der Fruchtbarkeit und des Überflusses.

Vom 8. bis ins 12. Jh. verbreiteten die Ranen, so wie die Wikinger, im Ostseeraum Angst und Schrecken und galten wegen ihrer blitzartigen Überfälle als gefürchtete Seeräuber und unbesiegbare Herren ihrer Insel. Vor allem dem mächtigen Königreich Dänemark waren die Ranen ein Dorn im Auge. Unter dem Vorwand, sie zum Christentum zu bekehren, unternahm der Dänenkönig Waldemar I. mit Unterstützung des deutschen Herzogs Heinrich der Löwe 1168 einen Feldzug gegen die slawischen Inselbewohner. Gegen die Übermacht der Angreifer hatten die Ranen keine Chance; sie mussten

Christianisierung Rügens

ihren Göttern abschwören und wurden christianisiert. Die Entmachtung der Priesterschaft zog unwillkürlich die Stärkung der slawischen Fürsten nach sich. Wohl wissend, dass sie ihre Position nur mit der Unterstützung der neuen, christlichen Machthaber halten konnten, ließen sie sich bereitwillig taufen. Ranenfürst Jaromar I., der Bruder des gefangen genommenen Fürsten Tetzlav, erhielt von Dänemark die Insel Rügen zu Lehen, dafür musste er dem dänischen König den Treueid leisten. Die Christianisierung schritt rasch voran, bereits 1180 wurde mit dem Bau des ersten Gotteshauses, der Marienkirche in Bergen, begonnen. In den folgenden Jahrhunderten entstanden auf der Insel in vielen Orten Kirchen (▶ Kunst und Kultur S. 47), von denen die meisten bis heute erhalten sind.

Dänische Lehnsherrschaft (13. – 17. Jahrhundert)

Seit dem Sieg der Dänen über die Ranen in der Schlacht von Arkona 1168 stand Rügen unter dänischer Lehnsherrschaft. Auf das slawisch geprägte Siedlungsbild nahmen die Dänen keinen sichtbaren Einfluss, wohl aber die deutschen Zuwanderer aus dem Westfälischen, Niedersächsischen und Niederfränkischen, die ab Ende des 12. Jh.s auf Rügen nachgewiesen sind. Vom slawischen Adel wurden sie – wohl vor allem wegen ihrer und Kenntnisse im Ackerbau – wohlwollend aufgenommen. Als 1325 das slawische Fürstenhaus mit Witzlaw III. ausstarb, trat ein Erbvertrag mit den deutschen Herzögen von Pommern-Wolgast in Kraft. Unter den nun regierenden Pommernfürsten nahm die staatsrechtliche Bindung Rügens an Dänemark immer mehr ab, wenngleich die Dänen die Lehnsoberhoheit über die Insel nicht aufgaben. Ab dem beginnenden 15. Jh. verschwand durch den deutschen Einfluss auch die slawische Sprache, an die heute nur noch die vielen Ortsnamen mit Endungen auf -itz, -in, -ow und -gast erinnern.

Unter schwedischer Herrschaft (1631 – 1815)

Rügen kommt zu Schwedisch-Pommern

Drei Jahrhunderte lang gehörte Rügen zu Pommern. Während des Dreißigjährigen Kriegs (1618 – 1648) besetzten nacheinander die Truppen Wallensteins, die fast den gesamten Waldbestand abholzten, Dänemarks und Schwedens die Insel. Als das pommersche Fürstenhaus 1637 erlosch, hätte aufgrund eines Erbvertrages Pommern an Brandenburg fallen müssen, doch die letzten Eroberer Rügens, die Schweden, scherten sich nicht darum und gaben die Insel nicht mehr heraus. Im Westfälischen Frieden von 1648 wurde ihnen "Schwedisch-Pommern" samt Rügen dann sogar offiziell zuerkannt. Preußen, das sich mit dieser Entscheidung nicht abfinden wollte, unternahm insgesamt drei erfolglose Versuche, den Schweden die Insel wieder zu entreißen – Rügen blieb bis Anfang des 19. Jh.s schwedisch.

Schwedenzeit (Fortsetzung)

Die Hauptleidtragenden der Fremdherrschaft in der beginnenden Neuzeit waren die Bauern. Hohe Abgaben und andere Zwangsmaßnahmen brachten von der zweiten Hälfte des 16. Jh.s an viele Bauern in die wirtschaftliche Abhängigkeit einiger weniger Adliger. Mit dem so genannten "Legen" der Bauern, also einem "Dazulegen" des Bauernlandes zum Adelsbesitz, wurden über drei Viertel der Bevölkerung zu Leibeigenen des Adels (▶ Baedeker Special S. 34). Erst 1806 hob der schwedische König Adolf IV. die Leibeigenschaft in Schwedisch-Pommern und damit auch auf Rügen auf.

"Bauernlegen"

Ehepaar in Mönchguter Tracht vor seiner Bauernkate

Rügens Entwicklung zur Urlaubsinsel

Im Jahr 1815 ging Preußens Wunsch endlich in Erfüllung: Nach einem Beschluss des Wiener Kongresses, auf dem europäische Fürsten und Staatsmänner eine territoriale Neuordnung Europas vornahmen, musste Schweden Vorpommern samt Rügen und Hiddensee an das preußische Königreich abtreten.

Unter der Herrschaft Preußens

Bis ins 19. Jh. lebten die Bewohner Rügens hauptsächlich vom Fischfang, vom Kartoffel- und Getreideanbau sowie von der Rinder- und Schafzucht. Nachdem schon Mitte des 18. Jh.s die ersten Damen

Die ersten Badegäste

Geschichte

Kampf dem Bauernlegen!

1792 verließ Catharina Dorothea Völschen das Stralsunder Heiliggeistkloster, ging nach Loitz zu ihrem Vater und heiratete dort einen Unteranen eines festländischen Gutsbesitzers. Alle Hebel wurden in Bewegung gesetzt, um die junge Frau zurückzuholen. Schließlich wurde sie von der Polizei aufgespürt und ins Gefängnis gesperrt. Catharina Dorothea Völschen – eine Kriminelle? Keineswegs! Sie war eine Leibeigene!

Im Vernehmungsprotokoll heißt es, man habe ihr zu erkennen gegeben, "wie sie nach allen vorkommenden Umständen Ruthenstrafe verdient hätte, daß man jedoch aus verschiedenen Bewegursachen und besonders in Hinsicht auf das Kind, das sie an der Brust hätte, sie für diesmal mit körperlicher Strafe verschonen wolle, indessen sey sie schuldig, die dem Kloster verursachten Unkosten zu vergüten". Die junge Frau hatte den Bezirk ihres Grundherrn ohne dessen Erlaubnis verlassen, was als Flucht gewertet wurde – und die Flucht eines Leibeigenen war ein strafbares Delikt. Catharina Völschen aber gab nicht auf. Bei Nacht und Nebel gelang es ihr, über die Gefängnismauern zu klettern und zu entkommen. Nach dieser zweiten Flucht erschien in der "Stralsundischen Zeitung" vom 15. August 1792 ein Steckbrief der Gesuchten, der sich im

Namen des Klosters zum Heiligen Geist an "alle Herrschaften und Obrigkeiten" richtete, "die genannte vorflüchtige Unterthänin, wenn sie sich unter ihrer Gerichtsbarkeit betreten lassen sollte, zur gefänglichen Haft bringen zu lassen und uns davon Nachricht zu ertheilen, da wir denn zu ihrer Abholung sogleich die Anstalt vorzukehren werden". Was die unglückliche Frau dann zu erwarten hatte, war gesetzlich festgelegt: die Peitsche!

Von freien Bauern zu Leibeigenen

Seit dem 15. Jahrhundert gab es auf Rügen Leibeigenschaft . In dieser Zeit stiegen, bedingt durch wirtschaftliche Veränderungen vor allem in Westeuropa, die Getreidepreise stark an. Nutznießer dieser neuen Situation war auch die Ostseeregion, in der viel Getreide angebaut

wurde, das problemlos auch in entferntere Gebiete verschifft werden konnte. Die adligen Grundherren auf Rügen wollten nun ebenfalls an den hohen Handelsgewinnen teilhaben. Allerdings waren deren Gutshöfe kaum größer als die der ansässigen Bauern. Da gab es nur eine Möglichkeit: Der Grundbesitz musste vergrößert werden!

Bereits seit dem Mittelalter besaßen die Grundherren eine Vielzahl an Privilegien, u. a. hatten viele von ihnen die volle Gerichtsbarkeit inne und konnten so ihre Untertanen zwingen, immer höhere Abgaben zu entrichten oder Frondienste zu leisten. Deshalb war es für den adligen Grundbesitzer des 15. Jahrhunderts auch nicht schwer, seinen Besitz nach Belieben zu erweitern: Man musste nur ein wenig Druck auf die Bauern ausüben, etwa durch Steuererhöhungen oder immer härtere und längere Frondienste, und den Betroffenen blieb nichts anderes übrig, als dem sog. "Legen", also dem "Dazulegen" ihres Landes zum Adelsbesitz, und ihrer Degradierung zu unfreien Tagelöhnern hilf- und machtlos zuzusehen.

Das Bauernlegen war aber nicht nur ein "Privileg" der kleinen adligen Grundherren; auch die großen Landesherren, die geistlichen Grundbesitzer und die Städte mischten schon bald eifrig mit. Tauschen, vermieten, versetzen, verkaufen – der Grundherr konnte mit seinen Untertanen machen, was er wollte. Rechte genossen die Leibeigenen nicht; sogar in Fragen der Eheschließung hatte er ein Wörtchen mitzureden; wenn ihm eine angestrebte Verbindung zweier Menschen nicht gefiel, konnte er sie verhindern. Die Bauern hatten keine Möglichkeiten, sich gegen die Willkür der Gutsherren zur Wehr zu setzen. Zwar konnten sie sich – theoretisch – von der Leibeigenschaft loskaufen – doch zu einem Preis, den aufzubringen kaum jemand in der Lage war.

"Die Aufhuckerin"

Den meisten blieb nur die Flucht ins Reich der Phantasie – so entstanden viele Sagen, in denen meist überirdische Wesen die geschundene bäuerliche Bevölkerung in Schutz nahmen. Ein Beispiel hierfür ist die Sage von der "Aufhuckerin": "Vor dem Gutsherrn von Prosnitz fürchteten sich die jungen Mädchen weit und breit. Keines war vor ihm sicher, besonders dann, wenn er zu viel getrunken hatte. Eines Abends, als er von einem Zechgelage kam, versperrte ihm ein kleines,

verhutzeltes Weib den Weg. 'Nehmen Sie mich mit, mein Herr!', bat sie ihn. Der Gutsherr aber ging weiter. Doch so schnell er auch lief, die Alte blieb neben ihm. Plötzlich sprang sie auf seinen Rücken. 'Sie mögen doch die jungen Mägdelein so gern. Tragen sie mich ein Stück!' Der Mann versuchte, sie abzuschütteln, aber je mehr er sich wehrte, desto schwerer wurde der Geist. Schließlich brach er kurz vor seinem Gutshaus erschöpft zusammen. Dort fand ihn sein Gesinde am nächsten Morgen tot auf. Von nun an hatten die Menschen Ruhe vor dem bösen Gutsherrn von Prosnitz."

Ernst Moritz Arndt

Das Bauernlegen erlebte gegen Ende des 18. Jahrhunderts seinen Höhepunkt. 1783 waren 75 Prozent der in den Dörfern Rügens lebenden Einwohner Leibeigene. Nun aber meldeten sich liberal gesinnte Bürger, die die unmenschliche Leibeigenschaft anprangerten. Am meisten Aufsehen erregte dabei das 1803 in Berlin veröffentlichte Buch mit dem Titel "Versuch einer Geschichte der Leibeigenschaft in Pommern und Rügen" von dem Greifswalder Universitätsdozenten Ernst Moritz Arndt. Der 1769 in Groß Schoritz auf Rügen geborene Autor wusste, wovon er schrieb: Seinem Vater war es gelungen, sich aus der Leibeigenschaft freizukaufen. In

seinem Werk schildert Arndt die Verhältnisse seines Heimatlandes, "wo der Mensch an den Boden gefesselt ist, ... die Bauern und andere auf dem Gute wohnenden unterthänigen Leute nicht mit Geldstrafen belegt werden dürfen, sondern es meistens auf ihren Rücken losgeht". Mit drastischen Worten führte er aus, dass die Leibeigenschaft auf der Insel weit schlimmer sei als auf dem Festland und "die Leibeigenen wie wahre Inventariumsstücke, wie res immobiles, die zum Gute gehören, bei dem Kauf und Verkauf desselben gerechnet, gezählt, taxiert und nach Jahren und Kennung wie Ochsen und Pferde aufgezeichnet" würden. Natürlich wollte der Grund besitzende Adel von Rügen und Pommern diese Angriffe nicht hinnehmen, doch Beschwerden bei den höchsten Gerichtsinstanzen blieben ohne Erfolg. Es sollte aber noch einige Jahre dauern, bis der Staat sich zu dem durchrang, wozu Ernst Moritz Arndt in seinem Buch aufgerufen hatte: "Der Staat muß für alle seine Kinder sorgen, ... er muß nicht erlauben, daß die Mehrzahl der Nation in einem unnötigen Druck schmachte, damit die kleinere Zahl desto übermütiger und bequemer ihr üppiges Leben - nicht genieße - sondern verderbe!" Im Jahr 1806 schließlich hob Schweden in "alle(n) deutschen Gebiete(n) der schwedischen Krone", darunter auch Rügen, die Leibeigenschaft auf.

und Herren der Gesellschaft zum Kuren nach Rügen kamen, gründete Wilhelm Malte I. zu Putbus 1816 Rügens erstes Seebad bei Lauterbach am Rügischen Bodden. Ab etwa 1830 setzte mit einigen Hundert Badegästen im Jahr der Fremdenverkehr ein, der sich zu einer der wichtigsten Erwerbsquellen Rügens entwickeln sollte. Zunächst mussten die Besucher mit Unterkünften in Fischer- und Bauernstuben vorlieb nehmen; 1869 wurde das erste Hotel eröffnet, dem Luxusvillen und weitere Hotels folgten.

Ende des 19. Jh.s war Sassnitz das Modebad Nummer eins, aber auch Binz und Göhren, Lohme, Breege, Sellin, Thiessow und Baabe entwickelten sich von Fischerdörfern zu Badeorten (▶ Baedeker Special S. 76). Um mit dem wachsenden Besucherstrom fertig zu werden, musste die Infrastruktur verbessert werden. 1856 wurde in Altefähr das erste Dampfschiff für den Fährverkehr eingesetzt. Ein zusammenhängendes Straßennetz entstand zwischen 1871 und 1913, nachdem einige Orte wie Altefähr, Samtens und Garz, Putbus und Sagard bereits durch feste Straßen verbunden waren. 1863 wurde die Eisenbahnstrecke Berlin – Pasewalk – Stralsund eröffnet, 1883 die Eisenbahnlinie Stralsund – Bergen und 1891 die Linie Bergen – Sassnitz. Durch die zwischen 1895 und 1899 angelegte Rügener Kleinbahn verdichtete sich das Verkehrsnetz auf der Insel weiter. 1897 nahm die Post- und Passagierdampferlinie zwischen Sassnitz und dem schwedischen Trelleborg ihren Betrieb auf, 1906 die Eisenbahnfährlinie zwischen Rügen und Schweden. Am 5. Oktober 1936 fuhr der erste Zug über den gerade fertig gestellten Rügendamm, der einzigen festen Verbindung der Insel mit dem Festland.

Urlaub vor 100 Jahren: gemütliches Beisammensein in züchtiger Kleidung am Strand von Sellin vor einem bewirtschafteten Strandpavillon mit Musikkapelle

Die zunehmenden Ansprüche der Bade- und Kurgäste wirkten sich auch auf die Struktur der Badeorte aus, die mit städtisch anmutenden Cafés, Restaurants, Geschäften und Hotels, mit geteerten Straßen und befestigten Wegen, mit Promenaden und Grünanlagen aufwarteten. Natürlich veränderten sich dadurch auch die Verdienstmöglichkeiten der Inselbewohner: Fischerei und Landwirtschaft gingen zurück – der Tourismus war ein lohnenderes Geschäft.

Rügen als
Urlaubsinsel
(Fortsetzung)

Auch in den Zwanziger- und Dreißigerjahren war Rügen eines der beliebtesten Reiseziele in Deutschland. 1936 wurde mit dem Bau der – nie vollendeten – "KdF-Ferienstadt Prora" begonnen. Der kilometerlange Komplex auf der Schmalen Heide sollte 20 000 Urlaubern Platz bieten (▶ Baedeker Special S. 134).

Rügen im
National-
sozialismus

Vom Zweiten Weltkrieg blieb Rügen bis kurz vor Kriegsende weitgehend verschont. Am 6. März 1945 erfolgte der einzige große Luftangriff der Alliierten auf die Insel, dem neben dem Hafen und vielen Häusern von Sassnitz fast 900 Menschen zum Opfer fielen. Am 2. Mai 1945 wurde der Rügendamm von einer deutschen Kommandoeinheit gesprengt. Der Fährverkehr zwischen Sassnitz und Schweden konnte erst 1948 wieder aufgenommen werden.

Rügen zur Zeit der DDR

Bei Kriegsende strömten Tausende von Heimatvertriebenen und Kriegsflüchtlingen nach Rügen. In den ersten Nachkriegsjahren hatte sich die Einwohnerzahl von vormals etwa 42 000 auf über 100 000 mehr als verdoppelt. Noch 1950 war fast jeder dritte Inselbewohner ein Heimatvertriebener. Am 5. September 1945 erließ die Regierung des unter der sowjetischen Besatzungsmacht gebildeten Landes Mecklenburg-Vorpommern (ab 1. März 1947: Land Mecklenburg) das Gesetz zur Bodenreform, durch das die Großgrundbesitzer, die bis dahin über 60 Prozent der land- und forstwirtschaftlichen Nutzfläche Rügens verfügten, enteignet wurden. Das Land wurde unter den ansässigen Bauern und Landarbeitern aufgeteilt, ebenso konnten die Umsiedler von diesem Gesetz profitieren und Land erwerben. Doch bald schon wurde von staatlicher Seite aus Druck auf die Bauern ausgeübt, sich in Landwirtschaftliche Produktionsgenossenschaften zusammenzuschließen. Dazu jedoch waren viele Bauern nicht bereit. Als 1959 erst rund die Hälfte aller landwirtschaftlichen Betriebe den LPGs angehörte, griff die SED-Staatspartei zu härteren Mitteln und "zwangskollektivierte" im März 1960 die noch "freien" Bauern. In der so genannten "Aktion Rose" wurden 1953 unter fadenscheinigen Gründen die Hotel- und Pensionsbesitzer enteignet. Die meisten Häuser erhielt der DDR-Gewerkschaftsbund FDGB, die besten Hotels konfiszierte die SED unter Walter Ulbricht. Im Jahr zuvor wurden die Länder aufgelöst, Rügen, Hiddensee und Stralsund dem Bezirk Rostock zugeteilt.

Zu DDR-Zeiten war ein Urlaubsplatz an der Ostsee und besonders auf Rügen sehr begehrt und oft nur nach längerer Wartezeit zu bekommen. Um möglichst vielen einen Urlaub auf der beliebten Ostseeinsel zu ermöglichen, wurden entlang der Küste zahlreiche meist einfache Unterkünfte wie Campingplätze, Kinder- und Jugendferieneinrichtungen oder Ferienheime geschaffen. In den

Tourismus

Geschichte

70er-Jahren entwickelte sich vor allem Binz zu einem FDGB-Ferien-
ort. Rein statistisch gesehen kam jeder Bürger der DDR etwa alle
zehn Jahre einmal nach Rügen. Da hatte es die hohe SED-Elite
schon besser. Sie erklärte die Insel Vilm zum Sperrgebiet und machte sie zu ihrem eigenen Urlaubs-Eiland. Darüber hinaus besaß das
Zentralkomitee der SED ein Haus auf Hiddensee und ein weiteres
in der Nähe von Binz.

Nach der Wende

Seit der Wiedervereinigung von Ost- und Westdeutschland 1990
gehören Rügen, Hiddensee und Stralsund zum neu gegründeten
Bundesland Mecklenburg-Vorpommern. Auf Rügen brach das bisher staatlich organisierte Erholungswesen völlig zusammen. Die
meisten Ferien- und FDGB-Heime sowie Bungalowsiedlungen wurden geschlossen und zum größten Teil nach einigen Jahren priva-
tisiert. Die Campingplätze mussten modernisiert und den neuen
Qualitätsansprüchen angepasst werden. Gleichzeitig setzte ein Bauboom ein. Neue Hotels und Pensionen, Apartmenthäuser und
Feriensiedlungen entstanden. Dem Massentourismus der DDR-Zeit
folgte nun eine neue Tourismuswelle. Spannungen zwischen
Naturfreunden und einheimischen Umweltschützern einerseits
und Bauspekulanten und Immobilienmaklern andererseits blieben
nicht aus. Auch ist über die endgültige Nutzung der gigantischen,
mittlerweile denkmalgeschützten Betonburg Prora zwischen Binz
und Sassnitz (▶ Baedeker Special S. 134) bis heute noch nicht entschieden. Immerhin konnten die Naturschützer einen Erfolg ver-
buchen: 1991 wurde Südost-Rügen zum UNESCO-Biosphären-
reservat erklärt.

Berühmte Persönlichkeiten

Über Ernst Moritz Arndt, den berühmtesten Sohn Rügens, urteilte sein Bio-
graf F. Gundulf, es habe seit Luthers
Tagen "keinen gewaltigeren Warner,
keinen geistvolleren Zeitkritiker und
keinen herzvolleren Erzieher" als ihn
gegeben.

Arndt wurde am 26. Dezember 1769 in
Groß Schoritz, auf dem Südteil der Insel
Rügen, geboren. In den Rügener Dörfern Schoritz, Dumsevitz, Grabitz und
Breesen verlebte er seine Kindheit, in
Stralsund besuchte er das Gymnasium
und auf den Universitäten von Greifswald und Jena studierte er evangelische
Theologie, Geschichte und Sprachen.
1798/1799 begab er sich auf Bildungsreisen durch Deutschland,
Österreich, Italien, Ungarn und Frankreich. Im Jahr 1800 kehrte er
zurück und wurde 1806 an der Universität Greifswald zum außerordentlichen Professor der philologischen Fakultät ernannt. Hier
verfasste er seine umfangreiche "Geschichte Germaniens und Europas" und die Kampfschrift "Versuch einer Geschichte der Leibeigenschaft in Pommern und Rügen" (▶ Baedeker Special S. 34). Doch
Ernst Moritz Arndt setzte sich nicht nur für die Bauernbefreiung
ein. Mit seinem Buch "Geist der Zeit" kämpfte er gegen die napoleo-
nische Fremdherrschaft und trat für die Freiheit und Einheit
Deutschlands ein. 1808 wurde ihm deshalb die Professur für Philo-
logie an der Greifswalder Universität von den Franzosen entzogen,
die auch Vorpommern besetzt hatten. Ab 1812 schrieb er als Privat-
sekretär des Freiherrn von Stein die Agitationsschriften "Glocke
der Stunde" und "Kurzer Katechismus für teutsche Soldaten", in
denen er sich für die Freiheitsbewegung und Volkserhebung stark
machte. Zunächst wurde sein Patriotismus auch honoriert, und er
erhielt 1818 einen Lehrstuhl für Geschichte an der Universität
Bonn. Doch bereits zwei Jahre später wurde er wieder mit einem
Vorlesungsverbot belegt – mit seinem vehementen Eintreten für die
Vereinigung der vielen deutschen Kleinstaaten zu einem Reich
hatte er sich unter den Machthabern viele Feinde geschaffen. Erst
1840 wurde er rehabilitiert. Er wurde Rektor der Bonner Universität
und 1848 als Abgeordneter in die Frankfurter Nationalversamm-
lung gewählt. Kurz nach seinem 90. Geburtstag starb Arndt im
Januar 1860 in Bonn.
Neben seinen politischen und historischen Schriften sind vor allem
die "Märchen und Jugenderinnerungen" Ernst Moritz Arndts von

Ernst Moritz Arndt (Fts.)

Bedeutung, dem ein Museum in Garz gewidmet ist. Auch sein Geburtshaus in Groß Schoritz kann besichtigt werden; der Aussichtsturm auf dem Rugard in Bergen ist nach ihm benannt worden.

Theodor Billroth
(26. 4. 1829 bis
6. 11. 1894)

Am 29. Januar 1881 führte Theodor Billroth in Wien die erste erfolgreiche Magenresektion bei einem Patienten mit Magenkrebs durch. Dank dieses Eingriffs lebte der Patient noch viele Jahre. Billroth gehört zu den größten Chirurgen des 19. Jh.s und gilt als Begründer der modernen Operationstechnik.
Geboren wurde er am 26. April 1829 in Bergen auf Rügen. Nach seinem Medizinstudium war er Assistent bei dem Chirurgen Bernhard von Langenbeck in Berlin. 1860 erhielt er einen Ruf nach Zürich. Während der Züricher Jahre als Lehrstuhlinhaber für Chirurgie verfasste er seine bekannten pathologisch-anatomischen Arbeiten, die die Grundlagen für die später auch von Bergmann, Bier und Sauerbruch angewandte "wissenschaftliche Chirurgie" werden sollten. 1867 übernahm Billroth die Zweite Lehrkanzel für Chirurgie in Wien. Von nun an forschte er vor allem auf dem Gebiet der Pathologie und der Chirurgie der Geschwülste. Die Einführung der Antisepsis durch den Engländer Joseph Baron Lister ermöglichte erst den operativen Eingriff Billroths. 1874 entfernte er erstmals einen Kehlkopf, 1881 erregte er großes Aufsehen mit seinen Magenresektionen. Er verbesserte auch die Technik bei der Kropfoperation, bei Operationen an Schilddrüse, Speiseröhre, Leber, Milz und Harnblase sowie bei der Entfernung der Eierstöcke und der Gebärmutter.
Von seinen Zeitgenossen und den folgenden Generationen wurde Billroth als das Ideal des deutschen Hochschullehrers verehrt. In Bergen ist in seinem Elternhaus eine ständige Ausstellung über sein Leben und Wirken zu sehen.

Caspar David Friedrich
(5. 9. 1774 bis
7. 5. 1840)

In der Berliner Jahrhundertausstellung des Jahres 1906 standen die Menschen ergriffen vor großartigen Landschaftsbildern, aber kaum einer wusste, wer diese Werke geschaffen hatte. Bei der Ausstellung im Jahr 1974 zum 200. Geburtstag des Malers erlebte die Hamburger Kunsthalle einen absoluten Besucherrekord – doch diesmal kannte jeder den Namen des Künstlers: Caspar David Friedrich.
Heute gilt der in Greifswald geborene Sohn eines Seifensieders als der bedeutendste Landschaftsmaler der Romantik. Nach seinem Studium an der Kopenhagener Kunstakademie ließ er sich in Dresden nieder. 1810 wurde er Mitglied der Berliner Akademie, 1816 der Dresdner Akademie. 1824 ernannte ihn der Köng von Sachsen zum außerordentlichen Professor.
Caspar David Friedrich erhob die Natur zum Thema seiner Kunst. Dabei ersetzte er die in klassizistischen Formeln erstarrte Landschaftsmalerei durch eine weitgehend natürliche Betrachtung der Natur. Seine lyrisch geprägten Landschaftsbilder entstanden nach Skizzen, die er auf Wanderungen durch das Riesengebirge, den

Harz, das Elbetal und auf Rügen angefertigt hatte. Zwischen 1801 und 1826 besuchte er sechsmal die Insel und ließ sich von ihrer Schönheit zu vielen Bildern inspirieren. Aber nie ging es ihm um die bloße Naturwiderspiegelung; aus fast allen seinen Werken spricht ein Gefühl von Schwermut, Melancholie, Trauer, Einsamkeit, aber auch von Sehnsucht, vom Streben nach Befreiung der Seele – mit den immer wiederkehrenden Motiven Nebel, Dunst und Dunkel. Vielleicht lag das daran, dass er mit sieben Jahren seine Mutter verlor und dass er auch mitansehen musste, wie sein Bruder ertrank, nachdem dieser ihn nach einem Einbruch ins Eis gerettet hatte. Friedrichs Gestalten stehen fast immer mit dem Rücken zum Betrachter wie auf den Bildern "Zwei Fischer am Meeresstrand" und dem berühmten "Kreidefelsen auf Rügen". Ihrer Blickrichtung sollte man folgen, sich der Betrachtung der Landschaft und somit auch der Stimmung des Malers hingeben. Seine Gemälde entstanden alle im Atelier, aus der Erinnerung und unter Zuhilfenahme vieler Naturstudien – in gewisser Weise also malte er Phantasielandschaften, Landschaften der Seele, die vor seinem inneren Auge erschienen.

Als Friedrich 1840 völlig verarmt starb, war seine Naturphilosophie bei seinen Zeitgenossen längst nicht mehr gefragt. Erst in neuerer Zeit hat sein Werk in vollem Umfang Anerkennung gefunden.

Caspar David Friedrich (Fts.)

Hauptmann gehörte zweifellos zu jenen erfolgreichen Literaten, die ein ungebrochenes Verhältnis zum eigenen Ruhm pflegten – nicht nur sein schlohweißer Haarschopf wurde im Lauf der Jahre immer "olymphafter". Auf Hiddensee, wo er wie viele andere prominente Persönlichkeiten gerne den Sommer verbrachte und das für ihn gerade wegen der großen Besucherzahl von Dichtern, Schauspielern und sonstigen Künstlern "das geistigste aller deutschen Seebäder" war, genoss er seinen Status als "unumschränkter Inselkönig". Katja Mann, die gemeinsam mit ihrem Gemahl Thomas einmal in Hauptmanns "Haus Seedorn" in Kloster zu Besuch war, ärgerte sich darüber,

Gerhart Hauptmann (15. 11. 1862 bis 6. 6. 1946)

dass der Gastgeber dermaßen eindeutiger Herrscher der Insel sei, dass für ihren Mann und für sie wenig Aufmerksamkeit abfiel.

In seiner Jugend versuchte sich Hauptmann, ein Gastwirtssohn aus dem schlesischen Obersalzbrunn, auf verschiedenen künstlerischen Gebieten, doch großer Erfolg war ihm dabei nicht beschieden: Sowohl das Kunststudium wie auch die Schauspielerei brach er vorzeitig ab. Als ihn die Heirat mit einer vermögenden Kaufmannstochter finanziell unabhängig machte, wagte er sich auf das literarische Terrain und sorgte gleich mit seinem Erstlingswerk, dem sozialkritischen Bühnenstück "Vor Sonnenaufgang" (1889), für Furore. Zwar wurde es zunächst verboten, aber letztendlich verhalf es dem naturalistischen Drama in Deutschland zum Durchbruch. Hauptmann, der 1912 mit dem Nobelpreis ausgezeichnet wurde, gilt als einer der bedeutendsten Dramatiker des letzten Jahrhun-

Gerhart Hauptmann (Fts.)

derts; er verstand es gleichermaßen, seine Anliegen in Tragödien wie in Komödien zum Ausdruck zu bringen. So findet sich seine Anklage der sozialen Missstände sowohl im Drama "Die Weber" (1892) als auch in der Komödie "Der Biberpelz" (1893). Daneben verfasste er auch historische Dramen und Sagen, Mythen und Märchenspiele. Bezüge zu Hiddensee und Rügen finden sich im Drama "Gabriel Schillings Flucht" (1912), im Roman "Im Wirbel der Berufung" (1936), in den Gedichten "Die Insel" und "Wiegenlied" sowie im Fragment der Altersdichtung "Der neue Christophorus".

Hauptmann genoss seinen Ruhm, der ihn über 50 Jahre seines Lebens begleitete. Die Nationalsozialisten, die ihn als "deutschen Kulturträger" zu vereinnahmen suchten, waren dem humanistisch und pazifistisch gesinnten Literaten zwar ein Gräuel, doch dass er sich nicht deutlicher von den "Herrenmenschen" distanzierte, haben ihm auch viele Freunde übel genommen. Kurz vor der geplanten Übersiedlung nach Berlin starb er 1946 im schlesischen Agnetendorf. Seine Grabstätte befindet sich heute in Kloster auf Hiddensee, wo auch sein zu einer Gedenkstätte umgewandelter Sommersitz zu besichtigen ist.

Gotthard Ludwig Theobul Kosegarten
(1. 2. 1758 bis 16. 10. 1818)

Bei seinem ersten Rügenbesuch im Jahr 1775 war Gotthard Ludwig Theobul Kosegarten von der Schönheit der Insel so angetan, dass er sich inspirieren ließ, seine Eindrücke in Verse zu fassen und den Menschen seiner Generation nahe zu bringen. Zu dieser Zeit studierte er noch evangelische Theologie in Greifswald. Nach Beendigung seines Studiums kam der aus Grevesmühlen stammende Kosegarten wieder auf die Insel zurück, wo er zunächst Hauslehrer bei adligen Rügener Familien war und später in Altenkirchen auf Wittow das Amt eines Pfarrers übernahm. In dieser Zeit hielt er auch die berühmt gewordenen Uferpredigten in Vitt beim Kap Arkona. 1808 wurde er Professor für Geschichte in Greifswald und 1817 Professor für Theologie und Pastor an der dortigen Jakobskirche. Kosegarten liegt in Altenkirchen auf Rügen begraben. Berühmtheit erlangte Kosegarten seinerzeit vor allem als Schriftsteller. Besonders während seiner Altenkirchener Amtszeit schrieb er viele Gedichte, Romane und Epen, wie die stark heimatgebundenen Werke "Jucunde" und "Die Inselfahrt" (1804), mit denen er beim zeitgenössischen Publikum großen Erfolg hatte. Heute freilich begeistert sich kaum noch jemand für seine schwärmerische, oft schwülstige Lyrik. Doch ein Verdienst kann dem Dichter auf keinen Fall abgesprochen werden: Er war der Erste, die die Schönheit der Rügener Landschaft aus voller Überzeugung pries, und er stand mit zahlreichen Gelehrten, Künstlern und Dichtern in Verbindung, die sich seinem Lob auf die schöne Insel schnell anschlossen.

Asta Nielsen
(11. 9. 1881 bis 25. 5. 1972)

Wie viele andere prominente Zeitgenossen verbrachte auch Stummfilmstar Asta Nielsen vor dem Ersten Weltkrieg ihren Sommerurlaub gern auf Hiddensee in ihrer "Villa Karusel" in Vitte. Die in Kopenhagen geborene Schauspielerin wurde 1910 für den Film entdeckt. Mit ihrem Debüt in "Abgründe" (Dänemark 1910), einem der ersten Filme mit gelungener dramatischer Konstruktion, dessen künstlerisches Niveau sie durch ihre Ausdruckskraft noch hob, erlangte sie über Nacht internationale Berühmtheit. Als 1911 zum ersten Mal eine russische Filmzeitung die beliebtesten Filmschauspieler ermitteln ließ, erreichte Dänemarks Leinwandgröße Asta

Nielsen den zweiten Platz. Der Ruhm zahlte sich aus, denn nicht ein Hollywoodstar erhielt die erste Supergage der Filmgeschichte, sondern die kleine Dänin. Hatte sie für ihren ersten Auftritt in "Abgründe" noch bescheidene 200 Kronen (53,60 US-Dollar) bekommen, verdiente sie Ende 1912 bei dem Berliner Produzenten Paul Davidson 1500 Dollar pro Woche – der bestbezahlte US-Star seinerzeit musste sich mit 250 Dollar zufrieden geben. Asta Nielsen wusste auch um die Wirkung des Films. Als nach dem Ersten Weltkrieg in einer spanischen Stadt ein Mann während einer Filmvorführung mitten in die Großaufnahme ihres Gesichtes schoss, reagierte sie wenig beeindruckt: "Der Film kann lebendiger als das Leben wirken... Ich fühle mich nicht im Geringsten erschossen!"

Schinkel, einer der bedeutendsten Baumeister des Klassizismus, ein Pfarrerssohn aus Neuruppin, war auch ein bedeutender Maler. Die Schönheit der Insel Rügen hatte ihn so begeistert, dass er auch hier zum Pinsel griff. Während seines Rügen-Aufenthaltes im Sommer 1821 schrieb er einem Freund: "... das anmutige Land von Rügen wird mir gewiss lange im Gedächtnis bleiben, ich bin soeben dabei, eine Aussicht von Stubbenkammer in eine Ölskizze zu endigen, die Sie sehen werden..."
Seine künstlerische Laufbahn begann Schinkel 1805 in Berlin als Maler nach Lehrreisen durch Italien und Frankreich. Seine Gemälde sind deutlich von der Hinwendung zum märchenhaften Klassizistisch-Romantischen geprägt, was vor allem in den vielen Theaterdekorationen, die er mit Begeisterung malte, zum Ausdruck kommt. Ab 1810 setzte seine Karriere als Baumeister ein, zunächst als Bauassessor in Berlin, später als Geheimer Baurat und preußischer Oberbaudirektor. Er entwarf zahlreiche Paläste, Kirchen, Villen und Schlösser, aber auch Wohnhäuser, Landhäuser und Nutzbauten. Aus dem Schönheitsideal der Antike, aus traditionellen Formgesetzen und aus den Überlegungen der Zweckmäßigkeit entwickelte er einen klassizistischen Stil, dem einige der bedeutendsten Bauwerke des 19. Jh.s in Deutschland zu verdanken sind, wie in Berlin das Schauspielhaus auf dem Gendarmenmarkt und das Alte Museum am Lustgarten. Auch auf Rügen hinterließ Schinkel seine Spuren: Der Leuchtturm von Arkona und der Turm des Granitzer Schlosses wurden nach seinen Entwürfen gebaut.

Der Sage nach soll der legendäre Klaus Störtebeker einen Teil seines Schatzes auf Rügen versteckt haben, vor allem in den Felsen der Stubbenkammer. Auch habe der Pirat, so sagt der Volksmund, mindestens 18 Schlupfwinkel auf der Insel gehabt, darunter auch den Hafen von Ralswiek; und schließlich sei er ja auch hier geboren, nämlich in Ruschvitz auf der Halbinsel Jasmund. Besonders auf Rügen ranken sich die Legenden um den seeräuberischen Volkshelden.

Klaus Störtebeker, ein Nord- und Ostseefreibeuter im Spätmittelalter, gilt als der berühmteste deutsche Seeräuber. "Störtebeker" war wahrscheinlich eine Art Künstlername, denn dem bärenstarken Hünen Klaus "Stürz-den-Becher" sah man schon von weitem an der Nase an, dass Wein und Bier zu seinen liebsten Gefährten zählten. Ursprünglich stand er im Dienst der Hanse, schloss sich dann aber den "Vitalienbrüdern" an und plünderte Hansekoggen. Die Bezeichnung "Vitalienbrüder" geht darauf zurück, dass Störtebeker und andere Kapitäne vom schwedischen König, der auch Herzog von Mecklenburg war, mit Freibeuterbriefen ausgestattet wurden, um die von dänischen Truppen belagerte Stadt Stockholm von der See her mit Lebensmitteln, Viktualien, zu versorgen. Als Stockholm längst befreit war, trieben die Vitalienbrüder ihr Unwesen auf See munter weiter. Da sie die Beute gerecht unter sich aufteilten, nannten sie sich auch "Likedeeler" (Gleichteiler). Langsam aber wurde die Piraterie der Vitalienbrüder dem Hansebund zu lästig, und 1401 nahm eine Hamburger Flotte Störtebeker vor Helgoland gefangen. Am 20. Oktober des selben Jahres wurde er mit 70 weiteren Kumpanen in Hamburg enthaupet. Natürlich entstand auch um seinen Tod eine Legende, derzufolge er den Scharfrichter bat, diejenigen seiner Gefährten zu verschonen, an denen er nach seiner Enthauptung noch vorbeimarschieren könne; der Henker war einverstanden, und Störtebeker konnte so noch einige seiner Kampfgefährten vor dem Tod bewahren.

Die Rügener jedenfalls lieben ihren Störtebeker. Alle Jahre wieder wird bei den Störtebeker-Festspielen in Ralswiek eine Geschichte aus dem Leben des "Robin Hood der Ost- und Nordsee" erzählt (▶ Baedeker Special S. 149).

Kunst und Kultur

Feuersteine und Hünengräber

Die Besiedlung Rügens kann bis in die Steinzeit zurückverfolgt werden. Während die Funde aus der Älteren und Mittleren Steinzeit recht spärlich sind, stellt sich die Situation für die Jüngere Steinzeit völlig anders dar. Der in den Wissower Kreidefelsen eingelagerte Feuerstein war offensichtlich besonders geeignet für alle Arten von Arbeitsgeräten und Waffen. Am Spitzen Ort bei Lietzow, zwischen dem Kleinen und dem Großen Jasmunder Bodden, wurde 1827 ein regelrechter Feuersteinbearbeitungsplatz entdeckt. Gut 100 Jahre später, 1939, brachten weitere Grabungen an dieser Stelle über 20 000 Pfeil- und Lanzenspitzen, Messer, Beile, Schaber, Faustkeile und Schlagsteine aus dem spröden, aber vortrefflich zu bearbeitenden Material zu Tage. Viele dieser steinzeitlichen Gerätschaften kann man heute im Kulturhistorischen Museum in Stralsund bestaunen. Die Tatsache, dass auch auf dem Festland von Mecklenburg-Vorpommern Geräte aus geschliffenem Feuerstein entdeckt wurden, lässt den Schluss zu, dass die Bewohner Rügens nicht nur für den Eigenbedarf produzierten, sondern mit ihren Werkzeugen auch Tauschgeschäfte tätigten. Zugleich ist die enorme Konzentration der Funde um Lietzow – daher der Name Lietzow-Kultur – ein sicheres Indiz für den Wandel von einer Gemeinschaft der Jäger und Sammler zu sesshaften Ackerbauern und Viehzüchtern.

Steinzeitliche Werkzeuge aus Feuerstein

Lietzow-Kultur

Ein weiteres Erbe aus der Steinzeit sind die Grabstätten, auf die man an vielen Stellen trifft. Rund 230 solcher Gräber hatte der Mathematiker und Forscher Friedrich von Hagenow erforscht und in seine 1829 erschiene "Special-Carte der Insel Rügen" eingezeichnet. Heute ist noch etwa ein Fünftel dieser Gräber existent, die anderen wurden absichtlich oder unwissentlich zerstört bzw. überbaut. Die einfachste und früheste Form des Megalithgrabes ist

Dolmen und Ganggräber

Megalithgrab
Querschnitt

⊢ 1 m ⊣

© Baedeker

Feuersteine und Hünengräber (Fortsetzung)

der Dolmen. Die Urdolmen bestanden aus nur zwei großen liegenden Tragsteinen, etwas kleineren Schlusssteinen an den Schmalseiten und einer einzigen Deckplatte. Bei den größeren Dolmen wurde die rechteckige Kammer aus mehreren aufgerichteten Tragsteinen, jeweils zwei Schlusssteinen und einer Deckplatte pro Trägerpaar gebildet. Während in den Dolmen nur ein oder zwei Personen beigesetzt wurden, waren die so genannten Ganggräber als kollektive Begräbnisstätten für mehrere Generationen einer Sippe angelegt. Die längliche Grabkammer wurde aus riesigen Findlingen errichtet und mit einem aufgeschütteten Erdhügel bedeckt. Angesichts der tonnenschweren Steinblöcke glaubte man früher, diese Grabstätten seien von Riesen gebaut worden und nannte sie deshalb Hünenbetten oder Hünengräber.

Bronzezeitliche Hügelgräber

In der Bronzezeit kehrte man zur Bestattung in Einzelgräbern zurück. Diese Grabstätten liegen – sofern sie nicht freigelegt wurden – unter einem künstlich aufgeschütteten Hügel verborgen. Der wesentliche Unterschied zur Bestattungsform der Steinzeitmenschen bestand darin, dass nun die Toten verbrannt wurden und man ihre Asche in Tongefäßen in der Grabkammer beisetzte. Um die Gräber aus der Frühgeschichte Rügens ranken sich zahlreiche Legenden und Volksmärchen, denn seit jeher wirkten diese geheimnisumwitterten Stätten – nicht zuletzt aufgrund ihrer imposanten Ausmaße – auf die Bevölkerung Furcht einflößend. Die Sage um die Entstehung der Hügelgräber von Rambin, im Volksmund die "Neun Berge" genannt, hat der Gelehrte und Schriftsteller Ernst Moritz Arndt in seinen "Märchen und Jugenderinnerungen" festgehalten:

Vor langer Zeit lebte auf Rügen ein gewaltiger Riese (ich glaube, er hieß Balderich), den verdross es, dass das Land eine Insel war und dass er immer durch das Meer waten musste, wenn er nach Pommern auf das feste Land wollte. Er ließ sich also eine ungeheure Schürze machen, band sie um seine Hüften und füllte sie mit Erde; denn er wollte sich einen Erddamm aufführen von der Insel bis zur Feste. Als er mit seiner Tracht bis über Rodenkirchen gekommen war, riss ein Loch in die Schürze, und aus der Erde, die herausfiel, wurden die neun Berge. (...) In den neun Bergen von Rambin wohnen nun die Zwerge und die kleinen Unterirdischen und tanzen des Nachts in den Büschen und Feldern herum und führen ihre Reigen und ihre Musiken auf im mitternächtlichen Mondschein, besonders in der schönen und lustigen Sommerzeit und im Lenze, wo alles in Blüte steht, denn nichts lieben die kleinen Menschen mehr als die Blumen und die Blumenzeit.

Slawische Burgen

Politischer, wirtschaftlicher und religiöser Mittelpunkt

Ab dem 7. Jh. n. Chr. besiedelten slawische Stämme die Küstenregion. Auf Rügen landeten die Ranen, die zum Stamm der Liutizen gehörten. Noch heute verraten die Dorfnamen mit den Endungen -in, -ow, -itz oder -gast den slawischen Ursprung vieler Ortsgründungen. An exponierten Stellen der Insel, u. a. am Kap Arkona und am Herthasee legten die Ranen Fliehburgen zur Verteidigung bei feindlichen Angriffen und zur Aufnahme der Schutz Suchenden an. Erhalten blieben von diesen Burgen nur die mächtigen Erdwälle, die eine ungefähre Vorstellung von der Größe der Burgen vermitteln. Nachdem sich um die Burgen Siedlungen gebildet hatten, entwickelten sie sich zu Marktplätzen und religiösen Kultstätten.

Am Kap Arkona, dem nördlichsten Punkt der Insel, stand die wichtigste Festung der Ranen, die Jaromarsburg, von der heute ebenfalls nur noch Erdwälle erkennbar sind. Den Mittelpunkt der Burg bildete ein prächtiger, mit zahlreichen Standbildern geschmückter Tempel aus Holz, der dem slawischen Gott Svantevit geweiht war. Von der Jaromarsburg berichtete der dänische Geschichtsschreiber Saxo Grammaticus, sie sei von drei Seiten durch natürliche Barrieren geschützt und im Westen von einem etwa 25 Meter hohen, aus

Von der Jaromarsburg am Kap Arkona ist heute nur mehr der Burgwall erhalten. Einst verehrten die Slawen hier ihren Hauptgott Svantevit.

aufgeschütteter Erde und einem Holzzaun bestehenden Wall begrenzt. Dennoch war die Burg nicht uneinnehmbar, wie die Ereignisse des Jahres 1168 zeigten. Am 15. Juni gelang es den Dänen unter ihrem König Waldemar I., die Jaromarsburg zu erobern und das Standbild Svantevits zu zerstören. Mit der Eroberung der Jaromarsburg war das Schicksal Rügens für die nächsten fünf Jahrhunderte besiegelt: Die slawischen Fürsten erhielten ihr Herrschaftsgebiet vom dänischen König als Lehen. Sie und ihre Stammesgenossen traten zum Christentum über.

Mittelalterliche Kirchen

Nach der Eroberung Rügens durch die Dänen unterstand die Insel kirchenpolitisch dem dänischen Bistum Roskilde. In Ralswiek, das man auch per Schiff gut erreichen konnte, hatte der Vertreter des Roskilder Bischofs seinen Sitz. In Bergen begannen die Slawen bereits um 1180, also wenige Jahre nach der Eroberung Rügens durch

Marienkirche
in Bergen

die Dänen, mit dem Bau der Marienkirche. Sie ist nicht nur das erste Gotteshaus auf der Insel, sondern auch das erste aus Ziegelsteinen errichtete Bauwerk Rügens. Die Vermutung liegt nahe, dass diese Bauweise von dänischen Handwerkern hierher gebracht wurde. Auch die romanischen Bauformen im Chor und in der Apsis gehörten nicht zum Formenrepertoire der Slawen, sondern wurden von den Dänen übermittelt. Nach der Fertigstellung des Ostteils wurden die Bauarbeiten für längere Zeit unterbrochen, denn das Langhaus entstand erst in der zweiten Hälfte des 14. Jahrhunderts. Die Ausmalung der romanischen Bauteile ist leider durch Restaurierungen im 19. Jahrhundert schwer beeinträchtigt.

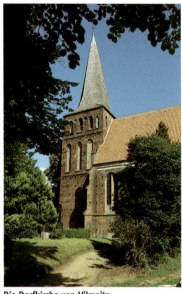

Die Dorfkirche von Vilmnitz

Dorfkirchen

St. Marien bildete den Auftakt für eine Reihe mittelalterlicher Kirchenbauten auf Rügen. Knapp 30 Dorfkirchen werden heute auf der Insel gezählt. Die meisten von ihnen lassen die Stilmerkmale unterschiedlicher Epochen erkennen, da eine lange Bauzeit sowie spätere Umbaumaßnahmen und Erneuerungen im jeweiligen Zeitgeschmack die Regel waren. In vielen Fällen stammen Chor und Apsis noch aus romanischer Zeit, während das Langhaus der meisten Kirchen im gotischen Stil errichtet wurde. Als Baumaterial dienten sowohl Ziegel- als auch die groben, unbehauenen Feldsteine. Der Einfluss der dänischen Eroberer ließ im Verlauf des Mittelalters nach. Dafür

Backsteingotik

brachten die zugewanderten Siedler die Backsteingotik nach Rügen. Dass die lokalen oder vom Festland herbeigeholten Baumeister den Umgang mit dem Backstein verstanden, zeigen die kunstvollen Friese an den romanischen Chören der Dorfkirchen in Schaprode und Altenkirchen besonders eindrucksvoll.

Die ursprüngliche Ausstattung der Dorfkirchen ist meist nur fragmentarisch erhalten. Einige Kirchen, wie beispielsweise die in Rambin, Trent und Wiek, besitzen noch einen romanischen Taufstein, andere, wie die in Middelhagen auf dem Mönchgut, einen gotischen Altar. Ein kunsthistorisches Kleinod ist der prächtige, figurenreiche Schnitzaltar in der Dorfkirche in Waase, der um 1520 in einer Antwerpener Werkstatt entstand. Während der Barockzeit wurden viele Kirchen mit einer neuen Innenausstattung versehen oder erhielten neue Ausstattungsstücke wie mit Schnitzwerk verzierte Orgelemporen, Kanzeln und Beichtstühle.

Die Dorfkirchen sind die einzigen baulichen Zeugnisse aus dem Mittelalter auf Rügen; die frühesten erhaltenen Beispiele einer profanen Architektur stammen aus der Renaissance und dem Barock. Die Gründe hierfür sind wohl vor allem darin zu suchen, dass fast ausschließlich mit Holz gebaut wurde. Dort, wo man noch das eine oder andere Steinhaus vermuten könnte – in den beiden ältesten Städten Garz und Bergen –, haben die Brandkatastrophen der 17. und 18. Jh.s die mittelalterliche Bausubstanz vollständig vernichtet. Bis ins 19. Jh. beherrschten zwei Grundformen des Wohnhauses das Bild auf Rügen: das Hallenhaus der Bauern und Fischer und das Herrenhaus der Gutsbesitzer.

Das Hallenhaus, auch Niederdeutsches Hallenhaus genannt, war auf Rügen etwa seit dem 12. Jh. verbreitet. Vermutlich haben Siedler aus Niedersachsen diesen Haustyp auf die Insel gebracht. Das als Fachwerkkonstruktion errichtete Bauernhaus vereinte Wohnung, Stall und Scheune unter einem Dach. Ein Gerüst aus zwei Ständerreihen trug das stroh- bzw. schilfrohrgedeckte Walmdach und teilte das Innere in die breite Diele und die schmaleren, Kübbungen genannten Räume. Im vorderen Teil befanden sich die Stallungen und Gesinderäume, im hinteren Bereich die Wohnräume der Bauersfamilie.

Hallenhäuser

Man unterscheidet drei Typen des Hallenhauses: das "Durchgangshaus" mit einer von Giebel zu Giebel reichenden Diele, das "Fletthaus" mit einem quer stehenden Wohnbereich und das schornsteinlose "Rookhuus" (Rauchhaus). Beim Rookhuus wurde der Rauch aus einem offenen Herd durch das gesamte Haus geleitet und konnte so zu Heizzwecken und zum Räuchern von Fleisch und Würsten genutzt werden. Besonders verbreitet war das Hallenhaus mit annähernd quadratischem Grundriss. Seiner eigenwilligen Form wegen wird es "Zuckerhut" genannt. Besonders schöne Beispiele für Zuckerhut-Häuser findet man in Göhren und auf dem Mönchgut, z. B. in Middelhagen und Groß Zicker.

"Zuckerhüte"

Niederdeutsches Hallenhaus
Querschnitt und Grundriss

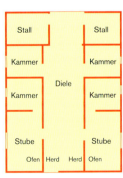

Stall		Stall
Kammer		Kammer
Kammer	Diele	Kammer
Stube		Stube
Ofen	Herd Herd	Ofen

© Baedeker

Bereits während, vor allem aber nach dem Dreißigjährigen Krieg gingen auf Rügen die adligen Grundbesitzer dazu über, brach liegende, ehemals von freien Bauern bewirtschaftete Felder einzuziehen und die Landbevölkerung zu verknechten. Das "Bauernlegen"

Herrenhäuser

49

Das heutige Schlosshotel Spyker liegt einsam und idyllisch in der Nähe des Spykerschen Sees.

Herrenhäuser
(Fortsetzung)

(▶ Baedeker Special S. 34) führte dazu, dass Ende des 18. Jh.s mehr als drei Viertel der Landbevölkerung auf Rügen Leibeigene der Großgrundbesitzer waren. Fast das gesamte Land war in den Händen der Gutsbesitzer. Den Mittelpunkt ihrer oft weitläufigen Ländereien bildete der Gutshof. Hier befanden sich die Stallungen und Wirtschaftsgebäude sowie das Herrenhaus. Viele dieser Herrenhäuser, die zwischen dem 17. und 19. Jh. entstanden, sind erhalten – in der Regel in schlechtem Zustand oder durch spätere Umbaumaßnahmen stark verändert. Meist handelt es sich dabei um verhältnismäßig schlichte, ein- oder zweigeschossige Gebäude mit Mansarden- oder Walmdach und rechteckigem Grundriss. Die Eingangsseite wurde nicht selten durch einen überhöhten Mittelrisalit mit barockem Giebel betont. Seitliche, niedrigere Kavaliershäuser, wie man sie beispielsweise in Karnitz (um 1750) noch vorfindet, oder asymmetrisch angeordnete Rundtürme, wie an den Gutshäusern in Granskevitz oder in Kapelle zu sehen, verliehen den Herrenhäusern ein geradezu schlossartiges Aussehen. Rückgriffe auf historische Schlossbaustile waren besonders bei den Um- oder Neubauten des 19. Jh.s beliebt. Man zitierte aus dem Formenschatz der französischen Renaissance (Ralswiek) oder auch der englischen Tudorgotik und mischte dies mit Elementen des Klassizismus oder des Barock.

Schloss Spyker

Eine Sonderstellung nimmt das bei Bobbin gelegene Schloss Spyker ein, das auf eine lange Baugeschichte zurückblicken kann. Bereits im Mittelalter stand an der Stelle des Schlosses ein Adelshof mit Wirtschaftsgebäuden. Das heutige Gebäude ist im Kern ein Renaissancebau, der im Auftrag der Familie Jasmund entstand, in deren

50

Besitz sich das Gut seit 1435 befand. Im 17. Jahrhundert ließ der
schwedische Generalfeldmarschall Carl Gustav von Wrangel, der
von 1649 bis zu seinem Tod 1676 auf Schloss Spyker lebte, das
Herrenhaus umbauen. Er fügte dem stattlichen Bau zwei weitere
Türme hinzu, errichtete das Satteldach mit den beiden Schau-
giebeln und legte einen barocken Park an.

Herrenhäuser
(Fortsetzung)

Schlösser im Sinne fürstlicher Residenzen gab bzw. gibt es auf
Rügen nur zwei: die Residenz zu Putbus und das ebenfalls im
Besitz der fürstlichen Familie befindliche Jagdschloss Granitz.

Schlösser

Bereits im 14. Jahrhundert stand in Putbus eine Burg, die kurz nach
1600 zum repräsentativen Schloss umgebaut wurde. Fürst Wilhelm
Malte I. von Putbus ließ die stattliche Dreiflügelanlage klassizistisch erweitern und machte sie zum Mittelpunkt seiner neuen Residenz, dem letzten planmäßig angelegten Fürstensitz im norddeutschen Raum. Wahrscheinlich war auch der große Berliner Baumeister Schinkel (▶ Berühmte Persönlichkeiten) an der Planung beteiligt. Fürst Maltes Schloss, der bedeutendste Profanbau auf Rügen,
stand aber nur einige wenige Jahrzehnte, denn 1865 zerstörte ein
Brand große Teile des Gebäudes. Der 1872 vollendete Neubau stand
nicht einmal 100 Jahre: 1960 wurde er wegen Baufälligkeit gesprengt. Erhalten blieben nur die Schlossterrasse, der herrliche
Park mit seinem alten Baumbestand und die darin verstreut liegenden Zweckbauten.

Putbus

Eines der beliebtesten Ausflugsziele auf Rügen ist heute das Jagdschloss Granitz, in aussichtsreicher Lage auf dem 107 m hohen Tempelberg gelegen. Das Dorf Granitz sowie die waldreiche Umgebung
gehörten seit dem 15. Jahrhundert der Familie Putbus. An der Stelle

**Jagdschloss
Granitz**

In aussichtsreicher Lage: Jagdschloss Granitz auf dem Tempelberg

Schlösser (Fortsetzung)

eines Jagdhauses aus dem 18. Jahrhundert errichtete Fürst Malte ab 1837 das heutige Schloss, das mit seinem prägnanten Mittelturm und den seitlichen, ebenfalls zinnenbekrönten Ecktürmen die Ritter- und Burgenromantik heraufbeschwört. Den markanten Mittelturm hatte wiederum Karl Friedrich Schinkel entworfen, der bereits beim Neubau des Putbusser Schlosses zumindest beratend beteiligt gewesen war.

Rügen in der deutschen Landschaftsmalerei

Italien oder Rügen?

Seit der Wiederentdeckung der Antike im Zeitalter des Klassizismus war Italien mehr denn je ein Mekka für Kunstschaffende aller Bereiche. Vor allem den Landschaftsmalern wies die Beschäftigung mit der Kunst Italiens und die eigene Anschauung einer in mediterranes Licht und satte Farbigkeit getauchten Landschaft neue Wege. Doch obwohl die Sogwirkung Italiens bis weit ins 19. Jh. hinein anhielt, gab es auch Künstler, die für die Naturanschauung nicht eigens in den Süden mussten, sondern ihre Vorstellungen von einer idealen Landschaft auch in anderen Regionen verwirklicht sahen. Das waren in der ersten Jahrhunderthälfte Maler wie Caspar David Friedrich, der wichtigste Vertreter der deutschen Romantik. Friedrich und der kleine Kreis seiner Gesinnungsgenossen suchten nicht die heitere Gelassenheit der italienischen Landschaft, sondern die ernste, naturgewaltige Stimmung einsamer Gebirgszüge oder menschenleerer Küstenlandschaften, wie man sie beispielsweise auf Rügen vorfand.

Jacob Philipp Hackert

Einer der Ersten, der von der eigenwilligen Schönheit Rügens angezogen und inspiriert wurde, war der Maler Jacob Philipp Hackert (1737–1807). Nach seinem Studium in Berlin hielt sich der junge Hackert zwischen 1762 und 1764 in Stralsund auf, wo er als Landschafts- und Porträtmaler arbeitete. Vermutlich stammen aus dieser Zeit seine Ansichten der Ostseeinsel, u. a. eine seinerzeit weit verbreitete Radierung mit dem Titel "Rügenlandschaft" sowie eine Ansicht der Stadt Bergen. Hackert war auch in der Frühzeit seiner Landschaftsmalerei noch den Idealen des Klassizismus verpflichtet, das heißt, auch in seinen Darstellungen war die Natur stets erhaben und von allen Zufällen gereinigt. Die Begegnung mit Rügen blieb für Hackert ein Vorspiel, denn auch er reiste – wie so viele – später nach Italien, und erst die dort entstandenen Ansichten und Veduten machten ihn zu einem der berühmtesten Landschaftsmaler seiner Zeit.

Caspar David Friedrich

Wie kein anderer ist dagegen der bedeutendste Vertreter der romantischen Malerei in Deutschland, Caspar David Friedrich (1774 bis 1840; ▶ Berühmte Persönlichkeiten), mit der Ostseeinsel verbunden. Der gebürtige Greifswalder unternahm bereits während seines Studiums zusammen mit seinem Zeichenlehrer, dem Maler und Architekten Johann Gottfried Quistorp, Wanderungen auf Rügen, und auch später zog es ihn, allein oder in Begleitung eines Malerkollegen, immer wieder dorthin. In Skizzenbüchern notierte er seine Landschaftseindrücke und hielt detailgenau Bäume, Sträucher, Laubwerk oder Wolkenformationen fest. Die Gemälde, die nach diesen Studien entstanden, geben nur in wenigen Fällen, so

Eines der berühmtesten Ölgemälde von Caspar David Friedrich zeigt den "Kreidefelsen auf Rügen".

auch bei den berühmten "Kreidefelsen auf Rügen", eine genau lokalisierbare Landschaft wieder. Meistens sind die Friedrich'schen Landschaftsbilder keine getreuen Kopien einer realen Ansicht, sondern Kompositionen aus unterschiedlichen Naturausschnitten, die ihm als Skizzen von seinen Reisen zur Verfügung standen. Die Natur war für Friedrich – wie auch für andere Künstler der deutschen Romantik – in erster Linie Ausdruck für die Anwesenheit Gottes. Naturbetrachtung hatte demzufolge den Charakter einer Zwiesprache mit Gott. Auch dort, wo Menschen – meist in andächtiger Betrachtung der Landschaft – die Bilder von Friedrich bevölkern, werden sie angesichts der gewaltigen Natur klein und unbedeutend. Die Natur ist bei ihm keine von Menschenhand kultivierte und gezähmte, sondern eine wilde, unberührte, nicht selten abweisende und melancholische Natur, die dem Menschen nicht diesseitige Geborgenheit vermittelt, sondern ihm Erlösung jenseits seines Lebens verspricht. Ein Zeitgenosse Friedrichs, der französische Bildhauer David d'Angers, bezeichnete ihn einmal als den "Entdecker der Tragödie in der Landschaft".

C. D. Friedrich
(Fortsetzung)

53

Rügen in der deutschen Landschaftsmalerei (Fts.), C. G. Carus	In Italien hätte Friedrich wohl kaum gefunden, was er suchte, nämlich das Gefühl des "ganz reinen, schönen und einsamen Naturerlebens". Diese Worte schrieb nicht Friedrich, sondern der Arzt, Philosph und, wie man heute sagen würde, Freizeitmaler Carl Gustav Carus (1789 – 1869). Zusammen mit Friedrich, dessen Malerei er sehr bewunderte, bereiste er 1819 Rügen. Auch Carus war fasziniert von der Insel, ihrer unberührten Landschaft und der Gastfreundschaft ihrer Bewohner. Als Künstler blieb Carus weit hinter Friedrich zurück, doch als Theoretiker der romantischen Landschaftsmalerei leistete er einen wichtigen Beitrag zum Verständnis der Kunst um 1800.
Karl Friedrich Schinkel	Der Berliner Baumeister Karl Friedrich Schinkel (1781 – 1841; ▶ Berühmte Persönlichkeiten), als Maler Autodidakt, hielt sich im Sommer 1821 auf der Insel auf. Zu dieser Zeit gehörte er bereits zu den meistbeschäftigten Architekten Preußens mit großen, repräsentativen Aufträgen. Auf Rügen war er mehr als Architekt denn als Maler gefordert, gleichwohl reichte die Zeit für ein paar Zeichnungen wie der Ansicht von der Stubbenkammer, die Schinkel auch in einem Brief erwähnt. Bei der Wahl des Motivs steht er noch ganz in der Tradition seiner Vorgänger, neu ist bei ihm, dass die topografische Genauigkeit stärker in den Vordergrund tritt.

Bäderarchitektur

Allgemeines	Wer kennt sie nicht, die hübschen alten Logierhäuser und Villen in Sellin, Binz und Göhren, an denen der Putz bröckelt, die Farben verblasst sind und die Balkone etwas morsch wirken? Die meisten stammen aus der Zeit um die Jahrhundertwende, als die Seebäder auf Rügen aus dem Dornröschenschlaf erwachten und innerhalb weniger Jahre zu Hochburgen des Fremdenverkehrs avancierten. Die Nachfrage nach Unterkünften stieg mit der zunehmenden Zahl der Gäste sprunghaft an, die bescheidenen Privatquartiere reichten nicht mehr aus. Infolgedessen entstanden zahlreiche Pensions- und Logierhäuser sowie private Ferienvillen, möglichst auf einem Grundstück mit Seeblick oder direkt hinter den Dünen gelegen. Individualität wurde groß geschrieben – kein Haus gleicht exakt dem anderen, fast jedes hat einen Namen –, aber dennoch gibt es zahlreiche Gemeinsamkeiten.
Merkmale	Das wichtigste Erkennungszeichen der Rügener Bäderarchitektur sind die weiß gestrichenen Holzbalkone beziehungsweise die verglasten Veranden, die meist die gesamte Fassadenbreite in Anspruch nehmen und wie ein Vorhang vor das eigentliche Gebäude treten. Die reich verzierte, an manchen Gebäuden geradezu filigrane Fachwerkkonstruktion dieser Vorbauten erfüllt zugleich dekorative Zwecke. Die zeitliche Nähe zum Jugendstil spiegelt sich aber nicht nur im Hang zum Ornamentalen wider, sondern auch in anderen Details wie den verspielten Erkern, den häufig anzutreffenden Ecktürmchen und Dachreitern und den meist abwechslungsreichen Dachlandschaften.
Architektonische Vorbilder	Vorbilder aus der Architekturgeschichte gab es für diesen neuen Bautyp keine – schließlich war das Pensionshaus eine Erfindung

Bäderarchitektur: weiß gestrichene, reich verzierte Holzfassaden, Balkone, Veranden und Erker

Bäderarchitektur (Fortsetzung)

des 19. Jahrhunderts. Anregungen jedoch holten sich die Baumeister aus unterschiedlichen Stilepochen und Kulturkreisen. Die Fachwerk- und Eisengusskonstruktionen der Pavillonbauten standen für die Ferienvillen ebenso Pate wie die in ländlichen Regionen weit verbreiteten Laubengänge an traditionellen Wohnhäusern. Auch wer sich bei den reichen Schnitzereien an maurische Ornamentik erinnert fühlt, liegt nicht ganz falsch, denn der maurische Stil galt in der Architektur des 19. Jh.s für alles, was mit Badekultur zusammenhing, als unbedingt passend.

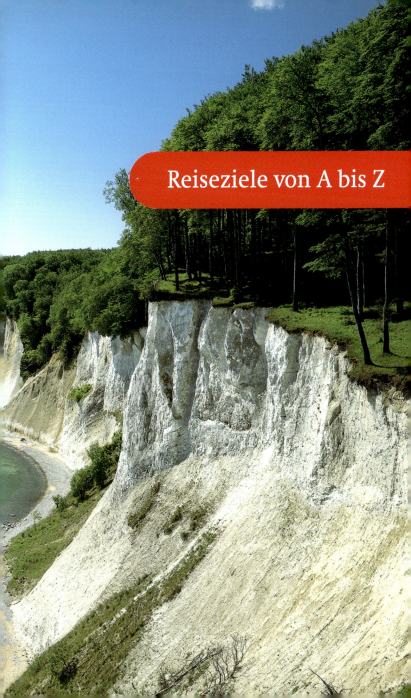

Reiseziele von A bis Z

Routenvorschläge

Die nachstehenden Rundfahrten, die jeweils als Tagestouren angelegt sind, erschließen die reizvolle, abwechslungsreiche Landschaft
der beiden Inseln Rügen und Hiddensee, ihre Seebäder, Städte und
Dörfer, ihre Kultur- und Naturdenkmäler. Orte und Landschaften,
die in dem Kapitel "Reiseziele von A bis Z" unter einem Hauptstich-
wort beschrieben sind, erscheinen innerhalb der vorgeschlagenen
Routen in **halbfetter Schrift**. Beschreibungen der anderen erwähnten Orte, Landschaften und Sehenswürdigkeiten können über das
Register gefunden werden.

Route 1: Quer durch den Süden Rügens (60 km)

Stralsund

Wer über den Rügendamm auf die Insel fährt, kommt durch die
beeindruckende ehemalige Hansestadt ****Stralsund**, das "Venedig
des Nordens". Ihrer schönen historischen Altstadt mit dem prächtigen Rathaus, den drei mächtigen Backsteinkirchen, den sehenswerten Museen und den kopfsteingepflasterten Plätzen sollte man unbedingt einen Besuch abstatten. Bei der Fahrt über den Rügen-

Dänholm

damm überquert man die kleine Insel **Dänholm**; hier lohnt ein
Stopp im Marinemuseum oder im Nautineum, einer Außenstelle
des Deutschen Meeresmuseums. Auf Rügen angelangt, kann man
einen Abstecher nach **Altefähr** machen, um einen Blick auf die Silhouette von Stralsund zu werfen. Über die Deutsche Alleenstraße

Garz

erreicht man **Garz**, wo das Ernst-Moritz-Arndt-Museum über Leben
und Wirken des wohl berühmtesten Sohns Rügens informiert. Sieben Kilometer südlich von Garz, in Groß Schoritz, befindet sich das
Geburtshaus des Dichters und Historikers. 10 km östlich von Garz

Putbus

liegt die "weiße Stadt" ****Putbus**, eine ehemalige fürstliche Residenzstadt mit einem riesigen Schlosspark, zahlreichen weiß getünchten klassizistischen Gebäuden und einem liebevoll eingerichteten Puppen- und Spielzeugmuseum in einem ehemaligen Affenhaus. Ein Abstecher nach Süden führt in das 3 km entfernte Seebad
von Putbus, Lauterbach, und seinen Nachbarort Neuendorf, von wo
aus man zu schönen Wanderungen entlang der Boddenküste starten kann. Über das kleine Örtchen **Lancken-Granitz**, bei dem fünf
sehr gut erhaltene Hünengräber aus der Steinzeit zu bestaunen

Sellin

sind, fährt man in den hübschen Badeort ***Sellin** an der Ostseeküste. Über Sellins Hauptstraße mit alten Villen im Stil der Bäderarchitektur erreicht man eine Treppe, die den Steilhang hinab zur
Seebrücke und zum Strand führt.

◄ **Die verschiedenen Gesichter der Stubnitzer Kreideküste beeindrucken
immer wieder.**

Die Halbinsel **Mönchgut** im äußersten Südosten Rügens gehört zu den schönsten und abwechslungsreichsten Landstrichen auf der Insel. Die Tour beginnt in dem schönen Badeort *Sellin* und führt zunächst in den kleinen Nachbarort **Baabe**, dessen wunderbarer langer Sandstrand zum Baden einlädt. Mehrere Wanderwege durchziehen die sich südlich anschließende Baaber Heide. Von Baabe geht's weiter in den nächsten Badeort, **Göhren**, der erhöht auf einer weit ins Meer vorspringenden Landzunge liegt. In dem hübschen Ort faszinieren nicht nur die alten Villen und die beiden langen Sandstrände im Norden und Süden, sondern auch die vier sehenswerten kleinen Museen, die die jahrhundertealte Kultur und Lebensweise der Mönchguter Bauern und Fischer beleuchten. Zu

Sellin

Göhren

Routenvorschläge

* besonders bemerkenswert
** einzigartige Sehenswürdigkeit

Route 1
Route 2
Route 3
Route 4
Route 5
Route 6

Routenvorschläge

** Kap Arkona
** Vitt
Altenkirchen
Juliusruh
Wiek   Breege
O s t s e e

** Insel Hiddensee
Kloster
Vitte
Wittower Fähre
Neuendorf   Schaprode
Ummanz

* Schloss Spyker   Bobbin
Großer
Jasmunder
Bodden
Sagard
National-
park
Jasmund
* Stubnitz-Kreidefelsen
Sassnitz

* Ralswiek
Kl. Jasmunder
Bodden
Neu Mukran
* Feuersteinfelder
Prora

* Waase (Kirche)
Nationalpark
Vorpommersche
Boddenlandschaft
Kubitzer
Bodden
* Gingst (Historische Handwerkerstüben)
* Bergen (Marienkirche, E.-M.-Arndt-Turm)
Zirkow
** Binz
** Jagdschloss Granitz
* Sellin

* Lancken-Granitz (Hünengräber)
** Putbus
Lauterbach
Neuendorf
* Middelhagen
Baabe
** Göhren

Altefähr
Garz
** Stralsund
Dänholm
Geburtshaus E. M. Arndts
Rügischer Bodden
Biosphärenreservat Südostrügen
* Groß Zicker

Greifswalder Bodden
8 km

© Baedeker

Strelasund

diesen Museen gehört auch das kleine *Schulmuseum in Middelhagen, der nächsten Station der Route. Den Abschluss bildet der Besuch des idyllischen Örtchens Groß Zicker. An seinen malerischen rohrgedeckten Bauernhäusern und der kleinen Backsteinkirche vorbei kommt man zum alten *Pfarrwitwenhaus, einem der besterhaltenen Hallenhäuser Rügens, das zum Museum umgestaltet wurde. Herrliche Wanderungen lassen sich von hier aus über die sanften Hügel der Zickerschen Berge, durch Wiesen, Kornfelder und Heide anschließen.

Route 3: Rund um den Kleinen Jasmunder Bodden (54 km)

Bergen

In der Kreisstadt *Bergen, im Zentrum Rügens, beginnt die abwechslungsreiche Tour um den Kleinen Jasmunder Bodden. Im Stadtkern von Bergen liegt die älteste Kirche der Insel, die Marienkirche; etwas abseits vom Touristenstrom erhebt sich der von Wald umgebene Ernst-Moritz-Arndt-Aussichtsturm. Von hier aus geht die Fahrt durch das östlich gelegene **Zirkow**, ein altes Bauerndorf, in dem man den Museumshof aus dem 18. Jh. aufsuchen kann. An der

Binz

Ostseeküste liegt der größte Badeort Rügens, **Binz. Wenn man keinen Badestopp an dem wunderbaren feinen Sandstrand von Binz einlegen will, kann man sich die alten Villen im Stil der Bäderarchitektur ansehen, über die Strandpromenade flanieren und von der Seebrücke aus das Wahrzeichen von Binz in seiner vollen Pracht bestaunen: das hufeisenförmige Kurhaus. Über die Schmale

Prora

Heide führt die Tour, an **Prora** vorbei, einer von den Nationalsozialisten geplanten gigantischen Ferienanlage, hinter der sich ein kilometerlanger weißer Strand befindet, zu einem einmaligen Natur-

Feuersteinfelder

phänomen: den *Feuersteinfeldern von Neu Mukran, zu denen ein Wanderweg führt. An **Sassnitz** und **Sagard** vorbei wendet man sich wieder nach Süden. Einen Abstecher wert ist das Örtchen

Ralswiek

*Ralswiek am Großen Jasmunder Bodden wegen seines Neurenaissanceschlosses mit großem Landschaftspark, des idyllischen Hafens und – während der Sommermonate – wegen des allabendlichen Störtebeker-Spektakels auf der Freilichtbühne.

Route 4: Auf der Halbinsel Jasmund (30 km)

Kreidefelsen

Geradezu unverzichtbar für jeden Rügenbesucher ist eine Wanderung zu den Wahrzeichen der Insel, den leuchtend weißen **Kreidefelsen an der Küste der Stubnitz**. Plant man eine längere Wanderung entlang der gesamten Kreideküste, kann man diese schon

Sassnitz

in **Sassnitz** beginnen, dem Hauptort der Halbinsel **Jasmund**. Sassnitz hat einen schönen Fischereihafen und einige Villen aus der Zeit der Bäderarchitektur. Weniger Wanderfreudige fahren in den Nationalpark Jasmund nach Hagen und starten von dort zu den Kreidefelsen der Stubnitz, insbesondere zum Königsstuhl und zur Victoria-Sicht. Im Nordwesten Jasmunds trifft man auf das Schloss Spyker, eines der wenigen erhaltenen Herrenhäuser der Renaissancezeit auf Rügen. Wenige Gehminuten von hier entfernt liegt der Ort Bobbin mit seiner hübschen Feldsteinkirche. In **Sagard**, im

Sagard

Westen Jasmunds gelegen, kann man im Boxsportmuseum etwa 16 000 Exponate bestaunen.

Route 5: Um den Großen Jasmunder Bodden (100 km)

Die längste hier vorgeschlagene Tour führt in die Orte und zu den Sehenswürdigkeiten rund um den Großen Jasmunder Bodden auf Zentralrügen und auf die Halbinseln Jasmund und Wittow. Von der Kreisstadt *Bergen aus lohnt sich ein erster Abstecher nach *Ralswiek an der Boddenküste, wo man durch den großen Park zum Schloss wandern, einen Blick auf die Freilichtbühne der Störtebeker-Festspiele werfen und zum malerischen Hafen spazieren kann. Über **Sagard** mit dem Boxsportmuseum, den Ort Bobbin und Schloss Spyker erreicht man die Schaabe, die schmale Verbindung zwischen den Halbinseln **Jasmund** und **Wittow**. Hier lohnt sich bei gutem Wetter ein Badestopp – erstreckt sich doch ein 11 km langer, feiner Sandstrand entlang der Ostküste der Schaabe. Auf Wittow angelangt, stößt man sogleich auf die Dörfer **Breege** und **Juliusruh**, Ersteres ein verträumtes Fischerdorf, das andere ein aufstrebender Badeort. Die nächste Station ist **Altenkirchen**, wo man einen Blick in die zweitälteste Kirche Rügens werfen sollte. Von dort geht's weiter nach Putgarten und dann zur nördlichsten Spitze Rügens, dem ****Kap Arkona** mit dem Leuchtturmensemble. Nur per pedes, mit dem Fahrrad oder der Kutsche gelangt man von hier zu dem versteckt liegenden Bilderbuchdörfchen ****Vitt** in einer bewaldeten Schlucht an der Steilküste Wittows. Durch Altenkirchen und das Haufendorf **Wiek** führt die Route weiter zur Südspitze Wittows. Hier muss man sich von einer kleinen Autofähre nach Zentralrügen übersetzen lassen (Staugefahr!). Im 13 km südlich gelegenen **Gingst** trifft man auf die *Historischen Handwerkerstuben, ein liebevoll gestaltetes Museum, das die Arbeits- und Lebensweise von Gingster Handwerkern um 1900 lebendig werden lässt. Ein Abstecher zur Insel **Ummanz** lohnt sich nicht nur wegen der schönen Wanderwege auf der Insel, sondern auch wegen der Kirche von **Waase**, die den berühmten *Antwerpener Schnitzaltar birgt. Von dort geht's zurück nach Bergen.

Bergen
Ralswiek

Altenkirchen

Kap Arkona

Vitt

Gingst

Waase

Route 6: Auf der Insel Hiddensee (8 km)

Einen ganzen Tag muss man auch für die "kleine Schwester Rügens", die autofreie Insel Hiddensee, einplanen. Am kürzesten ist die Überfahrt von **Schaprode** aus, einem netten Örtchen mit einer sehenswerten Kirche. Auf Hiddensee erwarten den Besucher drei malerische Dörfer, allen voran der Ort ****Kloster** mit seiner kleinen Inselkirche, der viel besuchten Gerhart-Hauptmann-Gedenkstätte und dem Heimatmuseum. Südlich von Kloster liegt *Vitte, der größte Ort auf Hiddensee. Außer dem langen Strand beeindrucken im ehemaligen Fischerort vor allem der Hafen und die Blaue Scheune. Durch die naturgeschützte Dünenheide, die im August und September in voller Blüte steht, erreicht man den denkmalgeschützten Ort Neuendorf-Plogshagen im Süden Hiddensees. Alle drei Orte lassen sich nur zu Fuß, mit der Kutsche oder mit dem Fahrrad erreichen, das man von einem der vielen Verleiher auf Hiddensee mieten kann.

Schaprode

Kloster

Vitte

Neuendorf-
Plogshagen

Reiseziele von A bis Z

Altefähr

B 3/4

Höhe: 0 – 10 m ü. d. M.
Einwohnerzahl: 1300

Lage und Bedeutung

Bis zum Bau des Rügendamms 1936 spielte der kleine Ort im Südwesten der Insel eine wichtige Rolle als Tor zu Rügen, denn man erreichte die Insel in der Regel nur mit der "alten Fähre", von der der Ort seinen Namen erhielt. Diese legte in ▶ Stralsund ab und schipperte zum 2 km entfernten gegenüberliegenden Ufer auf Rügen. Seit Mitte der Neunzigerjahre pendelt von Mai bis September wieder eine Fähre auf historischen Spuren über den Strelasund. Heute entwickelt sich die abseits der Hauptverkehrsstraße gleich hinter dem Rügendamm liegende Ortschaft zum Ausflugsziel der Rüganer. Ein Abstecher nach Altefähr lohnt allein schon wegen des schönen Blicks von der Strandpromenade aus über den Strelasund auf die Silhouette von Stralsund mit seinen imposanten Kirchtürmen. Zudem besitzt Altefähr den einzigen nennenswerten Strand entlang der rügenschen Südküste, einen Wasserwanderstützpunkt mit Liegeplätzen für 65 Boote sowie eine hübsche spätgotische Backsteinkirche.

Geschichte

Eine Ansiedlung "bei der alten Fähre" wird erstmals 1240 in einer Urkunde erwähnt; die Fährverbindung von hier aus zum Festland ist wahrscheinlich noch erheblich älter. Bis ins 17. Jh. hinein stand das Dorf unter Stralsunder Herrschaft. 1856 wurden die einfachen Fährboote von einem breiten, platten Raddampfer abgelöst, für den sich aufgrund seiner Form bald der Name "Flunder" einbürgerte. Knapp drei Jahrzehnte später gesellten sich Trajektschiffe hinzu, die zunächst drei, später bis zu acht Eisenbahnwagons über den Sund transportieren konnten. Die Fähren waren notwendig geworden, als 1883 die Eisenbahnstrecke zwischen Altefähr und Sassnitz fertig gestellt war und man diese an die Verbindung Berlin – Stralsund auf dem Festland anschließen wollte. Seit 1909 konnten die Zugreisenden dann sogar von Sassnitz mit einem weiteren Trajekt nach Schweden übersetzen. Die Ära der Fähren endete 1936 mit dem Bau des Rügendamms 500 m südöstlich von Altefähr, über den seitdem die Autos und Züge rollen.

Ortsbild

Vorbei an einigen alten Bauernhäusern gelangt man über die gepflasterte Dorfstraße zum kleinen Hafen. Zuvor passiert man eine hübsche Backsteinkirche aus dem 15. Jh., die von einem kleinen Friedhof umgeben ist. Auffällig ist der Sitz der zwei Kirchturmuhren, die im äußersten Winkel des im 17. Jh. aufgestockten und mit einem Spitzhelm versehenen Turms sitzen und sich übereck berühren. Den Ostgiebel des Rechteckchors schmücken drei Blendfenster. Das Innere wurde im 18. Jh. barock erneuert; aus dieser Zeit stammt auch das Tonnengewölbe des Kirchenschiffs. Das Gemälde des Hauptaltars ist eine Kopie des Abendmahls von Rubens. Das Taufbecken stammt aus dem 14., die geschnitzte Kanzel aus dem 16. Jahrhundert. Vier Schiffsmodelle erinnern an die lange Tradition der Fährschifffahrt des Ortes.

Altefähr
(Fortsetzung)

Westlich schließt ein Strand an den Ort an, hier gibt es auch einen Strandkorbverleih. Hinter dem Strand dehnt sich ein baumbestandener Park aus, der das ehemalige Kurhaus umgibt.

Altenkirchen D 2

Höhe: 12 m ü. d. M.
Einwohnerzahl: 1300

Auf allen Fahrten über die Halbinsel Wittow kommt man zwangsläufig durch Altenkirchen: Richtung Nordosten führt die Straße von Altenkirchen zum Kap Arkona, Richtung Westen nach Dranske und Wiek; im Südosten liegen Breege und die lang gezogene Schaabe, die einzige Landverbindung zwischen Jasmund und Wittow.

Lage und
Ortsbild

Dass Altenkirchen der größte Ort und das wirtschaftliche Zentrum der Halbinsel ist, merkt man dem eher verschlafen wirkenden Ort nicht an. Über holpriges Pflaster gelangt man zur einzigen Sehenswürdigkeit der Ortschaft, der vor etwa 800 Jahren errichteten und damit zweitältesten Kirche Rügens – ein Kleinod, das einen Besuch lohnt.

Altenkirchens romanische Dorfkirche

63

| Geschichte | Das Gebiet um Altenkirchen war schon seit etwa 500 v. Chr. von dem germanischen Stamm der Rugier besiedelt, die bei Nobbin ein Großsteingrab hinterließen (▶ Wittow). Im 6. Jh. n. Chr. folgten ihnen die slawischen Ranen, denen Altenkirchen als Begräbnisstätte diente. Nachdem die Ranen 1168 vom dänischen König Waldemar unterworfen und christianisiert worden waren, gründeten die Dänen die Siedlung Altenkirchen. Zu dieser Zeit erbaute man auch die erste Dorfkirche, angeblich aus dem Palisadenholz der zerstörten Burg der Ranen. Um 1200 entstand schließlich die romanische Basilika, die bis heute als Juwel unter den norddeutschen Backsteinkirchen gilt. |

Sehenswertes in Altenkirchen

| Backsteinkirche | Aus der Erbauungszeit um 1200 ist der Chor erhalten, dessen Außenmauern mit Rauten- und Zahnschnittfriesen geschmückt sind. Wenn man nah herantritt, erkennt man, dass die Konsolsteine der Friese kleine Masken darstellen. Das Schiff mit Kreuzrippengewölbe ist ein Werk des 14. Jahrhunderts. An die Südwand des Chores schließt ein kleiner Raum an, die Waffenkammer, in deren rechter Wand ein slawischer Grabstein aus der Zeit vor 1168 eingemauert ist, der sog. Svantevit-Stein. Er stellt einen bärtigen Mann – vielleicht den wendischen Hauptgott Svantevit – mit einem Füll- oder Trinkhorn dar. Möglicherweise sollte mit der Integration des heidnischen Steins in den christlichen Bau der Sieg des Christentums über die heidnische Religion symbolisiert werden. Die dreischiffige Basilika wurde mehrmals umgebaut und verändert. Vor wenigen Jahren |

Baedeker TIPP **"Der Abend blüht..."**

Will man sich "klassisch" auf einen Aufenthalt auf Rügen einstimmen, genügen vier Dinge: ein Sessel, Elisabeth von Arnims 1904 erstmals veröffentlichter Reiseroman "Elisabeth auf Rügen", ein CD-Player und eine CD mit Gedichten des Altenkirchener Pfarrers Kosegarten in der Vertonung von Franz Schubert, am besten gesungen von Peter Schreier.

entdeckte man verschiedene Wandmalereien in Chor und Apsis aus der Zeit um 1200. 1967 legte man Wandzeichnungen im Gewölbe frei: ein Schwein (ein slawisches Kulttier), zwei schwarze Hähne (Symbole Svantevits) und als einziges christliches Symbol einen Pelikan im Chorbogen. Wertvoll ist auch der Taufstein von 1250, auf dem vier Gesichter zu sehen sind, die für die vier Ströme des Paradieses stehen. Das Kruzifix im Chorbogen ist gotisch, der Altaraufsatz von 1724 ein Werk des Stralsunders Elias Keßler. Der berühmte Dichter Gotthard Ludwig Theobul Kosegarten (▶ Berühmte Persönlichkeiten), von 1792 bis 1808 Pfarrer in Altenkirchen, erwarb die 1750 gebaute Orgel.

| Friedhof mit dem Grab Kosegartens | Das Grab von Kosegarten (1758 – 1818), der sich für die Befreiung der Bauern von der Leibeigenschaft einsetzte und die Intellektuellen der Zeit um sich zu versammeln wusste, darunter Ernst Moritz Arndt (▶ Berühmte Persönlichkeiten), Alexander von Humboldt und Philipp Otto Runge, befindet sich auf dem kleinen idyllischen Friedhof bei der Kirche. Fast hundert steinerne Grabwangen der letzten Jahrhunderte haben hier die Zeiten überdauert. Der hölzerne Glockenturm der Kirche steht etwas abseits am Eingang des Friedhofbereichs. |

In der Atelier-Galerie Blaues Haus stellt Hanne Petrick Rügen-Impressionen aus. Zu sehen sind Aquarelle, Grafiken, Keramik- und Holz-Arbeiten (Neue Straße 2 a, ☎ 03 83 91 / 595, geöffnet April bis Okt. Mo. – Sa. 10⁰⁰ – 13⁰⁰, Nov. – März Mo. – Fr. 15⁰⁰ – 18⁰⁰, Sa. 10⁰⁰ bis 12⁰⁰ Uhr).

Galerie
Blaues Haus

Baabe   F 3

Höhe: 0 – 25 m ü. d. M.
Einwohnerzahl: 800

Im äußersten Norden der Halbinsel Mönchgut liegt das kleinste der rügenschen Ostseebäder, in seiner Ost-West-Ausdehnung von der Ostsee und dem Selliner See begrenzt. Wenn auch Baabe selbst neben einer breiten Allee, die zum Ostseeufer führt, nicht viel Sehenswertes aufweist, besticht der Ort doch durch seinen wunderbaren langen Sandstrand, der sich bis hinunter nach Göhren zieht, und durch die ausgedehnte Baaber Heide im Süden.

Lage und
Bedeutung

Man erreicht Baabe entweder über die B 196 von Sellin aus – die beiden Orte gehen fast ineinander über –, oder man wählt den romantischeren Weg, indem man sich vom kleinen denkmalgeschützten Moritzdorf aus mit der privaten Personenfähre übersetzen lässt. Dabei kann man in Ruhe den schönen Blick über die mit sattgrünem Gras bewachsenen Ufer des Sees und auf die Bucht des Rügischen Boddens genießen. Das Boot überquert die Baaber Beek, die schmale Wasserverbindung zwischen dem Selliner See und der Having, mehrmals am Tag.

Anfahrt

Baabe

Kilometerlang zieht sich der weiße Sandstrand von Baabe.

Geschichte

Der Name des ursprünglich slawischen, 750 Jahre alten Fischerdörfchens entstand aus der Bezeichnung "thor Baben" (Slawisch = zur alten Frau). Der Ort lag damals am wind- und wettergeschützten Ufer des Selliner Sees, während sich heute der Ortskern, sofern man in Baabe überhaupt von einem solchen sprechen kann, an die Ostsee verlagert hat. Vom Steilufer zum Selliner See zieht sich der sog. Mönchgraben, ein Teil der slawischen Befestigungsanlage, den man als Grenze zwischen Rügen und der Halbinsel Mönchgut betrachten kann. Der Wassergraben, der vom Selliner See gespeist wird, endet heute kurz vor dem Bahnhof am Ortsbeginn. Der Graben wird von einem baumbestandenen Wall gesäumt. Der Aufschwung für Baabe kam Ende des 19. Jh.s mit dem beginnenden Tourismus: Pensionen und Hotels wurden gebaut, nachdem hier 1896 das erste Bad auf Rügen eröffnet wurde. Zudem zeigten sich die Baabener überaus fortschrittlich, als sie 1922 als erstes Seebad auf Rügen das sog. gemischte Freibaden erlaubten, d.h. die Trennung der Geschlechter während des Badens und am Strand aufhoben. Trotzdem blieb Baabe in seiner Bedeutung immer hinter den abwechslungsreicheren anderen Ostseebädern Binz, Göhren und Sellin zurück.

Sehenswertes in Baabe

Neuerer Ortsteil und *Strand

Der jüngere Teil von Baabe liegt, von Sellin herkommend, links der Göhrener Chaussee (B 196). Nach wenigen Metern zweigt an einer unübersehbar großen Kreuzung die Strandstraße ab, eine doppelte Alleenstraße mit einem breiten, bepflanzten Grünstreifen in der Mitte, auf dem man zum Strand gehen kann. Hinter einer grasbewachsenen Düne öffnet sich der Blick auf einen kilometerlangen weißen Sandstrand. Parallel zum Ufer verläuft die Strandpromenade, auf der man bis ins 3 km entfernte Göhren spazieren kann. Geht man in entgegengesetzter Richtung auf der Strandpromenade, so stößt man nach wenigen Metern auf einen halb verfallenen Glas-Beton-Klotz, das "Inselparadies", ursprünglich ein Kulturtreff und Restaurant. Etwa 200 m weiter nördlich liegt etwas zurückgesetzt der große Komplex des "Cliff-Hotels" – zu erreichen über die Waldstraße –, ein Ende der Siebzigerjahre errichtetes Luxushotel, das seine Gäste per Aufzug zum Strand transportiert.

Älterer Ortsteil

Westlich der B 196 Richtung Selliner See markieren die drei Querstraßen Dorfstraße, Birkenallee und Bollwerkstraße den älteren Teil von Baabe. Von der historischen Bausubstanz ist jedoch außer einigen Bauernhäusern und Fischerkaten nur wenig erhalten geblieben, darunter das um 1600 erbaute Rookhuus (Rauchhaus) in der Dorfstraße. Der Rauch zog bei dieser Art von "Zuckerhut"-Häusern durch die Rauchlöcher und Luken im rohrgedeckten Dach ab (▶ Kunst und Kultur S. 49). Über die Bollwerkstraße gelangt man zum Selliner See bzw. zu der schmalen Verbindung zwischen See und Having. Hier legt sowohl die kleine Personenfähre nach Moritzdorf an als auch ein Ausflugsschiff, das Panoramafahrten um die Halbinsel Mönchgut und um die Insel Vilm anbietet.

Rookhuus

Baaber Heide

Die dichte Bewaldung des Mönchguts wurde im Mittelalter durch radikale Rodung vernichtet; erst Mitte des 19. Jh.s forstete man das

Gebiet um Baabe wieder auf. Heute dehnt sich ein beeren- und pilz-
reicher Kiefernwald im Süden des Ortes fast über die gesamte Breite der Halbinsel bis nach Göhren aus. Mit ihren Wanderwegen eignet sich die sog. Baaber Heide hervorragend für abwechslungsreiche Spaziergänge und Radtouren.

Bergen D 3

Höhe: 70 m ü. d. M.
Einwohnerzahl: 15 500

Die Kreisstadt ist nicht nur der geografische Mittelpunkt Rügens,
sondern auch das Verkehrs-, Verwaltungs-, Industrie- und Handels-
zentrum der Insel und zudem der größte Ort auf Rügen.

Bedeutung

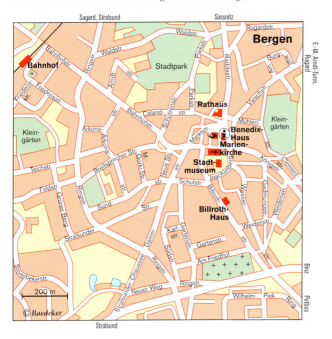

Der Name "Bergen" entspricht der Lage der Stadt: Zum Marktplatz
und zur Marienkirche, der ältesten Kirche Rügens, muss man sich
bergauf bemühen, dahinter erhebt sich der Rugard (91 m ü. d. M.)
mit dem 27 m hohen Ernst-Moritz-Arndt-Turm. Der Stadtkern mit
Kirche, Stadtmuseum, Markt und dem Benedix-Haus, einem schönen Fachwerkhaus, lohnt den Besuch der Hauptstadt Rügens.

**Lage und
Stadtbild**

Die Geschichte Bergens beginnt mit dem Bau der Marienkirche um
1180, die der Slawenfürst Jaromar I. errichten ließ, nachdem er 1168
von den Dänen unterworfen worden war und daraufhin deren

Geschichte

67

Geschichte
(Fortsetzung)

Lehnshoheit anerkennen musste. Um die Kirche herum, an die wenige Jahre später ein Zisterzienserinnenkloster angeschlossen wurde, siedelten sich nach und nach Handwerker und Kaufleute an. Der Slawenfürst residierte derweil auf der Wallburg, dem sog. Rugard (Slawisch = Burg der Rugier), nach dem heute der gesamte Hügel mit dem ehemaligen Burgwall im Nordosten Bergens benannt ist. Der Name des Ortes, ursprünglich "gora" (Slawisch = Berg), erklärt sich leicht aus seiner Lage am Hang des Rugard. Schon im 14. Jh. war Bergen der zentrale Marktort Rügens, der Verwaltungssitz des Landvogts und Gerichtsort. Trotzdem bekam Bergen erst 1613 die Stadtrechte, denn das Kloster, das sich die Abgaben der Bewohner sichern wollte, hatte alle derartigen Bestrebungen zu verhindern gewusst. Der Dreißigjährige Krieg, die Pest und unzählige Brände vom 15. bis zum 18. Jh. hemmten jedoch die Entwicklung der Stadt. Als Verkehrsknotenpunkt, Handels- und Schulzentrum der Insel wuchs Bergens Bedeutung im 20. Jh. wieder an. Die unansehnlichen Plattenbauten im Süden und Südwesten der Stadt sind das Ergebnis einer hektischen Bautätigkeit nach dem Zweiten Weltkrieg, mit der man der großen Zahl von Kriegsflüchtlingen Herr zu werden versuchte.

Sehenswertes in Bergen

Marktplatz

Der Weg zum Zentrum Bergens ist nicht besonders gut ausgeschildert, bewegt man sich aber immer bergauf und hält dabei auf die Kirche zu, erreicht man fast automatisch den Stadtkern. Ein gebührenpflichtiger Parkplatz erstreckt sich über den gesamten Marktplatz, der von einigen schönen Bürgerhäusern umgeben ist. Die meisten Geschäfte liegen in der Nähe des Marktes, und zwar im oberen Teil der Breitsprecher-, der Damm- und der Marktstraße – hier befinden sich auch einige Cafés – sowie in der Bahnhofstraße. Besonders sehenswert ist das "Benedix-Haus". In dem sanierten und modernisierten Fachwerkhaus von 1538 befindet sich die Touristen-Information, das Haus wird auch als Veranstaltungsort genutzt. Daneben fällt ein großer wilhelminischer Backsteinbau auf, das Postamt Bergens. Entlang der Westwand des freistehenden Gebäudes oder durch die Billrothstraße gelangt man zur Marienkirche.

Baedeker TIPP **monte vino**

Selbstverständlich müssen Weinliebhaber während ihres Rügenurlaubs nicht auf edle Tropfen verzichten. Eine der besten Weinhandlungen Deutschlands präsentiert in Bergen sowie in ihrer Filiale in Binz unter dem Namen "monte vino" önologische Spitzenprodukte aus (fast) aller Welt (Markt 14, ☎ / FAX 0 38 38 / 25 35 04, geöffnet Di. – Fr. 11 00 bis 18 00 Uhr).

*Marienkirche

Als ältestes Sakralgebäude Rügens (Baubeginn um 1170) und als eine der schönsten Backsteinkirchen des dänisch-norddeutschen Raums verdient die Marienkirche besondere Beachtung. Sie ist dem Lübecker Dom nachempfunden, sollte ursprünglich als Hofkirche dienen, wurde bald aber als Klosterkirche und ab 1380 auch als Pfarrkirche genutzt. Im 14. Jahrhundert baute man den als romanische Basilika begonnenen Bau in eine gotische Hallenkirche um. Romanisch sind der Chor mit Apsis, das Querhaus sowie das zwei-

Blick durch das Langhaus der Marienkirche auf den spätbarocken Altar

geschossige Westwerk, über dem später der Turm errichtet wurde. **Marienkirche**
Das kreuzrippengewölbte Langhaus und die Turmobergeschosse **(Fortsetzung)**
des Backsteinbaus stammen aus dem 14. Jahrhundert, die nördlichen Kapellen wurden im 15. Jahrhundert angefügt. In die westliche Außenwand wurde ein slawischer Grabstein eingemauert, auf
dem, so wird vermutet, Fürst Jaromar I. dargestellt ist. Die romanischen Bauteile der Kirche waren im Innern vollständig ausgemalt –
besonders eindrucksvoll sind heute noch die in Chor und Querhaus erhaltenen Fresken (im Chor Darstellungen der Freuden im
Paradies und der Qualen im Fegefeuer, im Querhaus verschiedene
biblische Motive). Bei der umfassenden Restaurierung der Kirche
um 1900 wurden die Malereien allerdings verfälschend ergänzt
und neu gestaltet. Spätbarock sind der Altar und die Beichtstühle
(um 1730) sowie die reich verzierte Kanzel (um 1775). Der Taufstein
stammt aus dem 14. Jh. Ein Prunkstück ist auch der romanische
edelsteinbesetzte Kelch (um 1250).

Gleich neben der Kirche gelangt man durch eine Toreinfahrt in den **Stadtmuseum**
ehemaligen Klosterhof, das Kloster selbst wurde 1945 aufgelöst.
Hier befindet sich das kleine Stadtmuseum, das in drei Räumen
über die frühe Geschichte Rügens und die Entwicklung des Klosters
in Bergen informiert. Ausgestellt sind neben slawischen Gefäßen,
einem kleinen Modell eines Wikingerschiffs, Fundstücken eines
frühchristlichen Begräbnisplatzes bei Zirkow und Schautafeln über
die slawischen Götter auf Rügen auch Rügenkarten aus dem 17., 18.
und 19. Jahrhundert. Das Leben der Zisterzienserinnen wird u. a.
durch eine traditionelle Schwesterntracht veranschaulicht. Eine
Bibel von 1649, verschiedene Siegel des Klosters und andere Expo-

Stadtmuseum
(Fortsetzung)

nate informieren über die Geschichte des Ordens in Bergen (geöffnet Mai – Sept. Mo. – Sa. 10^{00} – 16^{30}, Okt. – April Mo. – Fr. 10^{00} bis 12^{00} und 12^{30} – 16^{00} Uhr).

Billroth-Haus

Vom Marktplatz gelangt man über die Kirchstraße in die Billrothstraße. Das Gebäude mit der Nr. 17 ist das Geburtshaus des berühmten Chirurgen Christian Albert Theodor Billroth (1829 – 1894; ► Berühmte Persönlichkeiten). Eine Ausstellung im Haus zeigt Aspekte aus dem Leben und Wirken des Arztes, der als Erster erfolgreich eine Magenkrebsoperation durchführte. Das Haus wird auch für kleinere Veranstaltungen und Konzerte genutzt (zzt. wegen Renovierungsarbeiten geschl.).

Von der Aussichtsterrasse des Ernst-Moritz-Arndt-Turms hat man einen herrlichen Blick über die Insel.

Rugard
*Ernst-Moritz-
Arndt-Turm

Ein lohnender Spaziergang führt zur höchsten Erhebung Bergens, dem Rugard (91 m), auf dem man Ende des 19. Jh.s den Ernst-Moritz-Arndt-Aussichtsturm erbaute. Um 700 bis zur Mitte des 12. Jh.s existierte hier ein slawischer Burgwall, der auf eine fürstliche Residenz schließen lässt.

Vom Marktplatz aus geht man die Vieschstraße in nordöstliche Richtung bis zu einem Parkplatz. Hier beginnt das Waldgebiet,

Naturlehrpfad

durch das ein fast 3 km langer Naturlehrpfad führt. Von dem Parkplatz sind es nur wenige Meter, vorbei an einer 1875 gepflanzten Friedenseiche, bis zu dem 27 m hohen Backsteinrundturm. 1869, an Ernst Moritz Arndts hundertstem Geburtstag, begann man die Arbeiten an dem viergeschossigen Bauwerk, das sich nach oben verjüngt und von einem Kuppeldach bekrönt wird. Nur mit Hilfe von Spenden konnte der Turm 1877 fertig gestellt werden, der an den

Historiker und Dichter Arndt, den wohl berühmtesten Sohn Rügens, erinnert. Im Innern des Turms schraubt sich eine Wendeltreppe achtzig Stufen in die Höhe zu drei Aussichtsterrassen. Von der obersten aus hat man das ganze Jahr über eine wunderbare Sicht nach Süden und Osten auf Binz, das Jagdschloss Granitz und die Insel Vilm; der Blick nach Norden und Westen ist im Sommer durch die hoch gewachsenen Bäume verstellt (zzt. wegen Sanierungsarbeiten geschl.).

Rugard
(Fortsetzung)

Sehenswertes in der Umgebung von Bergen

Auf dem Naturlehrpfad, der beim Ernst-Moritz-Arndt-Turm in Bergen beginnt, kann man nach Buschvitz spazieren, einem 200-Seelen-Dorf am Kleinen Jasmunder Bodden. Ehemals war der Ort der Handelshafen von Bergen, heute legen hier nur noch kleine Motorboote an. Vom Ufer aus sieht man die Halbinsel Pulitz.

Buschvitz

Das 1994 renaturierte Biotop befindet sich am Ortsausgang in Richtung Gingst und hat sich zu einem beliebten Naherholungsgebiet der Einwohner Bergens entwickelt. Ein 5 km langer ausgeschilderter Rad- und Wanderweg lädt zu Spaziergängen oder Radausflügen rund um den kleinen See ein. Für Ornithologen ist der Nonnensee eines der interessantesten Binnengewässer Mecklenburg-Vorpommerns: Über 50 Vogelarten konnten hier schon beobachtet werden.

Nonnensee

Von Buschvitz führt ein Weg nordwärts über den Mühlenberg zur kleinen bewaldeten Halbinsel Pulitz. Man kommt auf dieser Wanderung an dem Teich Ossen vorbei, der als kleines Vogelparadies gilt, und an den wenigen Häusern von Stedar, hinter denen ein Feldweg nach rechts abbiegt. Das Naturschutzgebiet auf Pulitz im Nordosten von Bergen darf nur von Fußgängern und nur in der Zeit vom 16. Juli bis 14. Januar betreten werden. Man wandert dann über einen Damm in den Laub- und Nadelwald der Halbinsel, bis man nach ca. einem Kilometer auf einen Pfad entlang des südlichen und östlichen Ufers stößt. Die hier lebenden Kormorane, Höckerschwäne, Rotmilane, Seeadler und andere Vogelarten dürfen während ihrer Brutzeit im Frühjahr und Sommer nicht gestört werden. Wer mit einem Fernglas ausgerüstet ist, kann die Vögel auf Pulitz auch von Buschvitz aus beobachten.

Halbinsel Pulitz

Binz   E 3

Höhe: 0 – 15 m ü. d. M.
Einwohnerzahl: 5500

Seit 1900 bis heute genießt Binz den Ruf, der größte und attraktivste Badeort auf Rügen mit einem phantastischen Strand und den meisten Hotels und Pensionen zu sein. Besonders in den Zwanzigerjahren stand der Ort als "Nizza des Ostens" bei den Urlaubern hoch im Kurs. Binz wird eingerahmt von der Ostsee, dem Schmachter See im Südwesten und dem hügeligen Buchenwaldgebiet der Granitz im Südosten. Binz ist der einzige Badeort auf Rügen mit Intercity-Anschluss.

Lage und Bedeutung

**Ortsbild Der hübsche Ortskern animiert nicht nur aufgrund seiner verhältnismäßig vielen Geschäfte, Cafés und Restaurants zum Flanieren,
sondern vor allem wegen seiner zahlreichen Beispiele der für Rügen typischen Bäderarchitektur. Badefreunde kommen an dem kilometerlangen feinsandigen Strand auf ihre Kosten. Das beeindruckende Kurhaus an der 3,2 km langen Strandpromenade und die
Seebrücke sind die Wahrzeichen des Ortes.

Wer mit dem Auto in Richtung Strandpromenade fahren will, muss
in die Wylichstraße abbiegen, da alle anderen Straßen, die die
Durchgangsstraße mit dem Strand verbinden, Einbahnstraßen sind
und vom Strand wegführen. An der Ecke zur Jasmunder Straße befindet sich ein Parkhaus. Innerhalb des Ortes verkehrt die für Besitzer einer Kurkarte kostenlose Bäderbahn.

Geschichte Archäologische Funde zeugen von der slawischen Besiedlung der
Gegend um Binz schon um 600, urkundlich erwähnt wird "Byntze"
aber erst 1318. Und bis etwa 1830 sollte es dauern, bis sich in dem
kleinen Fischerdorf ein Wandel vollzog: Der mächtigste Großgrundbesitzer der Insel, Fürst Wilhelm Malte zu Putbus, hatte sich
in den Kopf gesetzt, für die feine Gesellschaft ein Bad am Meer ein-
zurichten. Umkleidehütten und Badekarren wurden heran-
geschafft – und schon konnte der Adel ins Wasser hüpfen. Mehr als
30 Jahre gingen jedoch noch ins Land, bevor sich der Bau eines
ersten Hotels (1876) zu lohnen schien. Mit der Einrichtung eines –
selbstverständlich räumlich getrennten – Damen- und eines Herren-
bades am Strand von Binz begann ein Bauboom, im Zuge dessen in
den Achtziger- und Neunzigerjahren des 19. Jahrhunderts etliche
Hotels und Pensionen entstanden und eine bessere Infrastruktur
geschaffen wurde. Initiator dafür waren zwei Berliner Bankiers, die
1888 die "Aktiengesellschaft Ostseebad Binz" gründeten. Die heutige Putbuser Straße, ehemals vom Dorf zum Herrenbad führend, erinnert an den Fürsten zu Putbus, der sie 1882 anlegen ließ. 1893
entstand das Kurhaus, das 1906 einem Brand zum Opfer fiel und

1908 in anderer Form wieder aufgebaut wurde. 1906 richtete man in Binz auch ein Familienbad ein – keineswegs war nun aber der Freizügigkeit Tür und Tor geöffnet, denn eine Vorschrift von 1908 bestimmte: *Männer und Frauen begeben sich jeder auf einem verdeckten Steg ins nasse Element und kommen erst dort miteinander zusammen, ... das Mitbringen von Ferngläsern und photographischen Apparaten ist untersagt.*

Geschichte (Fortsetzung)

In den 20er-Jahren schloss man das getrennte Herren- und Damenbad; 1933 riss man auch die Kabinen des gemeinsamen Bades ab. 1902 baute man eine erste, 560 m lange Seebrücke (▶ Baedeker Special S. 164). Der heutige Landungssteg mit einer Länge von 370 m Länge wurde 1994 gebaut.

Die sieben großen Hotels am Nordrand von Binz wurden nebst einem Neubauviertel in den Siebziger- und Anfang der Achtzigerjahre vom Feriendienst des FDGB gebaut, der Binz zum "Arbeiterseebad" ernannt hatte. Die zunächst 2,5 km lange Strandpromenade wurde schon 1897 gebaut, 1993 verlängerte man sie um 700 m bis nach ▶ Prora.

Im Norden des Ortes ist ein Thermalbad eingerichtet worden, dessen 36° C warme Quelle bei Bohrungen in Tiefen von bis zu 1200 m entdeckt wurde.

Thermalbad

Sehenswertes in Binz

Hauptattraktion von Binz und Anziehungspunkt für die meisten Urlauber ist der 5 km lange weiße Sandstrand. Für Kinder ideal ist die schwache Brandung und der flach ins Meer abfallende Sandboden. Entlang der gesamten Landzunge, der Schmalen Heide, die sich vom nördlichen Ortsausgang bis fast nach Neu Mukran erstreckt, zieht sich der wunderbar feinsandige, breite Strand, der außerhalb von Binz durch einen Kiefernwald und Dünen von der Straße abgeschirmt ist. Parallel zum Ufer verläuft die Strandpromenade, an der das Kurhaus sowie Restaurants, Cafés und Bistros

*Strand und Strandpromenade

Baedeker TIPP ▶ Alte Kunst hautnah

Wer schon immer mal wissen wollte, ob einem Glasbläser auch einmal die Puste ausgeht, kann in der Glasbläserei Binz den Meistern in der alten Kunst des Glasmachens zusehen und miterleben, wie aus einer zähflüssigen Masse eine wunderschöne Vase oder Schale gezaubert wird. Die kunstvoll-filigranen Objekte in den vielfältigsten Farben und Formen werden gleich neben dem Schmelzofen ausgestellt – und natürlich auch verkauft (Schillerstr. 11, ☎ 03 83 93 / 3 14 95).

liegen. Bei einem Spaziergang auf der Promenade bis etwa auf Höhe der Goethestraße sieht man viele alte Villen, die um die Jahrhundertwende gebaut wurden.

Ein Spaziergang durch die Straßen parallel zur Strandpromenade – besonders durch die Haupt-, die Putbuser-, die Elisen- und die Dünenstraße – vermittelt einen guten Eindruck der für Rügen typischen Bäderarchitektur (▶ Kunst und Kultur S. 54). Die vornehmlich zwischen 1890 und 1910 errichteten Villen, Pensionen und

*Bäderarchitektur

Das hufeisenförmige, repräsentative Kurhaus am Konzertplatz ist das Wahrzeichen von Binz.

Bäder-architektur (Fortsetzung)

Hotels zeichnen sich durch reich ornamentierte, leuchtend weiße Holzfassaden, Türmchen, Erker, Wintergärten und Balkonvorbauten mit Holzschnitzereien aus. Die Architektur erinnert sowohl an Jugendstil- als auch an Fachwerkbauten. Die wichtigste Geschäftsstraße ist die Hauptstraße, die auf die Seebrücke zuführt.

Seebrücke

An der Seebrücke legen die Ausflugsschiffe zu den Kreidefelsen, zu den anderen Seebädern, zu Rügenrundfahrten und zur Insel Usedom an (▶ Praktische Informationen S. 232). Von dem runden Platz an der Strandpromenade direkt am Beginn der Seebrücke fährt der "Jagdschloss-Express" zum Jagdschloss Granitz ab.

*Kurhaus

Steht man auf der 370 m langen Seebrücke, hat man den besten Blick auf das hufeisenförmig angelegte Kurhaus am Konzertplatz. Das dreiflügelige Gebäude, das 1908 nach einem Entwurf von Otto Spalding entstand, wird zzt. renoviert und soll Ende 2001 wieder eröffnet werden. Das Haus besteht aus einem länglichen Hauptbau mit zwei Seitenflügeln, denen an der Spitze jeweils zwei Geschosse aufgesetzt sind. Durch die abschließenden Zeltdächer wirken sie wie kleine Türme. Der dem Konzertplatz zugewandte repräsentative Haupteingang wird durch einen dachreiterartigen Turmaufbau betont. Der großzügig angelegte Platz vor dem Kurhaus wird auf seinen beiden Schmalseiten von je einer Wandelhalle begrenzt, in der Mitte der strandzugewandten Seite steht ein gläserner Pavillon. Der Platz, der vor wenigen Jahren mit Mosaiksteinen und Bornholmer Naturstein ausgelegt wurde, strahlt viel Harmonie aus, da er samt seiner Bebauung völlig symmetrisch angelegt ist.

Ein paar Straßen weiter wurde in der Galerie Jahreszeiten das erste deutsche Fälschermuseum eingerichtet, das über 70 Kopien der berühmtesten Gemälde der Welt zeigt, darunter Leonardo da Vincis "Mona Lisa", Van Goghs "Sonnenblumen" und den "Kreidefelsen" von Caspar David Friedrich (Margaretenstraße 20; geöffnet Di. – So. 10⁰⁰ – 18⁰⁰ Uhr).

Fälschermuseum

In der Villa Odin, in der Zeppelinstraße 8, wurde das Historische Binz-Museum eröffnet, in dem die Entwicklung vom einstigen verschlafenen Fischerdörfchen zum Kurort und Seebad dokumentiert wird. Ausgestellt werden zum Beispiel eine original eingerichtete Fischerstube sowie ein Pensionszimmer aus der Zeit der Jahrhundertwende. Daneben gibt es eine umfangreiche Sammlung historischer Ansichtskarten von Binz und eine Kollektion der Bademode um 1900. Häufig finden hier auch kulturelle Veranstaltungen statt, z. B. Dia-Vorträge zu historischen regionalen Themen. Und jeden Dienstag um 15⁰⁰ Uhr dürfen große und kleine Kinder den Sagen und Märchen der Insel Rügen lauschen (geöffnet Di. – Fr. 10⁰⁰ – 18⁰⁰, Sa. u. So. 10⁰⁰ – 16⁰⁰ Uhr).

Historisches Binz-Museum

Binz

Umgebung von Binz

Den Schmachter See im Süden von Binz, Ausgangspunkt für kleinere Ausflüge und Wanderungen, umgibt ein breiter Gürtel Schilf, was ihn zwar recht idyllisch aussehen lässt, aber auch unzugänglich macht. Ein Wanderweg führt weiträumig um ihn herum, da der See unter Naturschutz steht: Zunächst geht man auf dem Pantower Weg in südliche Richtung, wandert durch die Dörfer Schmacht, Pantow und Serams, wo man einem Feldweg folgend wieder die Richtung nach Binz einschlägt. So kommt man zum Granitzhof und gelangt, vorbei an den Gärten zum Potenberg, zurück zum See. Die kanalisierte Aalbek, die parallel zur Putbuser Straße verläuft, ist heute die einzige Verbindung zwischen Ostsee und Schmachter See.

Schmachter See

Zum ▶ Jagdschloss Granitz spaziert man zunächst die Bahnhofstraße bergauf am Kleinbahnhof vorbei bis zum Ortsausgang. Der ab hier ausgeschilderte Weg führt weiter geradeaus durch den Wald bis zum Schloss (ca. 3 km).
Die 7 Kilometer lange Strecke nach Sellin kann man, zum Teil durch Buchenwälder hindurch, entlang des Hochufers gehen. Unterwegs genießt man den Blick über das Meer bis hin zur Kreideküs-te. Hat man etwa 2,5 km zurückgelegt, bietet sich ein Abstecher zum nahe gelegenen kleinen Schwarzen See an. Zurück auf dem Hochuferweg wandert man nach der Gabelung entweder nach rechts durch den Wald oder nach links, wo man zum Teil am Steilufer entlangkommt.
Von Sellin zurück nach Binz geht's auf demselben Weg; weniger anstrengend und vor allem für Kinder höchst interessant und spannend ist eine Fahrt mit dem "Rasenden Roland".

Wanderungen
Zum Jagdschloss Granitz

Nach Sellin

Vom Wannenbad zur Badeanstalt

Nicht in Binz, Göhren oder Sellin – die erste "Brunnen-, Bade- und Vergnügungsanstalt" auf Rügen wurde im Jahre 1794 in dem kleinen Städtchen Sagard gegründet, das knappe 10 km von der Küste entfernt liegt.

Bereits um die Mitte des 18. Jh.s hatte die dortige Mineralquelle dem Ort ein paar vereinzelte Kurgäste beschert, doch erst Pastor Heinrich Christoph von Willich brachte den Ausbau zum Bade- und Kurort in Gang. Zusammen mit seinem Bruder, dem Landarzt Moritz von Willich, gründete er 1794 die "Brunnen-, Bade- und Vergnügungsanstalt" – die Quelle wurde architektonisch verpackt, ein Badehaus errichtet und Grünflächen mit Laubengängen angelegt. Doch die Napoleonischen Kriege brachten den Kurbetrieb zum Erliegen, Sagards kurzes Intermezzo als Kur- und Badeort war schon zu Beginn des 19. Jh.s beendet.

Baden in der weißen Stadt

Während man in Sagard noch in die Wannen mit Mineralwasser stieg, vertraute man in England und am europäischen Festland bereits auf die heilende oder doch zumindest woh tuende Wirkung des Meerwassers. Mit Bad Doberan-Heiligendamm, der Sommerresidenz des Herzogs von Mecklenburg-Schwerin, wurde 1793 das erste Seebad an der deutschen Ostseeküste eröffnet.

Das Beispiel machte schnell Schule. Auch Fürst Wilhelm Malte I. von Putbus, einer der mächtigsten Grundbesitzer Rügens, fühlte sich vermutlich durch Doberan zu bauherrlichen Aktivitäten angeregt. Maltes klassizistische Residenz in Putbus, zwischen 1808 und 1823 erbaut, avancierte in kürzester Zeit zum Treffpunkt der feinen Gesellschaft. Ebenso wie Doberan besaß die so genannte weiße Stadt mit dem Fischerdorf Lauterbach eine Dependance an der See. Hier konnte man entweder im neu erbauten Badehaus an der Goor oder auch direkt im Greifswalder Bodden ein Salzwasserbad nehmen. Zum Umkleiden und für den Einstieg ins Wasser benützte man einen Badekarren. Er wurde so weit wie möglich ins Wasser geschoben, damit der Badegast – durch seitliche Vorhänge vor neugierigen Blicken geschützt – über eine ausklappbare Treppe ins kühle Nass gelangen konnte.

Kuren in Sassnitz

Natürlich gönnte man sich das Bad im Meer nicht aus purem Vergnügen, sondern weil die "Frictionen der Haut" und der Salzgehalt des Meerwassers sich wohltuend auf den Körper auswirkten, wie die Ärzte damals vermuteten. Auch hatte das Schwimmen im Rügischen Bodden den Vorteil, dass man von allzu hohem Wellengang verschont blieb und sich nicht unnötig in Gefahr begab.

Dem Seebad Putbus war ebenfalls nur eine kurze Karriere beschieden. Während die "weiße Stadt" um die Jahrhundertmitte bereits wieder aus der Mode kam, verlagerte sich der Fremdenverkehr an die Ostküste Rügens, zunächst nach Sassnitz am Südrand der Stubnitz. Die stürmische Entwicklung des Fischerdorfs zum Seebad Nummer eins vollzog sich in den 70er- und 80er-Jahren des 19. Jh.s, als sich die Zahl der Kur- und Badegäste vervierfachte. Das Sassnitzer Ferienpublikum rekrutierte sich nicht mehr aus dem Feudaladel, sondern vor allem aus dem Großbürgertum: Bankiers, Unternehmer und hohe Staatsbeamte reisten in den Sommermonaten mit Familie und Personal in das aufstrebende Seebad. Wer sich nicht in einer Privatunterkunft einmieten wollte, hatte ab 1869 auch die Möglichkeit, im ersten größeren Hotel der Insel ("Zum Fahrnberg") zu logieren. Für eine schnelle und komfortable Verkehrsanbindung sorgten die Dampferlinien zwischen Sassnitz und dem Festland und der Ausbau der Eisenbahnstrecke Bergen – Sassnitz im Jahr 1891. Doch auch Sassnitz musste bald den ersten Platz an die jüngeren Bäder abtreten.

stücksspekulationen blühten, und der einsetzende Bauboom bescherte dem ehemaligen Fischerdorf ein völlig neues "Outfit" mit zahlreichen Hotels und Pensionen, die sich in ihrer phantasievollen Fassadengestaltung gegenseitig übertrafen.
Das Herz des Badeortes war aber der Strand. Hier, auf dem Promenadenweg

stellungen der wilhelminischen Gesellschaft in Einklang zu bringen war. Man stieg zwar nicht mehr vollständig bekleidet in die Fluten, aber geschlossene, aus undurchsichtigem Stoff hergestellte Badeanzüge für die Frauen und Badehosen mit Bein und Zwickel für die Männer mussten es schon sein. Doch trotz solch züchtiger

Ostseebad Binz AG

M it der Jahrhundertwende begann der Aufstieg von Binz, Göhren und Sellin, die seit 1895 durch eine Kleinbahn mit Putbus verbunden waren. Vor allem Binz entwickelte sich zum Paradebad der Wilhelminischen Zeit. Nachdem sich 1888 die "Aktiengesellschaft Ostseebad Binz" gegründet hatte, witterten viele das einträgliche Geschäft mit dem Fremdenverkehr. Grund-

und auf der Seebrücke spielte sich das gesellschaftliche Leben ab. Die Appelle der Ärzte und Gesundheitsapostel, den Körper zumindest zeitweise vom Korsett zu befreien und ihn frischer Luft auszusetzen, zeigten Wirkung: Bereits um 1900 erfreute sich der Aufenthalt am Strand beim Bürgertum großer Beliebtheit. Schwierigkeiten bereitete anfangs noch die damit verbundene zumindest teilweise Enthüllung des Körpers, die nur schwer mit den prüden Moralvor-

Badevergnügen in Binz um 1900: Im Familienbad durften Männer und Frauen sogar gemeinsam plantschen.

Badebekleidung und der anfänglich strikten Geschlechtertrennung gab es in den Badeanstalten immer wieder große Probleme mit der Wahrung des Anstands. Aber "verschärfte Vorschriften und geeignetes Badepersonal" halfen dabei, "die Ordnung aufrechtzuerhalten" – wusste ein zeitgenössischer Beobachter erleichtert zu berichten.

Höhe: 0 – 5 m ü. d. M.
Einwohnerzahl: 650

Lage und Bedeutung

Am nördlichen Ende der Schaabe, der lang gezogenen Verbindung zwischen den Halbinseln ▶ Jasmund und ▶ Wittow, dem nördlichsten Inselkern Rügens, liegen die beiden Dörfer Breege und Juliusruh, die 1928 zu einer Gemeinde zusammengeschlossen wurden. Ersteres ist dem gleichnamigen Bodden zugekehrt, Juliusruh hat dagegen eine Küste zur Tromper Wiek. Während Juliusruh, 1795 als Landsitz mit einer schönen Parkanlage gegründet, ein aufstrebender Bade- und Ferienort ist, hat das verträumte Breege, ein erstmals 1314 urkundlich erwähnter Schiffer- und Fischerort, einen hübschen Yachthafen zu bieten.

Breege

Breege (von Slawisch breg = Ufer), ein verträumtes Zeilendorf, erstreckt sich parallel zum ruhigen Breeger Bodden. Entlang der gepflasterten Hauptstraße sieht man ein rohrgedecktes Kapitäns- und Fischerhaus neben dem anderen; sie stammen aus dem 18. und 19. Jahrhundert. Über 120 Kapitäne und Schiffseigner gingen nämlich zwischen 1810 und 1840 aus dem kleinen Breege hervor; eine regelrechte Segelschiffflotte lag hier vor Anker. Im Mittelalter gehörte Breege zu den drei Haupthäfen der Halbinsel Wittow und war einer der bedeutendsten Marktflecken Rügens; zeitweise galt es sogar als das reichste Dorf der Insel. Nach dem Niedergang der Segelschifffahrt Mitte des 19. Jh.s verlagerten die Breeger ihren Erwerbsschwerpunkt auf die Fischerei und den Femdenverkehr. Viele Ein-

Das verträumte Dörfchen Breege am stillen Breeger Bodden

wohner Breeges verdienen heute ihren Lebensunterhalt mit Reusenfischerei und mit ihren Räuchereien. Vom Breeger Hafen fahren zudem Schiffe nach Hiddensee. Und wer in Breege den Strand vermisst – im Ortsteil Juliusruh gibt's einen der schönsten Strände entlang der Ostseeküste.

Breege
(Fortsetzung)

Bestechend ist in Juliusruh vor allem der lange, breite Sandstrand, der im Süden in die Schaabe übergeht, während sich im Norden in Richtung Kap Arkona das Hochufer anschließt. Der Strand bei Juliusruh fällt nur sehr allmählich ab und geht langsam ins seichte Wasser über – für Kinder der ideale Wasserspielplatz.

Juliusruh

Der 10 ha große, halb englische, halb französische Park von Juliusruh wurde 1795 von dem größten Grundbesitzer der Halbinsel Wittow, Julius Christoph von der Lancken, zusammen mit einem Landhaus, das heute nicht mehr existiert, als Sommersitz angelegt. Man gelangt zu dem Park mit seinen Lindenalleen, den künstlich angelegten Seen, Wassergräben und Hainbuchenhecken, wenn man von der Schaabe kommend nach dem Imbissstand links abbiegt und diesem Weg etwa 100 m folgt. Durch den Park hindurch führt ein Fußweg nach Breege.

Kurpark

1883 gründeten die Breeger und Juliusruher Bewohner einen Badeverein, um aus ihrer wirtschaftlichen Misere herauszukommen, und tatsächlich entwickelte sich der Ort zu einem kleinen Seebad mit einigen Villen und Pensionen. In einer kleinen Manufaktur wird in Juliusruh Rügenkeramik hergestellt, Schalen und Teller mit landschaftsbezogenen maritimen Motiven.

Rügenkeramik

Man kann sowohl an der Ostküste als auch über den Strand an der Westküste die gesamte Schaabe bis Glowe entlangspazieren (▶ Wittow). Von Breege bzw. Juliusruh aus kann man zudem zu einer ca. 10 km langen Wanderung zum Kap Arkona starten. Etwa 300 m hinter Juliusruh führt der Weg von der Bushaltestelle zur Küste. Der Pfad in Küstennähe steigt allmählich zum Steilufer an, am Nobbiner Großsteingrab (▶ Wittow) und dem verwunschenen Dörfchen Vitt (▶ Kap Arkona) vorbei erreicht man die Leuchttürme am Kap Arkona.

Wanderungen

Dänholm   B 4

Höhe: 0 – 10 m ü. d. M.

Die kleine Insel Dänholm liegt zwischen Stralsund und Rügen. Seit 1936 verbindet der Rügendamm die beiden Inseln Rügen und Dänholm; von Dänholm zum Festland führt die Ziegelgrabenbrücke. Heute befindet sich auf dem Eiland mit dem Marinemuseum eine Außenstelle des Kulturhistorischen Museums von Stralsund, mit dem Nautineum Dänholm eine Außenstelle des Deutschen Meeresmuseums sowie ein Segelzentrum und eine Tauchbasis.

Lage und
Bedeutung

Schon zu Beginn der Neuzeit spielte die Insel eine wichtige Rolle als Stützpunkt bei der Verteidigung bzw. Eroberung Stralsunds. Im Dreißigjährigen Krieg ließ Wallenstein die Stadt von einer auf Dänholm errichteten sternförmigen Schanze aus beschießen. Die Schanze wurde später geschleift und erst 1815 von den Preußen wie-

Geschichte

Geschichte (Fortsetzung)

der errichtet; sie ist bis heute erhalten. Das Militär, das der Stadt Stralsund 1849 die Insel abkaufte, legte dort einen Hafen und ein Depot an, das aber schon 1871 nach Kiel verlegt wurde. Nun stationierte man auf Dänholm ein Infanteriebataillon. Der heute noch das Bild des Inselchens bestimmende Kasernenkomplex entstand jedoch erst mit dem Bau des Rügendamms Mitte der Dreißigerjahre. Nachdem in den Kasernen nach Ende des Zweiten Weltkriegs zeitweise Umsiedler und Werftarbeiter gewohnt hatten, übernahm 1953 mit der Stationierung verschiedener Einheiten die Marine wieder das Gelände. Auch erhielt die Militärakademie Dresden hier einen Standort. Nach der Wende übergab die Bundeswehr die Insel an die Stadt Stralsund.

Marinemuseum Dänholm

Von Stralsund kommend, liegt das Museum rechter Hand in einem Wäldchen; der Zufahrtsweg ist ausgeschildert, Parkplätze sind reichlich vorhanden.

Dokumentiert ist auf zwei Etagen und auf einer Freifläche vor dem Museum die Geschichte der Marine Stralsunds und Dänholms als Wiege der preußischen Marine. Der Rundgang beginnt im ersten Obergeschoss, wo vornehmlich mit Fotografien, Texttafeln, Dokumenten und Skizzen über "Dänholm im Wandel der Zeit" informiert wird. Hier erfährt man Näheres über

Marinehubschrauber Mi 8T

die Festung Stralsund, über das erste preußische Marinedepot, die unterschiedliche Nutzung des Eilands durch die Marine, den Bau des Rügendamms sowie über die Anfänge der Seepolizei und die Marineschule Stralsund. Im Raum "Dänholm von 1945 – 1962" sind u. a. UKW-Stationen für Schiffe und Uniformen ausgestellt. Unter den "Lehreinrichtungen der Volksmarine Stralsund" finden sich Funkgeräte und ein komplettes Helmschlauchtauchgerät eines Marinetauchers. Das Erdgeschoss ist hauptsächlich dem 20. Jahrhundert gewidmet. Hier ist die Geschichte der Deutschen Lebensrettungsgesellschaft (DLRG) ebenso dokumentiert wie der Marineflieger in Stralsund. Über 20 Modellpuppen sind mit Marineuniformen aus der Zeit der Kaiserlichen Marine (1888 – 1918) bis zur Zeit der Bundesmarine ausgestattet. Mehr als 200 Gegenstände aus Wracks, die vor Rügen liegen, zeugen von der teilweise gefährlichen Schifffahrt. Auf der Freifläche vor dem Museum sind u. a. ein Marinehubschrauber des Typs Mi 8T und ein kleines Torpedoschnellboot zu besichtigen (Führungen auf Anmeldung, ☎ 0 38 31 / 29 73 27; geöffnet Di. – So. 10⁰⁰ – 17⁰⁰ Uhr).

Nautineum Dänholm

Das Nautineum wurde auf dem Gelände des Alten Tonnenhofes auf Dänholm als Außenstelle des Deutschen Meeresmuseums Stralsund eingerichtet und ist mit dem Auto über die Bundesstraße 96 – ca. 80 Pkw-Parkplätze sind vorhanden –, mit einem Shuttleboot

Dänholm

vom Stadthafen aus – von 10⁰⁰ bis 16⁰⁰ Uhr jeweils zur vollen Stunde – oder mit dem Stadtbus Linie 2 zu erreichen. In einer Ausstellungshalle und auf dem weitläufigen Freigelände sind zahlreiche Exponate der Schifffahrt, Fischerei und Meeresforschung zu sehen, darunter Boote und Fanggeräte der Küstenfischerei, das legendäre Unterwasserlabor "Helgoland" und ein Reusenplatz der Stralsunder Fischer. An der Pier liegt die "Stephan Jantzen", der größte Eisbrecher Deutschlands (Führungen nach Anmeldung, ☎ 0 38 31 / 28 80 10, geöffnet 1. Mai – 26. Okt. tgl. 10⁰⁰ – 17⁰⁰ Uhr).

Nautineum Dänholm (Fortsetzung)

Wer segeln lernen oder eine Yacht chartern will, der kann dies im Segelzentrum Dänholm tun (☎ 03831 / 29 74 44). In unmittelbarer Nähe finden Tauchfreunde in der Taucherbasis Dänholm (☎ 03831 / 29 70 90), einer ehemaligen Ausbildungsstation für Marinetaucher, alles, was sie zur Ausübung ihres Sports brauchen, inklusive Unterkunft in der basiseigenen Pension.

Segelzentrum, Taucherbasis

Dranske   C 2

Höhe: 0 – 5 m ü. d. M.
Einwohnerzahl: 2200

Der größte Ort der Halbinsel Wittow liegt im Nordwesten auf einer lang gestreckten Landzunge, östlich vom Wieker Bodden und westlich von der Ostsee begrenzt. Im Süden schließt die Nationalparkregion Vorpommersche Boddenlandschaft an, im Norden die Kreptitzer Heide und das Waldgebiet des Bakenbergs. In der Zeit, als Dranske noch ein Militärstützpunkt war, wurde das Bild des früheren Fischerörtchens gründlich zerstört: Plattenbauten prägen die Siedlung, die bis auf den – nur zweimal pro Woche mit einer etwa dreistündigen Führung zugänglichen – Nationalpark im Süden kaum Reizvolles zu bieten hat.

Lage und Bedeutung

Dem ehemals netten Fischerörtchen Dranske widerfuhr im zwanzigsten Jahrhundert ein wenig schönes Schicksal: Es wurde in den Dreißigerjahren völlig abgerissen, nur ein altes Schulhaus blieb stehen. 1314 erstmals urkundlich erwähnt, gehörten die Dransker Siedlungen wie Starrvitz, Lancken und Gramtitz mal den Rügener und Stralsunder Klöstern, mal den Wittower Kirchen Altenkirchen und Wiek. In Kuhle, einem Ortsteil von Dranske an der Nordspitze des Wieker Boddens, steht die nachweislich älteste Gaststätte Rügens, der "Schifferkrug", in dem schon 1455 Bier ausgeschenkt wurde (▶ Praktische Informationen S. 229). Nach dem Ersten Weltkrieg wurde in Dranske ein Stützpunkt für Seeflieger der Wehrmacht eingerichtet; bald darauf war das Schicksal der Fischerkaten besiegelt: Sie mussten einer großen Siedlung für die Angehörigen der Soldaten des auf dem Bug angelegten Fliegerhorstes weichen. Nachdem 1946 zunächst die militärischen Anlagen gesprengt bzw. demontiert worden waren, errichtete Anfang der Sechzigerjahre die Nationale Volksarmee (NVA) einen neuen Militärstützpunkt auf dem Bug. Auch das war dem Ortsbild Dranskes nicht gerade zuträglich, denn 1968 entstanden die ersten hässlichen Plattenbauten am nördlichen Ortsrand, die den Besucher noch heute empfangen. Mit dem Bau verschiedener Sportanlagen wurde Dranske dennoch zu

Geschichte

Dranske

Dranske (Fts.)	einem begehrten Erholungsort für FDGB- und NVA-Urlauber. Nach der Schließung des Marinestützpunktes 1991 schoss zunächst die Arbeitslosenzahl gewaltig in die Höhe. Heute versucht man, Dranske wieder in einen Urlaubsort zu verwandeln. So legte man am Bodden eine Promenade an und baute die Wander- und Radwege aus. Auf dem ehemaligen Militärgelände entsteht in den nächsten Jahren die Ferienanlage "BUG Baltic Sea Resort".
Ortsbild	Bevor Dranske in den Sechzigerjahren die weithin sichtbaren eintönig-grauen Plattenbauten im Norden erhielt und eine Siedlung lieblos aus dem Boden gestampft wurde, war der Ort ein kleines Fischerdörfchen. Sehenswürdigkeiten gibt es hier nicht, lohnend
Wanderung auf dem Bug	ist dagegen ein Ausflug in den Nationalpark auf dem Bug, einer lang gestreckten Landzunge, die sich im Süden an Dranske anschließt – allerdings nur mit einer zweimal pro Woche stattfindenden organisierten Führung auf einem gekennzeichneten Rundwanderweg und auf Beobachtungsplattformen. Man erhält auf dem ca. dreistündigen Ausflug einen Einblick in die Pflanzen- und Tierwelt des Bugs und lernt Heideflächen, Kiefern- und Birkenwälder, Dünen, sumpfige Biotope und die Vogelwelt des Nationalparks kennen (Anmeldung ☎ 03 83 91 / 87 30).
Kutterfahrten	Vom Hafen des Dransker Ortsteils Kuhle aus, auf halbem Weg zwischen Dranske und Wiek im Norden des Wieker Boddens gelegen, werden Bodden- und Kutterfahrten zum Fischfang angeboten (Informationen und Anmeldung in der Fischräucherei Kuhle oder unter ☎ 03 83 91 / 8 90 52).

Garz   D 4

Höhe: 20 m ü. d. M.
Einwohnerzahl: 1800

Lage und Bedeutung	Garz liegt im Süden Rügens, etwa 14 km südwestlich von Bergen. Schon vor dem Jahr 1319 erhielt Garz als erster Ort der Insel Stadtrecht, sein Erscheinungsbild ist aber bis heute dörflich geblieben. Bis ins 12. Jh. hinein war Garz vermutlich sogar per Schiff zu erreichen: Ein Kanal soll einst den Ort mit dem Bodden verbunden haben. Ein Ausflug nach Garz lohnt sich vornehmlich, um dem Ernst-Moritz-Arndt-Museum einen Besuch abzustatten.
Ortsbild	Garz ist eine Kleinstadt mit ländlichem Charakter; die meisten Gebäude des Ortes entstanden im Zuge des Wiederaufbaus nach einem großen Stadtbrand 1765. Zu den schönsten Gebäuden zählt das alte Pfarrhaus, das um 1735 erbaut wurde, ein rohrgedeckter Fachwerkbau in der Wendorfer Straße.
Sankt Petri	Die Kirche Sankt Petri nahe des südlichen Ortsausgangs ist ein monumentaler, aber schlicht gehaltener Backsteinbau mit einem lang gestreckten Chor und einem quadratischen Westturm aus dem 14. / 15. Jahrhundert. Die Ausstattung der Kirche ist überwiegend barock. Im 20. Jh. wurde die Kirche mehrmals renoviert. Barock sind die hölzerne Kanzel von Hans Broder und der Altaraufsatz von Elias Keßler von 1724. Die ältesten Ausstattungsstücke sind ein Taufbecken aus dem 13. und das Chorgestühl aus dem 17. Jahrhundert.

Von den einstigen Macht- und Verwaltungszentren auf Rügen, den slawischen Fürstenburgen Arkona (▶ Kap Arkona) und Charenza (Garz), die 1168 von den Dänen erobert und 1199 von den Pommernherzögen Bogislaw und Casimir zerstört wurden, blieben allein die Burgwälle übrig. Die vor der Christianisierung in Charenza verehrten Götter waren der siebenköpfige Kriegsgott Rugiavit, Porevit, der Wettergott, der für seinen Zuständigkeitsbereich

Bergen

Garz

Slawischer Burgwall

Jahnstr.

Bergener Str.

Putbus

Putbuser

Kirtegang

Beek

Lindenstr.

Heidestr.

Str.

Stralsund

Harpenstr.

Schul str.

Rathaus

Brauer gang

Schmiedestr.

Lange Str.

Poggenstr.

E.-M.-Arndt-Str.

Wendorfer

An den Anlagen

E.-M.-Arndt-Museum

Am Burgwall

Im Wiesengang

Str.

Burgwall

© Baedeker

Zudar, Geburtshaus E. M. Arndts

offenbar nur fünf Köpfe benötigte, und Porenut, der sich als Donnergott mit vier Köpfen begnügen musste.

Das Museum in Garz ist dem Dichter und Historiker Ernst Moritz Arndt (▶ Berühmte Persönlichkeiten) gewidmet, der 1769 im 7 km südlich gelegenen Dörfchen Groß Schoritz geboren wurde und auf Rügen seine Kindheit verbrachte. Bekannt wurde Arndt durch seine Schriften, mit denen er u. a. für die Befreiung der Bauern aus der Leibeigenschaft kämpfte. Ursprünglich war das Ernst-Moritz-Arndt-Museum im alten Schulgebäude von Garz untergebracht, 1937 zog es dann in das neu erbaute Backsteinhaus in der Straße An den Anlagen. Bis 1969 war das Museum dem Charakter nach ein Heimatmuseum, erst zum 200. Geburtstag Arndts wurde der große Raum im Erdgeschoss dem berühmtesten Sohn Rügens gewidmet und zu diesem Zweck umgestaltet. Dokumentiert werden Leben und Wirken Arndts, z. B. mit Erstausgaben seiner Werke, mit Originalgemälden, die seine Eltern und seinen Bruder mit Frau zeigen, mit Ablichtungen von zwei Zeichnungen, die Arndt selbst angefertigt hat, usw. Zu sehen ist auch ein von Arndts Mutter gefertigter Wandschmuck: Blüten aus Menschenhaar. Gegenstände des tägli-

Ernst-Moritz-Arndt-Museum

Baedeker TIPP ▶ **Schabernack auf dem Rad**

sollte man tunlichst nicht treiben, aber nach Schabernack fahren, ist durchaus zu empfehlen. Zum Beispiel nach einem Besuch des Arndt-Museums und des Geburtshauses von Ernst Moritz Arndt im 7 km entfernten Groß Schoritz ist eine anschließende kleine Rundfahrt über Silmenitz zu dem Flecken mit dem lustigen Namen eine schöne, auch für ungeübte Radler zu bewältigende "Kultur-Natur-Tour", auf der man die Stille und Weite der Boddenlandschaft genießen kann. Zurück nach Garz geht's dann über Dumsevitz und Rosengarten.

Altefähr 23.9
Schabernack 0.8

Das Ernst-Moritz-Arndt-Museum beleuchtet Leben und Werk des berühmten Schriftstellers und Historikers.

E.-M.-Arndt-Museum (Fts.)

chen Bedarfs aus dem 18./19. Jh. (Töpfe, Kissen, Bürsten, Porzellan usw.) geben einen kleinen Einblick in den Alltag Arndts und seiner Zeitgenossen. Ein Zimmer im Obergeschoss ist der Garzer Stadtgeschichte vorbehalten (An den Anlagen 1; geöffnet Mai – Okt. Mo. – Sa. 10 ^{00} – 16 ^{00} Uhr, Nov. – April Mo. – Sa. 11 ^{00} – 15 ^{00} Uhr).

Sehenswertes in der Umgebung

Geburtshaus E. M. Arndts in Groß Schoritz

Sieben Kilometer südlich von Garz liegt in dem kleinen Ort Groß Schoritz am Ende der Dorfstraße das Geburtshaus von Ernst Moritz Arndt. Das Mitte des 18. Jh.s erbaute weiß getünchte Haus ist ein typisches Gutshaus (▶ Kunst und Kultur S. 49). Über einem einzigen Geschoss mit hohem Sockel erhebt sich ein Mansardendach. In der Mittelachse des Herrenhauses liegt der Eingang, zu dem eine repräsentative zweiläufige Freitreppe führt. Betont wird das Portal außerdem durch eine Gaube mit einem geschweiften und bekrönten Prunkgiebel, an dem man 1913 ein Porträtrelief Arndts anbrachte. Nach 1945 diente das Gutshaus als Wohn- und Bürohaus. Von der originalen Ausstattung ist leider nichts mehr erhalten. Leben und Schaffen Arndts werden in Bildern und Texten dokumentiert. Der Saal ist Wechselausstellungen vorbehalten (geöffnet Mai bis Okt. Mo. – Sa. 10 ^{00} – 16 ^{00}, Nov. – April Mo. – Sa. 11 ^{00} – 15 ^{00} Uhr).

Silmenitz

Bei dem kleinen Ort Silmenitz, etwa 5 km östlich von Garz gelegen, stößt man auf ein beeindruckendes, "Himmel" genanntes Hügelgrab.

84

Höhe: 15 m ü. d. M.
Einwohnerzahl: 1600

Etwa 12 km nordwestlich der Inselhauptstadt Bergen liegt Gingst, **Lage und** das Zentrum des touristisch weniger frequentierten Westteils von **Bedeutung** Rügen. Ehemals war das Dorf der Sitz der wichtigsten und meisten Handwerkerbetriebe Rügens; heute erinnert daran das hübsche Museum "Historische Handwerkerstuben".

Gingst besitzt einen recht schönen begrünten Marktplatz; dort **Ortsbild** befinden sich ein Restaurant und eine Bäckerei mit kleinem Café sowie die sehenswerte spätgotische St. Jakobi-Kirche (um 1300), Rügens zweitgrößter Sakralbau, in dem die älteste Orgel der Insel erklingt, 1790 von dem Stralsunder Christian Kindt erbaut. In den Sommermonaten sind hier Orgelkonzerte mit international renommierten Künstlern zu hören.

Gingst, 1232 erstmals als "Ghynxt" urkundlich erwähnt, entwi- **Geschichte** ckelte sich schon früh zu einem Zentrum des Handwerks und Handels auf Rügen. Knapp 50 verschiedene handwerkliche Berufe waren im Mittelalter in Gingst vertreten, darunter Schuster, Sattler, Schneider, Salzwerker, Böttcher, Töpfer, Glaser und Weißnäher. Da Gingst Marktrecht besaß, genossen die einheimischen Handwerker verschiedene Privilegien, die vor allem ihr Einkommen sichern sollten. So durften zum Beispiel Stralsunder Tuchhändler zeitweise ihre Waren nicht in Gingst vertreiben. Bei der Abschaffung der Leibeigenschaft spielte Gingst eine Vorreiterrolle auf Rügen, die hier auf Betreiben des Pastors Picht schon 1774 durchgesetzt wurde.

Sehenswertes in Gingst

Nahe des südlichen Ortsausgangs, 200 m vom Marktplatz entfernt, ***Historische** liegen die Historischen Handwerkerstuben, ein liebevoll gestaltetes **Handwerker-** Museum zur Geschichte des Dorfhandwerks, untergebracht in zwei **stuben** Gebäuden, einem Rauchhaus aus dem 17. Jahrhundert und dem benachbarten sog. "Efeuhaus", das um 1750 gebaut wurde. In dem ehemaligen Stallgebäude, der jetzigen Museumsscheune, gibt es ein Café und den Museumsladen, in dem u. a. Kunsthandwerk aus dem Baltikum, aus Skandinavien und aus heimischer Produktion verkauft wird.
In den Historischen Handwerkerstuben spiegeln sich Kultur und Lebensweise der damals in Gingst ansässigen Handwerker wider. Wohnen und Arbeiten der Menschen am Ende des 19. Jahrhunderts wird lebendig, wenn man durch die zum Teil original eingerichteten Zimmerchen geht; bisweilen scheint es, als seien die Bewohner nur kurz aus dem Haus gegangen. Zeitweise lebten und arbeiteten hier bis zu 40 Menschen unter einem Dach. Im Erdgeschoss liegt gleich zur Linken eine Schusterwerkstatt, in der Arbeitsgeräte aus mehreren Generationen versammelt sind. Von hier aus gelangt man in einen Schlafraum und in eine kleine Küche, dahinter schließt sich der "Salon" eines Barbiers an. Es folgt eine komplett eingerichtete Schneiderwerkstatt. Im Flur ist eine Fingerhutausstel-

Historische Handwerkerstuben: die Schusterwerkstatt ...

... und der Barbiersalon

lung zu sehen: Das kleine Näh-utensil ist schon seit vielen Jahrhunderten bekannt und wurde in Messing, Gold, Silber, Schildpatt, Holz, Perlmutt und Porzellan gefertigt und auf verschiedenste Weise verziert. Die ältesten Fingerhüte stammen übrigens aus dem zweiten Jahrhundert v. Chr. und kommen aus China. Der Weberei in Gingst ist ein eigener Raum gewidmet: Ein großer Webstuhl und Spinnräder bezeugen die lange Tradition dieses Handwerks, das hier seine Blüte Ende des 18. Jahrhunderts erlebte, als viele Bauern aus der Leibeigenschaft befreit wurden und eine Damast- und Leinweberzunft gegründet wurde. Über eine steile Holzstiege geht es ins erste Obergeschoss und in die Wohnung und Werkstatt einer Weißnäherin um 1900, außerdem steht hier auch eine Sattlerbank. In einem der Räume schließlich ist altes Spielzeug aus der museumseigenen Sammlung ausgestellt (geöffnet 1. Mai – 30. Sept. tgl. 10⁰⁰ – 17⁰⁰, im Okt. bis 16⁰⁰, 1. Nov. – 30. April Mo. – Fr. 10⁰⁰ – 16⁰⁰ Uhr).

Pfarrkirche St. Jacobi

Die Pfarrkirche St. Jacobi, Anfang des 15. Jahrhunderts erbaut, steht am Ostrand des Marktplatzes und überrascht mit einer qualitätvollen Barockausstattung und Illusionsmalerei an den Wänden. Besondere Beachtung verdienen die hölzerne Taufe (1735), der Hauptaltar (1776) und die Kanzel, die 1743 in Stralsund gefertigt wurde. Die Stuckdecke zog man an Stelle des ursprünglichen Mittelschiffgewölbes nach einem Stadtbrand im Jahr 1726 ein. Die 1790 entstandene spätbarocke Orgel mit klassizistischem Prospekt stammt von dem Stralsunder Meister Christian Kindt – während des Orgelspiels führt ein Engel oberhalb des Instruments eine Posaune zum Mund.

Rügen-Park

Die neueste Attraktion der Ferieninsel Rügen macht nicht nur Kindern großen Spaß: Auf 8000 m² kann man einen Nachbau der Insel Rügen und 80 weitere Modelle von berühmten, z.T. historischen Bauwerken im Maßstab 1:25 bewundern, darunter den schiefen Turm von Pisa, die ägyptischen Pyramiden, Notre Dame und den Koloss von Rhodos. Während man mit der Parkbahn "Emma" eine gemächliche Runde durch den Miniaturenpark dreht, toben sich die Kinder auf der Springburg, der riesigen Superrutsche oder dem Wildwasserrondell aus oder fahren mit dem Jetscooter und den Tret-Karts um die Wette (Mühlenstr. 22 b, www.ruegenpark.de; geöffnet April – Okt. tgl. 9⁰⁰ – 18⁰⁰ Uhr).

Höhe: 40 – 60 m ü. d. M.
Einwohnerzahl: 1400

Göhren, 1165 erstmals urkundlich erwähnt und 1878 zum Ostseebad ernannt, hat sich vom einstigen Fischerdörfchen zum internationalen Kurort entwickelt, in dem schon Hans Albers, Heinz Rüh-
mann, Zarah Leander und Albert Schweitzer ihren Urlaub ver-
brachten. Der größte und gefragteste Ort der Halbinsel Mönchgut
liegt inmitten des "Biosphärenreservates Südost-Rügen" auf einer
weit ins Meer vorspringenden Landzunge, dem Göhrener Höft, das
den östlichsten Zipfel Rügens bildet. Aufgrund seiner Halbinsellage
besitzt Göhren gleich zwei feinsandige Strände von insgesamt 7 km
Länge: den breiten "Nordstrand", wo auch die 280 m lange Seebrücke steht, und den ruhigen, weiträumigen "Südstrand".

**Lage und
Bedeutung**

Das Zentrum Göhrens, von Buchen- und Kiefernwald umgeben,
liegt auf einer Anhöhe. Der Ortsname hat sich aus der slawischen
Bezeichnung für Hügel bzw. Berg (gora) entwickelt. Hier endet
auch die Strecke des historischen Dampfzugs "Rasender Roland".

Die Hauptdurchgangsstraße Göhrens zwischen Thiessow- und
Nordperdstraße, zugleich ein Teilstück der Strandstraße, wurde zur
verkehrsberuhigten Zone umgestaltet. Kommt man über die B 196

Anfahrt

Anfahrt (Fts.)	von Westen in den Ort und möchte zum Strand, biegt man gleich nach links Richtung Seebrücke ab. Von der Seebrücke aus gelangt man über die Strandstraße hoch ins Zentrum Göhrens. Fährt man die B 196, von Baabe oder Middelhagen kommend, weiter geradeaus Richtung Ortsmitte, muss man sein Fahrzeug spätestens an der Thiessower Straße abstellen.
*Ortsbild	Mit seinen beiden langen weißen Sandstränden im Süden und im Norden – mit Seebrücke, Strandpromenade, Cafés, Kurpark und der 1925 erbauten Konzertmuschel – sind die für Badegäste wichtigsten Attraktionen Göhrens genannt. Darüber hinaus besticht das höher gelegene Ortszentrum nicht nur durch seine Villen im Stil der Bäderarchitektur, den Geschäften und Restaurants, sondern auch durch sein kulturelles Angebot – die vier Komplexe des Mönchguter Museums haben hier ihren Standort.
Geschichte	Archäologische Untersuchungen haben eine Besiedlung Göhrens schon in der Stein- und Bronzezeit nachgewiesen, später waren hier die Slawen ansässig. Jahrhundertelang gehörte die Halbinsel Mönchgut, also auch der Fischerort Göhren, zum Zisterzienserkloster Eldena bei Greifswald. Der Orden trieb die Kultivierung des Mönchgut durch die Ansiedlung von westelbischen Bauern und Fischern voran. 1847 befreiten sich die Mönchguter aus der Lehnsherrschaft, indem sie sich freikauften. Göhren avancierte 1878 zum selbst ernannten Seebad, der Gewinn bringende Tourismus kam jedoch erst um die Jahrhundertwende mit der Fertigstellung des "Rasenden Rolands", 1899 noch "lütt Boahn" genannt, der in Göhren Endstation hat. Zu dieser Zeit entstanden hier wie in den anderen Ostseebädern Binz, Sellin und Baabe Pensionen und Hotels, von Architekten aus allen Teilen Deutschlands im Stil der Bäderarchitektur erbaut. 1993 wurde am Nordstrand die 280 m lange Seebrücke für kleinere Boote und Ausflugsdampfer gebaut und 1996 ein Kurmittelhaus eröffnet, um den Kur- und Bädertourismus weiter anzukurbeln.

Sehenswertes in Göhren

Ortskern	Die Strand- bzw. Poststraße ist eine hübsche, ruhige, kopfsteingepflasterte Straße mit etlichen Geschäften und Restaurants. An ihr liegen auch das Heimatmuseum und der Museumshof (▶ S. 90/91). Auffällig sind die Villen im Stil der Bäderarchitektur, die um die Jahrhundertwende entstanden und sich durch ihre ornamentalen Holzfassaden und Balkone bzw. Balkonveranden, Erker und Türmchen auszeichnen. Daneben sieht man aber auch noch einige alte Fischerkaten und rohrgedeckte Häuser, besonders in den Nebenstraßen, die an Göhrens Geschichte als Fischerort erinnern.
Blaudruckerei	In der Wilhelmstraße 1 kann man kunsthandwerkliche Produkte, deren Herstellung einmalig auf der Insel Rügen ist, bewundern und erwerben: Hier färbt und ornamentiert Gisela Hoth nach der traditionellen Technik des Blaudrucks Stoffe, Schals und Tischdecken. Die seit den Zwanzigerjahren nicht mehr praktizierte Technik musste von der Göhrenerin recherchiert und experimentell neu entdeckt werden. Aufwändig ist der Blaudruck allemal: Die zunächst grünen Stoffbahnen erhalten ihre blaue Farbe erst nach

fünfmaligem Färben und durch die Einwirkung von Sauerstoff beim Trocknen des Stoffes im Freien – das Ergebnis variiert daher entsprechend der Wetterlage.

Ortskern (Fortsetzung)

Die schlichte Backsteinkirche mit einer Doppelturmfront an der Neuen Kirchstraße stammt von 1930. Im Innern fallen eine Kreuzigungsgruppe mit einem geschnitzten Mönchguter Fischerpaar und ein Segelschiffmodell auf. Hinter der Kirche befindet sich ein frühgeschichtliches Hünengrab, der 3000 Jahre alte "Speckbusch", von dem aus man einen Panoramablick über das Mönchgut hat.

Kirche

Speckbusch

Der breite, feinsandige Nordstrand erstreckt sich über 3 km in Richtung Baabe, nach Osten wird er von der Steilküste am Nordperd begrenzt. Er ist der Hauptstrand Göhrens: Hier finden u. a. Konzerte in der asymmetrischen Konzertmuschel im Kurpark statt, an der Seebrücke legen die Ausflugsschiffe zur Kreideküste und zur Insel

*Nordstrand

Göhren

Der feine Göhrener Nordstrand unterhalb der Steilküste

Usedom an, und entlang der Strandpromenade sorgen Strandkorbverleih, Restaurants, ein Eiscafé, Imbissstuben und kleine Läden für die Bedürfnisse der Sonnenhungrigen. Eine Surfschule fehlt hier ebenso wenig wie ein Volleyball- und ein Tennisplatz. Der gepflegte Kurpark lädt zum Flanieren ein.

Geht man auf der Strandpromenade bzw. dem Nordstrand in östlicher Richtung, trifft man auf halbem Weg zur Spitze des bewaldeten Nordperds auf den größten Findling der deutschen Ostseeküste, den sog. Buskam. Buskam, der etwa 200 m vor der Küste aus dem Wasser ragt. Vor wenigen Jahrzehnten praktizierte man hier noch einen Hochzeitsbrauch: Nach einer Eheschließung ruderte man zu dem Stein hinaus, kletterte mit bis zu 25 Personen darauf und tanzte

Buskam

Nordstrand (Fortsetzung)	auf dem Findling mit seinen 40 Metern Umfang einen Rundtanz. Sichtbar sind von dem Koloss allerdings meist nur 5 %, bisweilen ist er sogar gänzlich unter Wasser. Den Nordperd kann man übrigens nicht über den Strand, sondern nur auf dem Nordperd-Rundwanderweg (s .u.) umrunden, da ihn ein Steindamm als Erosionsschutz umgibt.
Südstrand	Der 4 km lange Südstrand ist für Urlauber geeignet, die die Ruhe abseits vom Touristenrummel genießen wollen. Hier und da stellen die Fischer ihre Gerätschaften (Netze, Fischerkisten usw.) ab; allerdings bieten einige Fischer hier auch Ausflugsfahrten auf ihren Booten an. Und Tang und Strandgut scheint an manchen Abschnitten niemand zu beseitigen.
**Mönchguter Museum	Insgesamt gehören vier Einzelmuseen zum Mönchguter Musum (Verwaltung: Strandstraße, ☎ 03 83 08 / 21 75) – das Heimatmuseum, der Museumshof, das Rookhuus (Rauchhaus) und das Museumsschiff "Luise". Alle vier Museumsanlagen sind denkmalgeschützte Objekte, alte Fischerhäuser bzw. Bauernhöfe und ein Schiff. Präsentiert wird den Besuchern ein Überblick über die jahrhundertealte Kultur und Lebensweise der Bauern, Fischer, Lotsen und Schiffer der Halbinsel. Darüber hinaus informieren die Museen über die Geschichte, Geologie und Geografie des Mönchguts und über die Entwicklung Göhrens zum Seebad.
Heimatmuseum	1963 wurde in der Strandstraße in einem ca. 150 Jahre alten Rohrdach-Bauernhaus das Heimatmuseum eingerichtet. Schon im 16. Jh. stand hier ein Haus, in dem im Laufe der Zeit Bauern, Fischer, Schiffer und Lotsen wohnten.
Erdgeschoss	In den Erdgeschossräumen kann man sich über das Leben im Haus und die traditionelle Mönchguter Tracht sowie die Schifffahrt informieren. Der erste Raum rechts des Eingangs ist die sog. Döns, der durch ein Heizungsloch von der Küche aus beheizbare Wohn-, Schlaf- und Arbeitsraum der Mönchguter Familie. Hier sieht man u. a. ein Spinnrad, ein ausziehbares Bett, eine Schlafbank und ein Klappbett: insgesamt sehr Platz sparendes Mobiliar für eine große Familie, die sich in einem kleinen Raum zusammendrängen musste. Aus der großen Schüssel auf dem Tisch aßen alle gemeinsam; die Kinder mussten im Stehen essen. Im gegenüber liegenden Zimmer sind Geräte für die traditionelle Zubereitung der Mahlzeiten ausgestellt (Butterfass, Geschirr, Besteck, eine Ofenstelle). Im Gang sind in mehreren Schaukästen Feldarbeitskleidung, Trachten aus dem 19. Jh. und Haubenschachteln für Kopfbedeckungen, Bänder und Tücher untergebracht. Ein weiterer Raum beschäftigt sich mit der Seefahrt (Modellschiffe, Truhen, Seemannsmitbringsel, Schautafeln zu verschiedenen Schiffstypen).
Obergeschoss	Im Obergeschoss geben im ersten Raum zur Rechten Ausgrabungsfunde Aufschluss über die frühe Besiedlung des Mönchgut. Aus der Eisenzeit (600 v. Chr. – 30 v. Chr.) stammen z. B. Feuersteinrohlinge sowie Geräte und Waffen aus Grabbeigaben; aus der slawischen Zeit (600 – 1200 n. Chr.) haben sich neben anderem eine Kette und ein Schleifstein erhalten. Ein weiterer Raum befasst sich mit der Geologie. Anhand von Bohrkernen, die die übereinander liegenden Gesteinsschichten der Halbinsel zeigen, wurde ein geologisches Profil des Mönchgut erstellt. Die Entwicklung Göhrens zum Ostseebad

Der Museumshof in einer Stallscheune aus dem 17. Jahrhundert

seit dem 19. Jh. lässt sich im dritten Raum nachvollziehen: Texte und Bilder informieren über die Bäderarchitektur und den Fremdenverkehr. Schließlich wird dem Besucher im letzten Raum ein traditionelles Arbeitsgerät fast eines jeden Mönchguter Haushalts vorgeführt: ein originaler "Wäwerstell" (Webstuhl). In den Schaukästen an der Wand hängen einige Kleidungsstücke, die in Färbereien in Gingst, Garz oder Bergen gefärbt wurden (geöffnet Juli/August Di. – So. 10⁰⁰ – 18⁰⁰ Uhr, Sept. – Juni Di. – So. 10⁰⁰ – 17⁰⁰ Uhr).

Heimatmuseum (Fortsetzung)

Alltag und Arbeitswelt der Rügener Bauern und Handwerker sind die Themen der Ausstellung im Museumshof, der sich an der Ecke Strandstraße / Nordperdstraße befindet. Die Hofanlage aus dem 18. und 19. Jh. umfasst vier Gebäude, von denen zwei als Museen hergerichtet wurden (Öffnungszeiten wie das Heimatmuseum).

Museumshof

Die Hauptausstellung richtete man in der einstigen Stallscheune ein, die schon um 1600 gebaut wurde. In der Durchfahrtsdiele stehen Wagen und Gerätschaften für die Feldarbeit, beispielsweise ein rügenscher Beetpflug, der durch die Kombination eines größeren Furchrades mit einem kleineren Landrad eine genaue Pflugführung erlaubte. Zu sehen sind hier auch Mahl- und Mühlsteine sowie Geräte zur Milchverarbeitung und Butterherstellung. Hausbau, Rohrdachdecken und die Arbeitswelt der Schmiede und Zimmermänner werden dem Besucher ebenfalls durch entsprechende Werkzeuge vor Augen geführt. Da auf vielen Mönchguter Höfen auch Imkerei betrieben wurde, findet man in der Scheune zudem einige Exemplare alter Bienenkörbe aus gedrehten Strohseilen. Eine große Gefahr drohte den Bauern stets durch das Feuer, dem die rohrgedeckten Fachwerkhäuser leicht zum Opfer fielen. 1900

Stallscheune

**Museumshof
(Fortsetzung)**

wurde daher in Göhren eine Freiwillige Feuerwehr gegründet. Die Abteilung "Feuerwehr" in der Scheune demonstriert, wie man sich Feuerlöscharbeiten in der zweiten Hälfte des 19. Jh.s vorzustellen hat. Zu dieser Zeit war der Wagen der Handdruckspritze – mit einem Aufbau für Feuerleitern – in Gebrauch. Beile, Äxte, Steigergurte, Helme und Bekleidung eines Feuerwehrmannes vervollständigen das Bild von der frühen Bekämpfung des "roten Hahns".

**Geräteschuppen
und Kräuter-
garten**

Das zweite zugängliche Gebäude auf dem Hof ist ein Schaumagazin und beherbergt – wie es sich für einen ehemaligen Wagen- und Geräteschuppen gehört – vor allem alte Wagen, Kutschen und Deichseln. Neben dem Schuppen wurde ein kleiner Kräutergarten angelegt.

Die beiden anderen Häuser auf der Hofanlage sind für die Öffentlichkeit nicht zugänglich. Im ehemaligen Wohnhaus befindet sich heute die Museumsverwaltung, den Schweinestall hat man in eine Werkstatt verwandelt.

Rookhuus

Etwas versteckt steht das hübsche Rookhuus an der Ecke Thiessower Straße / Friedrichstraße in einem malerischen Gärtchen. Ein Gang durch dieses alte, liebevoll restaurierte Bauern- und Fischerhaus, das 1977 als Museum eingerichtet worden ist, lohnt unbedingt, zumal die Aufsicht gern bereit ist, die Besucher durch die kleinen Räume zu führen und reichhaltige Informationen über das Leben der früheren Bewohner des Rookhuuses zu geben. Das beinahe quadratische Rauchhaus im rügentypischen Zuckerhutstil ist das älteste erhaltene Gebäude Göhrens, das dort seit Anfang des 18. Jahrhunderts steht und bis 1911 bewohnt war. Der Rauch aus dem

**Die landwirtschaftlichen Geräte in der Scheune des Museumshofs
verraten viel über das frühere Leben auf dem Mönchgut.**

In einem Rookhuus (Rauchhaus) zog der Qualm aus dem offenen Herd durch die Ritzen und Luken des Rohrdachs ab.

Rookhuus
(Fortsetzung)

offenen Herd zog bei diesem schornsteinlosen Haustyp durch Rauchlöcher und -luken im Schilfdach ab. Tief herabgezogen, aber hoch und spitz ist das schmalfirstige Manteldach des Hauses, das den Bewohnern – Bauern, Fischer, Kuhhirten, Schuster und Tagelöhner – relativ viel Platz zum Wohnen und Arbeiten, für das Vieh und – unter dem Dach – zur Unterbringung der Ernte bot. Der schwellenlose Fußboden ist lehmgestampft. Die acht Räume des Hallenhauses, dessen Wände aus Lehmfachwerk bestehen, sind mit originalen Einrichtungsgegenständen und Arbeitswerkzeugen seiner früheren Bewohner angefüllt. Geht man im Uhrzeigersinn an den Räumen vorbei, blickt man zunächst in die so genannte "Döns", den Wohn-, Schlaf- und Arbeitsraum in einem. Da sich die beheizbare Döns ebenso wie die gegenüberliegende "Lucht", der sommerliche, nicht beheizbare Wohnraum, noch im Originalzustand befinden, sind sie von ganz besonderer Bedeutung. Auf die Döns folgen Küche, "Haubuß" (Werkstatt), Kammer und Schweinestall. Hier steht auch eine Seegraspresse, mit der Füllungen für Matratzen hergestellt wurden, und eine vorsintflutlich anmutende "Waschmaschine". Im Gang hängen Schautafeln, auf denen man die Geschichte des Rookhuuses und seiner Bewohner nachvollziehen sowie sich über andere Typen von Rauchhäusern auf der Insel informieren kann. Auf der rechten Seite des Gangs geht es am Kuh- und Schafstall, der Lucht und der Kammer vorbei wieder zum Ausgang. Ausgestellt sind ebenfalls, vor allem in den hinteren Räumen und im Gang, verschiedene Angeln, Reusen, Haken und Netze der Fischer, die einst in diesem Haus gelebt haben (geöffnet Mai – Sept. Di. – So. 10⁰⁰ – 17⁰⁰ Uhr).

93

Göhren (Fts.), **Museumsschiff**	Das Museumsschiff, der Motorsegler "Luise", steht etwa 800 m vom Rookhuus entfernt auf einer Wiese hinter den Dünen am Südstrand. Das restaurierte Plattbodenschiff, 1982 zum Museum umfunktioniert, war eines der letzten Küstenfrachtschiffe Rügens. Diese erwiesen sich als zu teuer, nachdem der Warentransport immer stärker auf Straße und Schiene verlegt worden war. Im Schiffsbauch der "Luise", die 1906 in den Niederlanden gebaut wurde, kann man sich einen Eindruck über das Leben an Bord sowie die rügensche Frachtschifffahrt verschaffen. Gezeigt werden Kompasse, Seekarten, Sextanten, Oktanten, Lote und die Werkzeuge, mit denen die Schiffer Takelage, Tauwerk, Holzteile und Metallbeschläge des Frachters reparieren bzw. in Stand halten mussten (Öffnungszeiten wie Rookhuus).
Wanderungen **Nordperd-** **Rundwanderweg**	Bei der Nordperdstraße im Osten von Göhren beginnt der schöne Nordperd-Rundwanderweg, der über die Landzunge bis an den östlichsten Punkt Rügens, den Nordperd, zu einem Aussichtspunkt (61 m) führt. Von hier, der höchsten Erhebung Göhrens, hat man eine phantastische Sicht bis zum Kreidefelsen im Norden, zu den kleinen Inseln Oie im Südosten und Ruden im Süden sowie nach Putbus im Westen. Unterwegs kann man einen Blick auf den Buskam, den größten Findling der Ostseeküste, werfen, der 200 m vor der Küste im Wasser liegt. Der ca. 3,5 km lange Wanderweg führt parallel zum Südstrand auf die Hövtstraße im Südosten Göhrens und wieder zurück in den Ort.
Nach Baabe **und Sellin**	Auf der Strandpromenade des Nordstrands kann man bis Baabe (ca. 4 km) und von dort aus weiter ins 3 km entfernte Sellin spazieren, indem man zunächst etwa zwei Kilometer am Wasser entlang durch den Sand wandert, um dann kurz vor Sellin auf den Hochuferweg einzubiegen. Zurück nach Göhren fährt man bequem mit dem "Rasenden Roland" entweder schon von Baabe oder erst von Sellin aus.
Zum **Herzogsgrab**	Südwestlich von Göhren liegt das über 4000 Jahre alte "Herzogsgrab", ein Hünengrab aus der Jungsteinzeit, dessen Kammer neun Findlinge umgeben und in dem man bei seiner Entdeckung 1920 nicht nur viele wertvolle Grabbeigaben wie Bernsteinschmuck, Pfeilspitzen, Tongefäße und Feuersteingeräte, sondern auch die Reste von 40 Skeletten fand. Um dorthin zu gelangen, geht man entlang der B 196 in Richtung Middelhagen. Von der Abzweigung Baabe/Middelhagen aus sind es wenige Hundert Meter bis zu einem Feldweg, der rechts an einem Steilhang durch einen Wald zu dem Grab führt (insgesamt etwa 6 km).

Hiddensee   B 2/3

Höhe: 0 – 72 m ü. d. M.
Einwohnerzahl: 1300

Lage und **Bedeutung**	Die kleine, lang gestreckte Insel Hiddensee, die "Perle der Ostsee", manchmal auch "Capri von Pommern" genannt, ist der Westküste der "großen Schwester" Rügen vorgelagert. Die rund 1300 Einwohner der 18 km langen und an manchen Stellen nur 300 m breiten Insel leben in den vier Orten Kloster, Grieben, Vitte und Neuendorf. Bekannt ist die fast autofreie Insel für ihre reizvolle naturgeschütz-

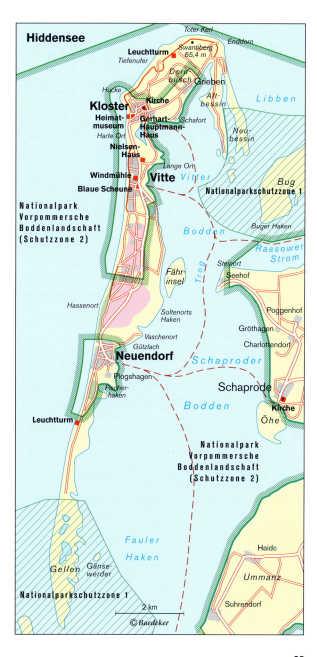

Hiddensee

Toter Kerl
Enddorn
Leuchtturm
Tiefenufer
Swantiberg
65,4 m
Dorn-
busch
Grieben
Hucke
Alt-
bessin
Libben
Kirche
Kloster
Heimat-
museum
Gerhart-
Hauptmann-
Haus
Schafort
Neu-
bessin
Harte Ort
Nielsen-
Haus
Lange Ort
Vitter
Bug
Vitte
Windmühle
Blaue Scheune
Nationalparkschutzzone 1

Nationalpark
Vorpommersche
Boddenlandschaft
(Schutzzone 2)

Bodden
Buger Haken
Rassower
Strom
Fähr-
insel
Steinort
Seehof
Trog
Poggenhof
Hassenort
Soltenorts
Haken
Gröthagen
Vaschenort
Charlottendorf
Gützlach
Schaproder
Neuendorf
Plogshagen
Schaprode
Fischer-
haken
Bodden
Kirche
Leuchtturm
Öhe

Nationalpark
Vorpommersche
Boddenlandschaft
(Schutzzone 2)

Fauler
Haken
Haide

Gellen
Gänse-
werder
Ummanz

Nationalparkschutzzone 1
2 km
Suhrendorf
© Baedeker

Lage und Bedeutung (Fortsetzung)	te Landschaft mit einzigartiger Flora und Fauna, für ihre schönen Strände entlang der Westküste und für ihre hübschen Dörfer. Zum Reiz des Eilands trägt auch das Fehlen großer Touristenzentren und Hotelkomplexe bei, was den Eindruck der Naturbelassenheit und Unberührtheit der Insel verstärkt.
Hiddensee ist autofrei!	Wer sich hier nicht zu Fuß fortbewegen will, muss sich aufs Fahrrad schwingen oder eine Kutsche als Taxi benutzen – Autos haben auf Hiddensee nichts zu suchen, nur der Schulbus und einige Versorgungsfahrzeuge dürfen die wenigen befestigten Straßen auf Hiddensee befahren.
Unterkünfte	Wer mehrere Tage auf Hiddensee bleiben will, muss sich frühzeitig um eine Unterkunft bemühen, denn die Zahl der Übernachtungsmöglichkeiten ist sehr begrenzt. Campen ist nicht erlaubt!
**Landschaftsbild	"Dat söte Länneken", das süße Ländchen, wie Hiddensee von seinen Einwohnern liebevoll genannt wird, hat eine ganze Palette landschaftlicher Schönheiten zu bieten: die sanften Hügel des nördlichen Dornbuschs mit ihrem Bewuchs von Ginster, Holunder-, Brombeer- und Sanddornbüschen, die bis zu 70 m hohe, schroffe Steilküste im Nordwesten, die Dünenheide im Mittelteil der Insel

Baedeker TIPP) Hiddensee mit dem Rad

Für diejenigen, die mit dem Fahrrad die Insel erkunden wollen, gibt es ein interessantes Angebot: Mit der Fahrkahrte, die man z.B. in Schaprode für die Fähre löst, kann man von jeder Fähranlegestelle auf Hiddensee die Rückfahrt antreten und muss nicht zum Ankunftshafen zurückradeln.

und den feinsandigen Strand entlang der Westküste, der wie geschaffen ist zum Baden und Sonnen. Die Umrisse Hiddensees erinnern an die Gestalt eines Seepferdchens, das sich mit Blick auf Rügen auf die große Insel zuzubewegen scheint. Sicher ist jedenfalls, dass das Seepferdchen die große Insel Rügen auf der Höhe des Wittower Bugs mit der Nase anstupsen möchte; und das würde auch geschehen, wenn der Mensch es zuließe. Da der Bessin (der Kopf des Seepferdchens) nämlich aus angeschwemmtem Land besteht, das sich ständig in Form und Größe verändert, müsste sich der Hiddenseer Bessin sich eigentlich schon längst mit dem rügenschen Wittower Bug verbunden haben, wenn nicht der Mensch mit seinen Schiffen an dieser Stelle hindurchfahren wollte und durch wiederholtes Ausbaggern einer Fahrrinne das Zusammenwachsen der beiden Inseln verhindern würde.

Nationalpark Vorpommersche Boddenlandschaft	Mit Ausnahme der Ortschaften wurde die Insel Hiddensee 1990 zu einem Teil des "Nationalparks Vorpommersche Boddenlandschaft" erklärt, der mit einer Fläche von 805 km² der größte Nationalpark Ostdeutschlands ist und sich außer Hiddensee auch über die Halbinseln Darß, Zingst und die Westküste Rügens erstreckt. Er zeichnet sich durch seinen Reichtum an Zug- und Brutvögeln sowie eine vielfältige Pflanzenwelt aus. Zur sog. Schutzzone 1 des Nationalparks gehören der Südteil des Neubessins im Norden (der Kopf des Seepferdchens) und die Südspitze des Gellens im Süden Hiddensees (am untersten Schwanzstück des Seepferdchens). Diese Bereiche sind für Besucher unzugänglich, da sich dort Brut- und Rastgebiete von zum Teil vom Aussterben bedrohten Vogelarten befinden.

Die autofreie Insel Hiddensee genießt man am schönsten bei einer Kutschfahrt.

Anfahrt

Die Insel ist nur per Schiff erreichbar: Wer von Rügen aus nach Hiddensee übersetzen will, kann eine Personenfähre in ▶ Schaprode (ca. 30 bis 75 Min. Fahrzeit), Wiek (nur im Sommer, etwa 1 Std.) oder Breege (1,5 Std. bis Vitte) besteigen. Zudem existieren Schiffsverbindungen von Stralsund (1,5 – 2,5 Std. Fahrzeit) und im Sommer vom Ostseebad Zingst aus (▶ Praktische Informationen S. 234). Angefahren werden die Hiddenseer Orte Kloster, Vitte und Neuendorf. In Schaprode gibt es genügend Parkplätze, u. a. direkt am Hafen, wo man sein Fahrzeug gegen eine Gebühr abstellen kann. Vor allem in den Sommermonaten ist der Ansturm auf die Fähren groß, es lohnt sich daher, rechtzeitig einen Platz zu reservieren oder sich frühzeitig am Hafen einzufinden. Wer die Fähre verpasst hat, kann sich auch mit dem (wesentlich teureren) Wassertaxi von Schaprode nach Hiddensee bzw. von Hiddensee zurück nach Rügen befördern lassen.

Geschichte

Hiddensee, die "Insel des Hedin", des nordischen Königs Hedin bzw. Hithin, taucht unter den Namen "Hidensey" bzw. "Hithinsö" (sö / ey = Insel) erstmals im 13. Jh. in der Jüngeren Edda, den altnordischen Götter- und Heldensagen, und in der Historica Danica des dänischen Geschichtsschreibers Saxo Grammaticus auf. Feuersteinklingen aus der Jüngeren Steinzeit und andere Funde belegen, dass die Insel bereits im Mesolithikum und in der Bronzezeit besiedelt war. Von den Hügelgräbern der letztgenannten Epoche ist allerdings nur noch eines erhalten. Nach der Völkerwanderung ließen sich Slawen auf Hiddensee nieder, bevor die Insel im 12. Jh. ebenso wie das benachbarte Rügen in dänischen Besitz geriet. 1296 gründete

97

Geschichte
(Fortsetzung)

das Zisterzienserkloster Neuenkamp (heute Franzburg), dem die Insel von dem rügenschen Fürsten Wizlaw II. geschenkt wurde, im Norden der Insel eine Filiation, die zur Keimzelle des Ortes Kloster wurde. Bis ins 16. Jh. beherrschten die meist etwa zwölf Mönche zusammen mit den Laienbrüdern das Eiland. Zu dieser Zeit hieß die Insel offiziell "Hedins-Oe", bis sich der Name (wahrscheinlich in Anlehnung an den schwedischen Begriff für Hütte = *hidda*) zu Hiddensee wandelte. Auf der "Hütteninsel" baute man seine Behausungen seit dem Dreißigjährigen Krieg mit Rasentorf, nachdem der Wald, der einst die Insel überzog, restlos abgeholzt bzw. niedergebrannt war. Erst im 19. Jh., nachdem die Herrschaft über Hiddensee von den Schweden auf die Preußen übergegangen war (1815), bemühte man sich um eine teilweise Wiederaufforstung der Insel. Das Kloster verfiel nach der Säkularisation von 1536 und wurde endgültig während des Dreißigjährigen Krieges zerstört. Nach den zwei gewaltigen Sturmfluten 1872 und 1874 fand man am westlichen Ufer im Süden der Insel den dort vergrabenen Hiddenseer Goldschmuck, eine Goldschmiedearbeit aus dem Dänemark des 10. Jh.s. Fischerei und Landwirtschaft bildeten die einzige Lebensgrundlage der Bevölkerung, bis gegen Ende des 19. Jh.s der Fremdenverkehr einsetzte. Zunächst waren es vor allem Prominente aus Kultur, Wirtschaft und Wissenschaft, die hier Erholung suchten: Albert Einstein, Lion Feuchtwanger, George Grosz, Käthe Kruse, Thomas Mann, Joachim Ringelnatz, Billy Wilder, Carl Zuckmayer, Stefan Zweig und natürlich Gerhart Hauptmann (▶ Berühmte Persönlichkeiten), der auf ganz besondere Weise mit der Insel verbunden war. Ihm zu Ehren wurde in Kloster eine Gedenkstätte mit Museum eingerichtet. Trotz steigender Gästezahlen blieb Hiddensee ein stilles, geruhsames Fleckchen, das auch zu Zeiten der DDR vom Ausbau zur touristischen Hochburg verschont blieb.

Hausmarken

Eine Hiddenseer Besonderheit sind die sog. Hausmarken. Man findet sie heute noch auf dem Friedhof von Kloster als Grabinschriften und an manchen Hauswänden vor allem in Vitte und Neuendorf neben den Hausnummern, wo sie allerdings ihrer ursprünglichen Funktion beraubt nur noch als Schmuck gelten. Hausmarken dienten früher unterschiedlichen Zwecken: hier als Kennzeichnung einer Person bzw. Familie, dort eines Hauses, da des Besitzes –

so markierte man z. B. das Vieh, die Gerätschaften, die Boote, Grundstücke und die hauseigenen Produkte, die man eintauschen wollte. Im Rügenschen Landrecht von 1530 wurde die Zuordnung und Benutzung der Marken für Rügen und Hiddensee sogar schriftlich festgelegt. In Neuendorf wurde mit den Marken einst "gekavelt": Gemeindeland und anfallende Arbeiten für die Dorfgemeinschaft wurden ausgekavelt, indem man die Zeichen in sog. Kavelhölzer einritzte und mit diesen loste. Als Hausmarken waren die Symbole stärker dem Haus als dessen Besitzer zugeordnet: Zog jemand um, blieb die Marke beim Hof und ging auf den neuen Besitzer über. Errichteten allerdings enge Familienmitglieder ein weiteres Haus, ergänzte man die Marke für dieses Gebäude um einen oder mehrere Beistriche ("Afmarken"). Manchmal wurden diese auch angebracht, wenn ein mit einer Marke gekennzeichnetes Eigentum in andere Hände überging.

98

Kloster

Der nördlichste Ort der Insel ist Kloster, der aus der 1296 gegründeten Abtei der Zisterzienser hervorging. Von den Gebäuden des 1536 im Zuge der Reformation säkularisierten Klosters, das in der Nähe des Hafens beim heutigen "Hotel Hitthim" stand, blieb nichts erhalten. Mit der einzigen Kirche der Insel und seinen zwei Museen ist Kloster auch das kulturelle Zentrum Hiddensees.

Lage und Bedeutung

Das urtümlichste, hübscheste, aber leider auch oft sehr überlaufene Örtchen auf Hiddensee ist wohl dieses Dorf mit seinen ungepflasterten Straßen und kleinen schilfgedeckten Häusern am bewaldeten Hang des Dornbuschs. Vom Hafen aus geht man ein Stück nach Norden, bis man auf die Inselkirche am Kirchweg stößt. Nun befindet man sich bereits auf der Hauptstraße von Kloster, an der alle wichtigen Sehenswürdigkeiten des Ortes – die Kirche, die Gerhart-Hauptmann-Gedenkstätte und das Heimatmuseum – versammelt sind. Etliche Gaststätten und kleine Souvenirläden säumen den Kirchweg, Pferdekutschen rollen über die sandige Straße, Fahrradfahrer strampeln vorbei – alles in allem ein romantisches Bild eines Dorfes, in dem man sich in ein früheres Jahrhundert versetzt fühlen kann, wenn der Besucherandrang sich in Grenzen hält.

**Ortsbild

Das einzige aus der Zeit des Hiddenseer Zisterzienserklosters (1296–1536) erhaltene Gebäude ist die Inselkirche, die 1332 als "Kirche vor dem Klostertor" geweiht wurde. Die schlichte Kirche überstand die Zeit der Säkularisierung des Klosters und auch die Wirren des Dreißigjährigen Krieges. Erst 1780 war sie in ihrer Substanz so hinfällig geworden, dass eine gründliche Sanierung anstand. Diese war damals mit Geldern der Stralsunder Familie Giese, die die ganze Insel gekauft hatte, möglich geworden. 1789 konnte die Renovierung abgeschlossen werden. Ein hölzernes Tonnengewölbe, eine Empore an der Westseite, ein spätbarocker Bauernaltar und ordentliches Gestühl schmückten nun den Innenraum der Kirche. Die Fenster wurden, etwas erhöht, neu gesetzt. Erst 1922/1923 erhielt das Tonnengewölbe durch den Berliner Kunstmaler Nikolaus Niemeier sein freundliches Rosendekor. Die heute dominierende blauweiße Ausmalung der Kirche wurde 1964 eingebracht. Ein Taufengel aus einer Rügener Werkstatt (um 1740) hängt im vorderen Teil der Altarseite von der Decke herab. In seiner Gestaltung erinnert er an Galionsfiguren, die in früheren Zeiten den Bug der Schiffe schmückten. Die Orgel der Kirche, 1943 eingebaut, ist ein kleines Meisterwerk aus der Werkstatt des Potsdamer Orgelbaumeisters Alexander Schuke. Ein Originalmodell eines einheimischen Zeesenbootes und das Modell eines Oseberg-Wikingerschiffes erinnern an wichtige Abschnitte der Geschichte Hiddensees. Ein Kreuzweg des Priesters und Malers Sieger Köder, versehen mit Texten des Inselpastors M. Domrös, das Nagelkreuz von Coventry und einige Meditationsworte laden zum Verweilen in der Kirche ein. Auf dem die Kirche umgebenden Friedhof stehen etliche alte Grabwangen mit verwitterten Inschriften und Bildern. Oft sind auch nur so genannte Hausmarken letzte Hinweise auf die Familie des Verstorbenen. Neben Gerhart Hauptmann, Gret Palucca und Hans Pflugbeil sind weitere prominente Persönlichkeiten auf dem Inselfriedhof begraben.

Inselkirche

Hiddensee

*Gerhart-Hauptmann-Gedenkstätte

300 Meter weiter westlich liegt am Kirchweg, hinter einem prächtigen Garten vor neugierigen Blicken versteckt, die nächste Sehenswürdigkeit, für die meisten Hiddensee-Besucher sogar die Hauptattraktion von Kloster: das "Haus Seedorn", der ehemalige Sommersitz Gerhart Hauptmanns (▶ Berühmte Persönlichkeiten), der sich von 1885 bis 1943 regelmäßig auf Hiddensee aufhielt. "Erst nach einem halben Jahrhundert gegenseitiger Treue kam der Augenblick, auf dem Eiland ein kleines Anwesen zu erwerben und also dort wilklich Fuß zu fassen. Alte Liebe rostet nicht: Hiddensee hat sich mir, neu und jung, im hohen Alter geschenkt, und sein Zauber verjüngt mich jedesmal, wenn meine Sohle seinen geliebten Boden berührt", bemerkte einmal der Schriftsteller und Nobelpreisträger, nachdem er 1930 das in den Zwanzigerjahren gebaute Wohnhaus gekauft hatte. Hauptmann ließ einen Trakt mit Arbeits- und Abendzimmer sowie einen Kreuzgang anbauen, der den alten mit dem neuen Bau verbindet. Die Räume mit ihrer originalen Einrichtung wurden 1956 als Gedenkstätte hergerichtet und zur Besichtigung freigegeben.

Das zum Museum umgewandelte Haus war einst der Sommersitz des Schriftstellers Gerhart Hauptmann.

Erdgeschoss

Im Eingangsbereich des Hauses liegen einige seiner Bücher, z.T. Erstausgaben, aus, Schautafeln mit Fotos und Texten erläutern Hauptmanns Werk und dokumentieren sein Leben auf der Insel. Durch die Diele gelangt man zum Kreuzgang, wo sich u.a. Porträts von Hauptmann und seiner Frau befinden; daran schließt das sog. Abendzimmer an. Hier saßen die Margarete und Gerhart Hauptmann oftmals mit Freunden zusammen, die der Schriftsteller in großer Zahl nach Hiddensee einlud, darunter viele berühmte

Persönlichkeiten (z. B. Thomas Mann), mit denen philosophiert und dem Wein zugesprochen wurde. Der von hier aus zugängliche Weinkeller ist ebenfalls zu besichtigen. Einen der Weine, die der Dichter bevorzugte, kann man an der Museumskasse erwerben. Zurück im Erdgeschoss, betritt man als nächstes das beeindruckende Arbeitszimmer des Schriftstellers mit seinem großen Schreibtisch, einem Stehpult und einem Teil seiner Bibliothek (ca. 1000 Bücher). Weitere 11 000 Bände aus Hauptmanns Besitz, hauptsächlich philosophische und kunstgeschichtliche Schriften sowie Lexika und die deutschen Klassiker, aber auch etliche geografische Werke, befinden sich in der Staatsbibliothek in Berlin. Eine Verandatür öffnet sich vom Arbeitsraum zur Terrasse, über die man wieder zum Hauseingang kommt.

Gerhart-
Hauptmann-
Gedenkstätte
(Fortsetzung)

Durch einen blau gestrichenen Treppenaufgang gelangt man von der Diele in das erste Stockwerk, in dem sich die beiden komplett eingerichteten Schlafzimmer von Gerhart und Margarete Hauptmann befinden. An der Wand über dem Bett des Schriftstellers sind handschriftliche Notizen erkennbar, die sich Hauptmann des Nachts machte (geöffnet Mai – Okt. tgl. 10⁰⁰ – 17⁰⁰, Nov. – April tgl. 10⁰⁰ – 16⁰⁰ Uhr).

Erstes
Obergeschoss

Das kleine Heimatmuseum am westlichen Ortsrand von Kloster am Ende des Kirchwegs lockt vor allem mit einer Kopie des legendären Hiddenseer Goldschatzes. Darüber hinaus wird in der Ausstellung die Geschichte der Insel dokumentiert sowie ihre Entwicklung von einer Fischerinsel zum Badeort. Das Inselmuseum wurde in der ehemaligen Seenotrettungsstation eingerichtet.

Heimatmuseum
von Hiddensee

Neben einer kleinen Galerie mit Wechselausstellungen wird im Erdgeschoss eine Bernsteinsammlung verschieden großer und verschiedenfarbiger Exemplare gezeigt. Zudem informieren präparierte Sumpf- und Wasservögel sowie sog. Durchzügler und Wintergäste über den schützenswerten Artenreichtum an Vögeln auf Hiddensee. Eine Schautafel erklärt die geschützten heimischen Pflanzen. Zahlreiche blühende Pflanzen, denen der Besucher auf der Insel begegnet, werden täglich frisch ausgestellt.

Erdgeschoss

Der große offene Raum in der ersten Etage ist der Geschichte Hiddensees und der Seefahrt gewidmet. Schautafeln und Vitrinen dokumentieren die Entwicklung Hiddensees zum heutigen Urlaubs- und Badeparadies, zeigen die geologische Beschaffenheit der Insel auf und geben Einblicke in das Leben und die Arbeit der Inselbewohner durch die Jahrhunderte hindurch. Dazu zählen nicht nur Werkzeuge, die die Besiedlung Hiddensees seit dem 4. Jahrtausend v. Chr. belegen, sondern auch Grundrisse und Erläuterungen zum ehemaligen Zisterzienserkloster, verschiedene Gebrauchsgegenstände aus dem 19. Jahrhundert, einige Stralsunder Fayencen aus dem 18. Jahrhundert, Schifffahrtsutensilien des 18. und 19. Jahrhunderts sowie die unterschiedlichsten Mitbringsel von Seeleuten, darunter auch ein Götzenbild mit Opferschale aus dem südlichen Afrika.

Erstes
Obergeschoss

Die Hauptattraktion ist hier zweifelsohne die Nachbildung des wertvollen Hiddenseer Goldschatzes, des Wikingerschmucks, dessen Original im Tresor einer Stralsunder Bank liegt. Die kostbare Goldschmiedearbeit setzt sich zusammen aus einem Halsring, 14 Kettenanhängern und einer Buckelscheibenfibel mit reichen, in Granulations-Technik ausgeführten Verzierungen, wie sie für die

Hiddenseer
Goldschatz

Der Blick schweift weit über den Dornbusch nach Kloster...

**Heimatmuseum
(Fortsetzung)**

Kunst der späten Völkerwanderungszeit typisch war. Die Anhänger sind in ihrer Form eine Art Kompromiss zwischen einem christlichen Kreuz und einem heidnischen Thorshammer. Wer diesen Schatz einst sein Eigen nannte und wie und warum er ihn verlor oder an der Küste Hiddensees vergrub, wird wohl ein Geheimnis bleiben. Gefunden wurde der Schmuck an der Westküste Hiddensees bei Neuendorf, wo er nach den heftigen Sturmfluten der Jahre 1872 und 1874 angeschwemmt bzw. wo sein Versteck preisgegeben wurde (geöffnet Mai – Okt. tgl. 10^{00} – 16^{00}, Nov. – April Fr. u. Sa. 11^{00} bis 15^{00} Uhr).

Unmittelbar hinter dem Museum liegt der Sandstrand, der sich entlang der gesamten Westküste erstreckt.

Lietzenburg

Oberhalb des Ortes, ca. 400 m nördlich der Gerhart-Hauptmann-Gedenkstätte, thront die fast schlossähnliche Lietzenburg. In dem mit Jugendstilelementen verschönerten Backsteinbau trafen sich vor allem in den Zwanzigerjahren Künstler, Schriftsteller und Wissenschaftler. Erbauen ließ das herrschaftliche Haus 1904 der Maler Oskar Kruse, später zog dessen Bruder mit seiner Frau, der berühmten Puppenmacherin Käthe Kruse, in die Lietzenburg.

Dornbusch und Grieben

***Land-
schaftsbild**

Im Norden des Ortes Kloster steigt die Insel zum sanft-hügeligen Dornbusch an, der im Nordwesten von bis zu 70 Metern Höhe steil zum Meer abfällt. Herrlich blühender Besenginster sowie Holun-

der-, Brombeer- und Sanddornbüsche verleihen der Landschaft ihren besonderen Reiz. Der im 19. Jahrhundert wieder aufgeforstete Dornbuschwald besteht zum großen Teil aus Kiefern. Direkt an der Westküste müssen sich die Kiefern unter den kräftigen Westwinden ducken, sodass sie zu sog. Windflüchtern werden, deren Kronen nach Osten weisen.

Dornbusch und Grieben (Fts.)

Östlich der Inselkirche von Kloster zweigt eine Straße nach Grieben ab, einem kleinen, 1297 erstmals urkundlich erwähnten Dörfchen mit einer Hand voll z.T. schilfgedeckter Häuser. Hier steht das wahrscheinlich älteste Haus von Hiddensee.

Grieben

Auf dem höchsten Punkt der Insel, dem 72 m hohen Schluckswiekberg, steht der 1887/1888 errichtete 28 m hohe Leuchtturm, der als Wahrzeichen von Hiddensee gilt. Heute ein technisches Denkmal, ist er für die Öffentlichkeit zugänglich. Nach Überwindung von gut 100 Stufen kann man von der Galerie aus einen schönen Rundblick bis nach Rügen und Stralsund, bei guter Sicht auch bis zu den Kreidekrippen der 60 km entfernten dänischen Insel Møn genießen (geöffnet April Di. – Sa. 10^{30} – 16^{00}, Mai – Okt. tgl. 10^{30} – 16^{00} Uhr).

Schlucks-wiekberg

Der 8 km lange Rundwanderweg von Kloster zur nördlichsten Spitze Hiddensees, zum Enddorn, und über Grieben zurück nach Kloster vermittelt einen guten Eindruck von der reizvollen Landschaft des Dornbuschs und ermöglicht einen Badeaufenthalt am Strand. Am nördlichen Ende des Hafenwegs / Ecke Kirchweg zeigt ein Wegweiser die Richtung zum Dornbusch und zum Leuchtturm an.

Wanderungen Rundweg von Kloster über den Enddorn und Grieben

Dornbusch und Grieben (Fts.)	Nach einem lang gezogenen Anstieg wandert man zwischen Ginster und Sanddorn auf dem Hochland bis zum Leuchtturm. Von hier aus sind es noch 2 km über den Swantiberg bis zum Enddorn. Zurück geht's in Richtung Osten zum Strand oder in Richtung Westen über Grieben nach Kloster.
Rundweg von Kloster entlang der Steilküste durch den Dornbusch	Eine kürzere Wanderung, etwa 4,5 km weit, mit phantastischen Aussichtspunkten – vor allem gleich zu Beginn auf der sog. Hucke, einem Steilküstenvorsprung – beginnt am Strandabschnitt beim Heimatmuseum in Kloster. Nach etwa 300 m führt eine Treppe (Nr. 4) zum Dornbuschwald hinauf, durch den man, immer am Steilufer entlang, bis zum Aussichtspunkt vor dem Leuchtturm auf dem Schluckswiekberg wandert. Zuvor kann man eine Rast beim "Klausner", einer Ausflugsgaststätte, machen. Quer über den Dornbusch führt der Weg zurück nach Kloster.
Von Kloster nach Vitte	Von Kloster führen zwei schöne Wege nach Vitte: Entweder geht man vom Hafen in Kloster nach Süden, parallel zum Bodden am Seglerhafen von Vitte und der Blauen Scheune vorbei in den Ortskern von Vitte, oder man wendet sich am Hafen von Kloster nach Westen und wandert über den Weißen Weg in Richtung Strand. Parallel zur Westküste mit ihrem lang gezogenen Sandstrand spaziert man über die asphaltierte Straße, auf dem Deich entlang des Strandes oder direkt am Strand nach Vitte.

Vitte

Lage und Bedeutung	Vitte, zwischen Kloster und Neuendorf gelegen, ist der größte Ort der Insel mit den meisten Einwohnern und ist zudem der Sitz der Verwaltung. Der Name des Ortes ist von der mittelalterlichen Bezeichnung für Heringsfang- und Fischhandelsplätze ("Vitten") abgeleitet.
*Ortsbild	Der ehemalige Fischerort am Nordrand der naturgeschützten Dünenheide ist weitläufiger als das kleinere Dorf Kloster. Einzelne Häuser am südlichen Ortsausgang reichen bis in die Heide hinein. Entlang der Hauptstraße des Dorfes und in der Nähe des schönen langen, gepflegten Sandstrandes haben sich kleine Läden und Gaststätten niedergelassen. In Vitte sieht man an vielen Häusern noch die traditionellen Hausmarken neben den modernen Hausnummern. Sehenswert sind vor allem die Blaue Scheune, die alte Windmühle und die ehemaligen Häuser von Asta Nielsen und Henni Lehmann. Bis auf das Henni-Lehmann-Haus, das heutige "Haus des Gastes", sind diese Gebäude aber für die Öffentlichkeit nicht zugänglich. Vitte besitzt zudem einen neuen Gebäudekomplex am Fischerhafen, in dem eine Fischgaststätte, ein Bistro und kleine Geschäfte zum Verweilen einladen.
Asta-Nielsen-Haus	Im Nordosten des Ortes fallen Gebäude mit eigentümlicher Form auf. Zum einen befindet sich hier die ehemalige, wegen ihrer eigenwilligen Form "Karusel" getaufte Villa der dänischen Stummfilmdiva Asta Nielsen (▶ Berühmte Persönlichkeiten), die wie Gerhart Hauptmann zu den Stammgästen auf Hiddensee zählte. Östlich davon steht ein ebenfalls in Privatbesitz befindliches Haus mit merkwürdig schief sitzendem Dach, das der Bauhausarchitekt Max Taut entwarf.

Am Hafen von Vitte kann man den Alltag der Heringsfischer beobachten.

Ein Stück weiter südlich liegt nahe der Hauptstraße die ihrer Flügel beraubte alte Windmühle von Vitte. Gleich nebenan ist die Touristen-Information von Hiddensee untergebracht.

Alte Windmühle

Das nördlichste Haus von Vitte ist das Nationalparkhaus, das Informationszentrum des Nationalparks Vorpommersche Boddenlandschaft. Der Eintritt zur Ausstellung und den Videovorführungen ist kostenlos (geöffnet tgl. 10⁰⁰ – 15⁰⁰ Uhr). Abendveranstaltungen finden nach Vorankündigung statt.

Nationalparkhaus

Naturkundliche Führungen zum Alten Bessin, über den Dornbusch und in die Dünenheide werden von Mai bis Oktober (ansonsten nach Ankündigung) von den Mitarbeitern des Nationalparks angeboten. Treffpunkte und genaue Zeiten der Führungen erfährt man im Nationalparkhaus.

Naturkundliche Führungen

An der großen Weggabelung im Norden des Ortes fällt jedem sogleich die schöne Blaue Scheune ins Auge, ein 200 Jahre altes Gebäude, die ursprünglich zur Windmühle gegenüber gehörte. Die Blaue Scheune wurde von Henni Lehmann erworben, die 1907 die daneben liegende Sommervilla errichtet hatte, und diente anfangs dem Hiddenseer Künstlerinnenbund, später auch anderen Künstlern als Galerie. Bis zu seinem Tod im Januar 2000 wohnte der Maler Günter Fink in der Blauen Scheune.

∗Blaue Scheune

Ein langer Sandstrand dehnt sich über die gesamte Westküste Hiddensees aus. Bei Vitte ist der Westdeich befestigt, sodass man die Küste entlangspazieren kann.

∗Strand

Dünenheide

*Land-
schaftsbild

Eine Wanderung durch die Dünenheide – im nördlichen Teil Naturschutzgebiet, im Süden Nationalpark – zwischen Vitte und Neuendorf ist eines der Erlebnisse, die man sich auf Hiddensee nicht entgehen lassen sollte. Die meterhohen Dünen sind vor allem mit
Besenheide, Kriechweide und Krähenbeere bewachsen, aber auch
Wacholder sowie Ginster- und Vogelbeerbäume sind anzutreffen. In
den feuchten Dünentälern gibt es verschiedene Arten des geschützten Sonnentaus. Vereinzelt ragen Kiefern und Birken aus der Heidelandschaft heraus. Ihr schönstes Gesicht zeigt die Heide im August
und September, wenn sie in voller Blüte steht und in violetten
Farben erstrahlt.

Kreuzottern

Beim Durchstreifen der Heide kann man auf Kreuzottern treffen,
die hier heimisch sind. Die weltweit in ihrem Bestand gefährdeten,
auch für den Menschen giftigen Schlangen sind geschützt. Man
erkennt sie an ihrem Zickzackband längs des Rückens.

Die blühende Dünenheide bei Neuendorf

Fährinsel

Vor der Ostküste Hiddensees liegt zwischen Vitte und Neuendorf
die Fährinsel. Sie gehört zum Nationalpark Vorpommersche Boddenlandschaft und ist aus Gründen des Vogelschutzes für Besucher
nicht zugänglich. Der Name der Insel erklärt sich aus ihrer jahrhundertelangen Funktion als Verbindungsglied zwischen Hiddensee und Rügen, denn hier wohnte der Fährmann mit seiner Familie, der auf Zuruf beziehungsweise Winken sein Boot in Richtung
des nahe gelegenen Hiddensee oder nach Seedorf auf Rügen in
Bewegung setzte.

Zwei etwa gleich lange Wege, etwa 5,5 bis 6 km, führen von Vitte nach Neuendorf durch die Dünenheide. Beide lassen sich auch in Form eines Rundwanderweges verbinden. Vom Hafen in Vitte wandert man entweder immer an der Ostküste entlang, bis linker Hand die Fährinsel zu sehen ist. Nun biegt man nach rechts in einen Plattenweg ein, der in einen Sandweg übergeht und schließlich über eine befestigte Straße nach Neuendorf führt. Alternativ hält man sich in Vitte westlich und geht auf dem befestigten Deich parallel des Strandes zur Dünenheide. Durch die Heide schlängeln sich etliche kleine Sandwege, die zwar nicht zum Fahrradfahren geeignet sind, auf denen man aber die Heide durchstreifen kann. Wer wieder festen Boden unter den Füßen haben will, biegt auf einem der Pfade nach rechts auf die befestigte Straße nach Neuendorf ab. Auf halbem Weg zwischen Vitte und Neuendorf liegt hier die Gaststätte "Heiderose".

Wanderwege von Vitte nach Neuendorf

Neuendorf

Der südlichste Ort auf Hiddensee ist eigentlich ein Doppeldorf: Neuendorf-Plogshagen. Plogshagen besteht nur aus wenigen Häusern, ist aber viel älter als Neuendorf, das kurz vor 1700 entstand. Der Doppelort steht als Fischerdorf, das in seiner inneren und äußeren Struktur weitgehend erhalten ist, unter Denkmalschutz. Die zum Teil schilfgedeckten, weiß getünchten Hauser Neuendorfs stehen scheinbar wahllos auf einer großen grünen Wiese. Tatsächlich haben die Häuser eine so genannte Solarausrichtung: Sie stehen mit ihrer Längsrichtung von Ost nach West, die Wohnräume sind dem Süden zugewandt. Erbaut wurden die Häuser auf westöstlich verlaufenden ehemaligen Strandwällen, die die Gebäude vor Überschwemmungen schützen sollen. Die einzige befestigte Straße führt von Norden bis zum Hafen. Zu den Häusern geht man entweder einfach durch das Gras oder über die schmalen Wiesenpfade, die sich durch das Dorf schlängeln. Der Strand an der Westküste ist wunderbar feinsandig. Am Hafen kann man den Fischern bei ihrer Arbeit zusehen.

Lage und Bedeutung

Ein schöner, etwa 8 km langer Wanderweg verläuft ab Neuendorf parallel zum lang gezogenen Strand und am Leuchtturm vorbei bis hinunter zur Grenze der Schutzzone 1 des Nationalparks, die nicht betreten werden darf. Zurück führt ein Weg weiter östlich entlang von Heidelandschaft und Wiesen. Man gelangt über den im 19. Jh. errichteten Steinwall und weiter auf dem befestigten Deich zurück zum Hafen von Neuendorf.

Wanderung zum Gellen

Gellen

Nicht zugänglich ist der südlichste Zipfel Hiddensees, die Südspitze des Gellen. Dieses Gebiet ist ein Feuchtgebiet von internationaler Bedeutung, unter anderem rasten hier viele z.T. vom Aussterben bedrohte Vogelarten. In den Dünentälern wachsen geschütze Pflanzen wie Wollgras und Sonnentau. Der Gellen besteht wie der Bessin im Norden Hiddensees aus Schwemmland, das seine Form ständig verändert und sich vor allem vergrößert: Pro Jahr wächst die Süd-

Landschaftsbild

Gellen (Fortsetzung)	spitze Hiddensees um etwa fünf Meter. Auf halbem Weg zwischen Neuendorf und der abgegrenzten so genannten Schutzzone 1 des Nationalparks warnt der 10 m hohe Süder-Leuchtturm an der Westküste die Schiffe. Die Geschichte des Leuchtfeuers an dieser Stelle reicht bis 1306 zurück, als hier eine "Luchte" von der Stadt Stralsund aufgestellt wurde.

Jagdschloss Granitz   E 3

Höhe: 107 m ü. d. M.

Lage und Bedeutung **Schloss-anlage	Einer der touristischen Höhepunkte der Insel ist ein Besuch des klassizistischen Jagdschlosses Granitz mit seinen historischen Ausstellungsräumen, die einen Einblick in den fürstlichen Lebensstil und das Repräsentationsbedürfnis des 19. Jh.s geben, mit der Jagdausstellung und dem Aussichtsturm, von dem aus man einen Rundblick bis nach Stralsund und zum Kap Arkona hat. Das mittelalterlich anmutende Schloss liegt auf der höchsten Erhebung der Halbinsel Granitz, dem Tempelberg (106 m), inmitten eines ca. 1000 ha großen Waldgebietes. Jährlich strömen etwa 200 000 Besucher aus aller Welt in die Ausstellungsräume des Fürstensitzes (geöffnet Mai – Okt. tgl. 9⁰⁰ – 18⁰⁰, Nov. – April Di. – So. 10⁰⁰ – 16⁰⁰ Uhr). Das Schloss wird auch als Veranstaltungsort der "Musikfestspiele Mecklenburg-Vorpommern" genutzt, in dessen Rahmen hier meist Konzerte junger Musiker stattfinden.
Anfahrt	Am bequemsten ist das Schloss mit einem der Jagdschloss-Express-Kleinbahnen zu erreichen; für den Autoverkehr ist das Waldgebiet der Granitz gesperrt. Eine der Bahnen fährt bei der Seebrücke in Binz los, eine andere von einem (gebührenpflichtigen) Parkplatz etwa 1 km südlich des Binzer Ortsausgangs. Den Berg hinauf rattert die Pendelbahn durch den Buchenwald der Granitz auf einer denkmalgeschützten, gepflasterten Straße, die ansonsten nur für Fußgänger und Mountainbiker empfehlenswert ist.
Fuß- und Radwege zum Schloss	Zu Fuß oder mit dem Rad gibt es noch weitere Anfahrts- bzw. Wanderwege: Gleich nach dem Ortsschild von Binz geht man, von der B 196 abzweigend, geradeaus in den Wald hinein und folgt der Ausschilderung (ca. 2 km). Eine andere, etwa 2,5 km weite Route beginnt bei Lancken-Granitz. Am östlichen Ortsende biegt man von der B 196 nach links in ein von Bäumen gesäumtes Pflastersträßchen ein. Über die Gleise des "Rasenden Roland" hinweg gelangt man am Bahnhof Garftitz vorbei zum recht steilen Aufstieg zum Schloss.
Geschichte	An der Entstehung des Schlosses waren zwei für das Rügen des 19. Jahrhunderts bedeutende Persönlichkeiten beteiligt: Fürst Wilhelm Malte I. von Putbus (1783 – 1854) als Auftraggeber, der mit seinen bauherrlichen Tätigkeiten, vor allem in Putbus, auch für einen wirtschaftlichen Aufschwung auf der Insel sorgte, die allmählich für den Tourismus erschlossen wurde, und Karl Friedrich Schinkel (► Berühmte Persönlichkeiten) als Architekt, der dem Entwurf des Jagdschlosses von J. G. Steinmeyer seinen Stempel aufdrückte. Auf dem Tempelberg, der höchsten Erhebung der Granitz, stand 120 Jahre vor der Errichtung des Jagdschlosses schon einmal ein als

Vom 38 m hohen Aussichtsturm aus hat man einen phantastischen Rundblick über Rügen.

Aussichtsturm genutztes Gebäude, ein sechseckiges Belvedere aus Fachwerk mit drei Etagen. Am Fuß des Berges hatte man außerdem ein Jagdhaus mit zwei Pavillons eingerichtet, das dann zu Fürst Maltes Zeiten umgebaut und als Fest- und Gasthaus genutzt wurde. Nachdem man sich 1810 gezwungen sah, das baufällige Belvedere abzureißen, sollte an seiner Stelle ein Schloss oder ein neuer Aussichtsturm errichtet werden. Nachdem die Arbeiten am Bau des Schlosses nach Plänen des Baumeisters J. G. Steinmeyer 1837 begonnen hatten, änderte ein Jahr später der vom Fürsten zu Rate gezogene Professor der Baukunst und Oberlandesbaudirektor Karl Friedrich Schinkel die Entwürfe ab und setzte statt eines geplanten Lichthofes einen 38 m hohen Aussichtsturm in die Mitte des Schlosses. Zudem veranlasste er die Erhöhung der Ecktürme. Nach Fertigstellung des wehrhaft wirkenden Backsteinbaus 1852 diente es der Fürstenfamilie – Fürst Malte von Putbus starb schon zwei Jahre darauf – zu Repräsentationszwecken und als Gästehaus für den Adel. Nur sieben Jahre, von 1865 bis 1872, residierte die Familie selbst in dem Schloss; im Jahr 1900 öffnete sie aus finanziellen Gründen die Gemächer für Besucher. Der Andrang war für die damalige Zeit enorm: Schon im ersten Jahr wollten 18 000 Menschen das Fürstenhaus besichtigen, heute sind es jährlich weit über 200 000. Nach dem Zweiten Weltkrieg wurde in dem Schloss zunächst ein Kinderferienlager, später ein Restaurant und schließlich ein Museum untergebracht. Das unter Denkmalschutz stehende Gebäude wird bereits seit 1982 Schritt für Schritt restauriert; 1994 wurden die Räume im Erdgeschoss erstmals seit 1945 wieder der Öffentlichkeit zugänglich gemacht.

Architektur	Der von J. G. Steinmeyer geplante und von K. F. Schinkel veränderte klassizistische Profanbau wurde über einem fast quadratischen Grundriss errichtet. Das Hauptgebäude, in das man durch ein Eingangsportal mit Freitreppe gelangt, umfasst zwei Stockwerke, auf die ein flaches Dach aufgesetzt wurde. Darüber erheben sich vier runde Ecktürme, ein halbrunder Erker an der Südwand und ein Mittelturm. Alle Türme sind von Zinnen bekrönt, was den burgähnlichen Charakter der Anlage verstärkt, und mit rundbogigen Fenstern und Blendbögen ausgestattet. Die gequaderten Außenwände, ein das Gebäude umlaufender Zahnfries und die schmalen Gesimse an dem rötlich geputzten Vierflügelbau verstärken den Eindruck einer strengen Gliederung des Komplexes. Der Aussichtsturm schraubt sich in der Mitte des Schlosses in die Höhe. Mit seinen 38 m überragt er den Hauptbau um vier Geschosse und ist von kleinen rundbogigen Fenstern durchbrochen.

Alle Räume sind um den Mittelturm gruppiert und von einem den Turm umlaufenden Korridor aus zugänglich. Das Erdgeschoss war den Wohnräumen der Fürstenfamilie vorbehalten, das erste Obergeschoss diente der Repräsentation. Von der hohen Eingangshalle aus führt eine breite kreuzförmige Treppe durch drei Arkadenbögen hindurch zur Beletage. Hier wird diese Treppe abgelöst von der wertvollen, 1844 hergestellten gusseisernen Wendeltreppe, die in den Mittelturm eingebaut wurde und zur Aussichtsplattform führt.

Inneneinrichtung	Bei dem Mobiliar, den Gemälden und sonstigen Ausstattungsgegenständen, die heute in den Räumen zu sehen sind, handelt es sich bis auf sehr wenige Ausnahmen nicht um die originale Einrichtung, die 1945 / 1946 verschwand. Vielmehr findet man nun Mobiliar verschiedener Stilepochen und Jahrhunderte vor, die in den letzten Jahrzehnten gekauft oder gestiftet wurden. Ursprünglich hatte man das Schloss dezent eingerichtet, nach 1860 begann man jedoch dem Zeitgeist entsprechend, die Salons mit prunkvollen und pompösen Möbeln, mit Nippes, Plüsch und gewienerten Ritterrüstungen zu überladen. Bis heute erhalten haben sich in mehreren Räumen die repräsentativen Marmor- und Parkettböden, Wandtäfelungen und Stuckdecken der Erbauungszeit.

Rundgang durch die Ausstellungsräume

Erdgeschoss **Vestibül**	In der über zwei Stockwerke reichenden Vorhalle weisen drei Arkadenbögen den Weg über eine Treppe zum ersten Obergeschoss. Im Vestibül selbst fallen die Rot- und Damwildtrophäen ins Auge, die neuerdings wieder – entsprechend dem historischen Vorbild – an den imitierten Marmorwänden angebracht wurden. In vielen Räumen wird man übrigens von Illusionsmalerei und Imitaten getäuscht und überrascht werden – ein Gestaltungsprinzip der Baumeister, die dem Schloss mit der damals modernsten Technik ein mittelalterliches Aussehen geben wollten. Man beachte nur die Trophäen in der obersten Reihe, die entsprechend einer Idee Schinkels auf gemalte Hirschköpfe aufgesetzt wurden, oder die mit einer täuschenden Mahagonizeichnung versehenen Scheintüren von 1846.
Rittersaal	Im Erdgeschoss ist der Rittersaal an der Südseite des Schlosses über die Mitteltreppe oder den Korridor zugänglich. Original sind der

Fußboden aus Carrara-Marmor und die Stuckdecke. Hinzudenken muss man sich eine raumfüllende Sammlung von Möbeln und Waffen verschiedenster Herkunft und Epochen, mit denen man einst die adeligen Gäste zu beeindrucken verstand.

Rundgang (Fortsetzung)

Der Korridor in der ersten Etage gibt den Blick in das darunter liegende Vestibül frei. Unter den Ölgemälden, die die Wände des Umgangs schmücken, ist eine Darstellung des Grafen Friedrich Malte von Putbus und ein Wappenbild des Hauses Putbus beachtenswert. Im ersten Raum, den man beim Rundgang betritt, wurden einst die Gäste empfangen. Vom ursprünglichen Aussehen dieses Salons zeugen nur noch das original erhaltene Parkett, die Wandtäfelung und die klassizistische Stuckdecke. Auch die drei gemalten Jagdszenen, um 1680 entstanden, entstammen der ursprünglichen Ausstattung. Die Möbel, u. a. eine Biedermeier-Vitrine und ein dreibeiniger Tisch aus derselben Epoche, wurden dagegen erst in jüngster Zeit hinzugefügt. Eine Büste des Bauherrn Fürst Malte von Putbus aus dem Jahr 1830 steht auf dem marmornen Kamin.

Erstes Obergeschoss Korridor

Empfangssalon

Das elegante **Speisezimmer** des Jagdschlosses

Auch das repräsentative Speisezimmer war ursprünglich völlig anders eingerichtet als heute, wohingegen das schachbrettartige Parkett, die Holztäfelung, die handbemalten Fliesen im oberen Teil der Wände und die Stuckdecke authentisch sind. Die Statue "Venus Kalipygos" im Erker stand einst im Putbusser Schlosspark. Den verloren gegangenen Esstisch aus dem 19. Jh. hat man durch einen Wangentisch (um 1880) ersetzt, das Geschirr darauf ist ein Meißner Tafelservice. Die Standuhr (um 1800) an der linken Wand zeigt neben der Uhrzeit auch die Mondphasen und das Datum an.

Speisezimmer

Damensalon

Zurück durch den Empfangssaal gelangt man in den Salon, in dem sich im 19. Jh. die adeligen Damen zum abendlichen Plausch trafen. Auch hier sind Parkett, Dekordecke und Wandverkleidung original, der schöne Kamin wurde aus Carrara-Marmor gefertigt. Ein Sofa ist das einzige erhaltene Möbelstück aus der Erbauungszeit. Aus der Biedermeierzeit stammt der Konzertflügel mit Kirschbaumfurnier (1830), ebenso die Kommode mit der barocken Kaminuhr und die Sitzgruppe im Erker.

Marmorsaal

Der durch eine halbrunde Apsis verlängerte Marmorsaal ist der größte Raum des Schlosses. Einst wurden hier große Empfänge gegeben und Feste nach Jagden ausgerichtet, heute finden hier mitunter Konzerte statt. Geprägt wird der Saal von dem wertvollen dreistöckigen Marmorkamin (um 1850), der dem Raum den Namen gab. Über der Kaminöffnung ist eine "Sauhatz" dargestellt. Im Erker steht das "Seilsofa" (um 1860), das noch der Originalausstat-

Die gusseiserne Wendeltreppe im Aussichtsturm ist das Prunkstück des Jagdschlosses Granitz.

tung angehört. Neben einer Artemis-Plastik ist im Erker auch eine Büste des Architekten Karl Friedrich Schinkel aufgestellt (um 1838).

Billardzimmer

Das Gegenstück zum Damensalon liegt auf der anderen Seite des Marmorsaals. In das ehemalige Herrenzimmer zog man sich – ohne weibliche Begleitung – zur Unterhaltung oder auf eine Partie Billard zurück. An die ehemalige Ausstaffierung des Raumes mit Jagdutensilien und -trophäen erinnert heute u. a. die Sitzgruppe aus Hirschgeweihen in der sog. Jägernische.

Bibliotheks-zimmer

Im ehemaligen Bibliothekszimmer ist eine Jagd-Ausstellung mit Trophäen, Bildern und Texten gezeigt. An die ursprüngliche Nutzung als Fachbibliothek mit Jagd-, Forst- und Wirtschaftsliteratur in hohen Wandregalen erinnert heute nichts mehr. Die Kassetten-decke und der Parkettfußboden wurden in den 1980er-Jahren reno-viert, nachdem hier von 1945 bis 1950 zunächst Vertriebenenfami-lien gewohnt hatten und später ein Museumsraum eingerichtet worden war.

Bibliotheks-zimmer (Fts.)

Ölbilder des Zingster Malers Max Hünten sind heute der einzige Schmuck des ehemaligen Ankleidezimmers der Dame des Hauses. Einst zierte hier eine rote Velourtapete die Wände.

Ankleidezimmer

Auch von der Einrichtung des vorletzten Raums des Rundgangs blieb nach dem Zweiten Weltkrieg nicht viel übrig. Heute zeigt man dort die ständige Ausstellung "Hirsche der Welt". Ursprüng-lich stand in dem Raum ein prunkvolles Himmelbett, das nach 1945 für den Bau eines Kaninchenstalls herhalten musste. Die Wän-de schmückte nicht nur eine neubarocke, geblümte Velourtapete, sondern – angeblich – auch ein Gemälde von Rembrandt und eines von Raffael. Das Zimmer beherbergte wie das Bibliothekszimmer nach dem Zweiten Weltkrieg Vertriebenenfamilien.

Schlafzimmer

Im ehemaligen Dienerzimmer am Ende des Flurs sind heute histori-sche Stiche von J.E.Ridinger ausgestellt.

Dienerzimmer

Ein Meisterwerk der Eisenverarbeitung ist die gusseiserne Wendel-treppe im Mittelturm des Schlosses, die man vom ersten Stockwerk aus betreten kann. Die bis auf wenige rekonstruierte Teile original erhaltene Treppe von 1844 schraubt sich mit 154 Stufen und 12 Podesten 33 m in die Höhe bis zu einer Aussichtsterrasse. Die selbst-tragende Treppe ruht auf Konsolen, deren Halterungen im Turm-mauerwerk verankert sind. Die Eisenstufen täuschen durch ihre Farbe Mahagoniholz vor, die Wände ihrerseits erscheinen gequa-dert, was aber lediglich ein Resultat ihrer Bemalung ist. Wenn auch der Aufstieg über die schmale, leicht quietschende Treppen-konstruktion für nicht Schwindelfreie wahrscheinlich kein großes Vergnügen ist, so belohnt doch der Ausblick von der Plattform oben auf dem Turm für die Strapazen. Bei gutem Wetter reicht die Sicht bis zum Kap Arkona an der Nordspitze Rügens, Greifswald auf dem Festland im Süden und Stralsund im Westen.

*Wendel-treppe zur Aussichts-plattform

Jagdschloss Granitz

Baedeker TIPP **Des Ritters Brot**

Gruppen ab zwölf Personen dürfen, nachdem sie vorbestellt haben, beim weithin berühmten "Schlemmerspektakel" die Tafelfreuden des Mittelalters kennen lernen und sich bei "War-men Bärentatzen", "Rügener Dampflümmeln" und "Ritterbrot" von Gauklern und Spielleuten unterhalten lassen.

"Alte Brennerei"

Bevor man sich an den Abstieg vom Tempelberg macht, kann man sich's in der "Alten Brennerei" gut gehen lassen. Das urige Wirts-haus wurde im Keller des Granit-zer Jagdschlosses eingerichtet, mit mittelalterlich anmutenden Wandmalereien, altertümlichen Ein-richtungsgegenständen aus verschiedenen Epochen – inklusive ei-nes Prangers – und der gemütlichen Schlossküche. Die Gäste sitzen auf grob gezimmerten Holzstühlen an ebenso groben Holztischen, während das "Küchengesinde" deftige Speisen wie "Weltumseglers Schlemmertopf" und den Wein in Tonkrügen serviert (Di. – So. 11⁰⁰ bis 17⁰⁰ Uhr, ☎ 03 83 93 / 3 28 72).

Höhe: 0 – 161 m ü. d. M.

*Land-
schaftsbild

Die im Nordosten gelegene Halbinsel ist die gebirgigste Region Rügens, und mit ihren berühmten weißen Kreidefelsen (▶ Stubnitz)
am Steilufer der Ostküste ist Jasmund zugleich die meistbesuchte
Gegend auf Rügen, wenn man von den Badeorten Binz, Göhren und
Sellin einmal absieht. Innerhalb des Nationalparks Jasmund, der
sich über schöne Pfade entlang des Hochufers und durch die dichten Buchenwälder, die die Stubnitz überziehen, erwandern lässt,
liegt auch die höchste Erhebung Rügens: der Piekberg mit 161 Metern. Nach Westen hin wird die Gegend flacher, auch der Wald be-
schränkt sich auf das Gebiet der Stubnitz beziehungsweise des Nationalparks. Die einzige Stadt auf der Halbinsel ist ▶ Sassnitz, mit
seinem bedeutenden Fährhafen das Tor nach Skandinavien. In ▶ Sagard, dem nächstgrößeren Ort auf Jasmund, lohnt ein Besuch des
Boxsportmuseums und der Dorfkiche. Von der jahrhundertelangen
Besiedlung der Halbinsel zeugen viele jungsteinzeitliche Hünengräber (▶ Kunst und Kultur S. 45) und einige slawische Burgwälle. Die
hübschen kleinen Orte und Sehenswürdigkeiten, die im Folgenden
beschrieben werden, liegen im nordwestlichen Teil Jasmunds:
Lohme und Glowe an der Nordküste, Bobbin und das Schloss
Spyker etwas südlicher im Landesinneren.

Sehenswertes auf der Halbinsel Jasmund

Den Hauptattraktionen und größeren Orten auf Jasmund sind eige-
ne Hauptstichworte gewidmet, so dem Wahrzeichen Rügens, den
Kreidefelsen der Stubbenkammer und den Wissower Klinken
(▶ Stubnitz), den Sehenswürdigkeiten der Städte ▶ Sassnitz und
▶ Sagard sowie einer weiteren landschaftlichen Besonderheit, den
großen Feuersteinfeldern von ▶ Neu Mukran.

Lohme

Am nördlichen Ende des Nationalparks Jasmund liegt das ehemalige Fischerdorf Lohme an der hier 70 m hohen Steilküste. Vom Parkplatz in der Ortsmitte führt ein ausgeschilderter Wanderweg in
den Wald und über eine lange Treppe hinunter zum Steinstrand,
der allerdings nicht zum Baden einlädt. Östlich des Abstiegs liegt
Schwanenstein
der Schwanenstein im flachen Uferwasser, ein gewaltiger, rötlicher
Granitfindling in Form einer Pyramide, 4 Meter hoch und etwa 162
Tonnen schwer. Am Hochufer entlang verläuft ein schöner, 6 km
langer Wanderweg zum Königsstuhl in der Stubbenkammer
(▶ Stubnitz). In dem See- und Luftkurort Lohme gibt es einige gute
Cafés und Restaurants; besonders vom Café Niedlich an der Steil-
küste und dem Restaurant des Panoramahotels Lohme (Dorfstraße
35) kann man neben dem guten Essen auch noch die wunderbare
Aussicht über die Steilküste genießen. Die hoch aufragenden
Antennenmasten im Ort gehören zur Seefunkstation Rügenwelle.

Glowe

Am südlichen Ende der Schaabe (▶ Wittow), einer etwa 8 km langen Nehrung, die die Halbinseln Jasmund und Wittow verbindet,
liegt Glowe (von Slawisch *gluowa* = Kopf, da sich das Dorf sozusagen
am Kopf der Halbinsel Jasmund befindet). Glowe, 1314 erstmals ur-

kundlich erwähnt, ist ein kleiner Badeort mit einem wunderbaren Sandstrand, der sich fast über die gesamte Schaabe bis nach Juliusruh zieht, was die Gegend zu einem wahren Badeparadies macht. Das kleine Fischerdorf an der Küste entwickelte sich mit dem Anfang des 20. Jahrhunderts aufkommenden Tourismus zum Ferienort. Eine Kurklinik, ein Hafen für etwa 80 Segelboote, ein paar Geschäfte und Läden sowie einige Hotels, Cafés und Fischrestaurants entlang der Hauptstraße machen das malerisch zwischen dem Großen Jasmunder Bodden und der Ostsee gelegene Glowe heute zu einem erholsamen Urlaubsort.

Glowe (Fts.)

Das zu Glowe gehörende, etwas weiter nördlich gelegene kleine Ruschvitz, einst ein Hof der Herrschaft Spyker, erhebt Anspruch auf den Titel des Geburtsorts des berühmt-berüchtigten Seeräubers Klaus Störtebeker (▶ Baedeker Special S. 149).

Ruschvitz

Bobbin, ebenfalls zur Gemeinde Glowe gehörig und 4 km nördlich von Sagard an der B 96 gelegen, erkennt man schon von weitem an seiner hübschen gotischen Feldsteinkirche St. Paul, die in leicht erhöhter Lage über die Häuser des Ortes blickt. Die älteste Feldsteinkirche Rügens entstand an Stelle eines Vorgängerbaus um 1400, der Westturm wurde rund hundert Jahre später angefügt. Im Innern bewahrt sie ein herrliches Barockensemble aus Altar (1668), hölzerner, reich geschmückter Kanzel mit aufwändigem Schalldeckel (1662) und Patronatsloge. Das älteste Ausstattungsstück ist der Taufstein aus der Zeit um 1300. Die Orgel wurde von dem Berliner Karl August Buchholz 1842 gebaut. In die Südwand der Sakristei wurde

Bobbin

Feldsteinkirche St. Paul

Der kilometerlange feine Sandstrand der Schaabe zwischen den Halbinseln Jasmund und Wittow ist ein Badeparadies.

Sanfte Hügel umgeben die Feldsteinkirche von Bobbin.

Bobbin (Fts.)

ein Sakramentsschrein mit schöner Bemalung eingemauert. Die Kirche umgibt ein kleiner Friedhof mit mehr als 50 verwitterten Grabwangen aus dem 18. und 19. Jahrhundert. Von der südlich des Ortes direkt an der Hauptstraße gelegenen Erhebung, dem 60 m hohen Tempelberg, hat man einen wunderbaren Blick über Jasmund und Wittow bis zum Kap Arkona.

*Schloss Spyker

Nur wenige Hundert Meter hinter Bobbin zweigt links eine schmale Straße zum Schloss Spyker ab, einem der wenigen erhaltenen Herrenhäuser aus der Renaissancezeit auf Rügen (Abb. S. 50). Mit seiner dunkelrot getünchten Fassade sticht das dreigeschossige Gebäude deutlich aus seiner Umgebung hervor. Schon im 14. Jahrhundert stand hier in einer Niederung am Spyker See ein Adelshof mit den dazugehörigen Wirtschaftsgebäuden. Das Gebäude entstand im Auftrag der Familie Jasmund, in deren Besitz sich das Gut seit 1435 befand. Mitte des 17. Jahrhunderts baute der damalige Besitzer, der schwedische Feldmarschall und Generalgouverneur von Pommern Carl Gustav Wrangel, das Herrenhaus um und fügte u. a. die runden Ecktürme und einen barocken Park hinzu. Seit 1992 beherbergt das auffällige Gebäude das noble "Schlosshotel", ein exklusives Restaurant im ersten Obergeschoss sowie in dem schönen kreuzgratgewölbten Kellergeschoss ein rustikales Lokal. Wunderbare Stuckdecken aus dem 16. Jahrhundert zieren einige Räume im ersten Obergeschoss; im Original erhalten sind die wertvollen, verschiedenen Themen gewidmeten Decken "Das Parisurteil", "Vier Jahreszeiten", "Vier Elemente" und "Pfauendecke". Der Schlosspark grenzt unmittelbar an ein Naturschutzgebiet an. Schloss Spyker gehört zu der Gemeinde Glowe.

Höhe: 0 – 46 m ü. d. M.
Einwohnerzahl: 300 (Putgarten) und 30 (Vitt)

Das Kap auf der Halbinsel ▶ Wittow wird üblicherweise als nörd- **Lage und**
lichster Punkt Rügens bezeichnet, obwohl dieses Attribut eigent- **Bedeutung**
lich dem 600 m weiter nordwestlich gelegenen Gellort zukommt.
Auf dem Kap stand mit der Jaromarsburg die letzte bedeutende Festung der Slawen; sie wurde 1168 von den Dänen eingenommen. Das
gesamte Gebiet um das Nordkap von Putgarten bis Vitt ist Land-
schafts- und Naturschutzgebiet und daher für den Autoverkehr gesperrt. Auf einem etwa 6,5 km langen Rundweg von Putgarten aus
kann man den Besuch der beiden Leuchtturmmuseen am Kap mit
der Besichtigung des romantischen, denkmalgeschützten Fischerdörfchens Vitt verbinden.

Ruhe, Wind und Weite sind die prägenden Eindrücke, die man von ****Land-**
diesem naturgeschützten Gebiet mitnimmt: Weite Wiesen und Fel- **schaftsbild**
der umgeben Putgarten und ziehen sich bis zu den Leuchttürmen,
den Wahrzeichen des Kaps, und nach Vitt, einem Bilderbuchdorf
in einer windgeschützten Schlucht an der Küste. Bis zu 46 m stür-
zen die Wände der Steilküste, die das Kap umgeben, in die Tiefe.
Oberhalb verläuft ein Hochuferweg, auf dem man die gesamte
Nord- und Ostküste der
Halbinsel Wittow er-
wandern kann, am
Fuß der Steilküste brei-
tet sich ein Steinstrand
aus. Das Kap selbst
wird völlig von dem
Leuchtturmensemble
beherrscht, bestehend
aus dem 1826/1827 er-
bauten sog. Schinkel-
turm, in dem heute ne-
ben einem Museum
auch das nördlichste
Standesamt Mecklen-
burg-Vorpommerns un-

Baedeker TIPP) "Alles Wurst"?

Bevor es zum Kap und auf die Leuchttürme geht, spätestens aber danach,
muss man sich stärken. Hat man Glück
und ergattert einen der nicht gerade
üppigen Plätze in dem Imbisslokal am
Parkplatz, von dem nicht ganz klar wird,
ob es nun "Ostseeperle" oder "Alles
Wurst" heißt, kann man für einen bescheidenen Obolus die besten Kohlroula-
den Rügens, wenn nicht gar Mecklenburg-Vorpommerns, "erleben".

tergebracht ist, und dem 1902 gebauten 39 m hohen Rundturm
rechts daneben. Östlich der beiden Leuchttürme fällt ein weiterer
Turm ins Auge, ein ehemaliger Marinepeilturm, der heute ebenfalls für Besucher zugänglich ist. Daneben erhebt sich ein künstlich angelegter Hügel: der 13 m hohe Burgwall der Jaromarsburg,
das einzige Überbleibsel der slawischen Festung.

Der unter Naturschutz gestellte Landstrich um das Kap Arkona ist **Anfahrt**
für Privatautos gesperrt. Man muss daher sein Fahrzeug auf dem
großzügig dimensionierten Parkplatz am Ortseingang von Putgarten abstellen. Dort beginnt der 2 km lange Fußweg zum Kap. Alternativ bietet sich eine Fahrt mit der putzigen Arkona-Bahn oder in
einer Pferdekutsche an, die vom Parkplatz aus zu den Leuchttürmen und nach Vitt starten. Auch ein Fahrradverleih bietet hier
seine Dienste an.

Rundwanderweg	Ein 6,5 km langer Rundwanderweg führt vom Parkplatz am Ortseingang von Putgarten zu den etwa 2 km entfernten Leuchttürmen auf dem Kap. Von dort geht es weiter über den Hochuferweg, vorbei am Burgwall der Jaromarsburg. Nach etwa 2 Kilometern kommt man ins Bilderbuchdörfchen Vitt. Von Vitt geht's durch die Felder zurück nach Putgarten und zum Parkplatz.

Putgarten

Ortsbild	Putgarten, zwischen Altenkirchen und Kap Arkona gelegen, ist die nördlichste Gemeinde Rügens, hat etwa 300 Einwohner und besitzt einige rohrgedeckte Bauernhäuser entlang der Durchgangsstraße. Übersetzt heißt Putgarten so viel wie "unterhalb der Burg", denn die Siedlung entstand unterhalb der slawischen Jaromarsburg, die den Bewohnern u. a. als Zufluchtsort diente. Im heutigen Feuerwehrgebäude war ursprünglich die erste Seenotrettungsstation der Deutschen Gesellschaft zur Rettung Schiffbrüchiger (DGzRS) untergebracht. Über deren Geschichte und Ziele kann man im Museum im Schinkelturm Näheres erfahren.
*Rügenhof	Auf dem Weg zu Kap und Leuchttürmen führt die gepflasterte Dorfstraße an einem restaurierten ehemaligen Gutshof vorbei mit geradezu einer Vielzahl an touristischen und kulturellen Angeboten: dem Rügenhof. Neben Ferienwohnungen, Galerien, Streichelzoo, Spielplatz, einer Schau landwirtschaftlicher Geräte aus der ersten Hälfte des 20. Jh.s und dem "Rügenladen", der in erster Linie rügentypische Produkte verkauft und versendet, sind es vor allem die kunsthandwerklichen Werkstätten, die den Besucherstrom hierher locken.
Töpferhof	Im Töpferhof hat sich zum Beispiel eine Keramikwerkstatt angesiedelt, in der die traditionelle Rügenkeramik hergestellt wird. Hinzu kam eine Kerzenmanufaktur und eine Steinschleiferei, in der aus Bernstein und Halbedelsteinen wunderschöne, kunstvolle Schmuckstücke entstehen. Die Kunsthandwerker lassen sich von den Besuchern gern über die Schulter schauen und fertigen ihre Produkte auch ganz nach individuellen Wünschen. Im Gebäude von "Rügen-direkt" befinden sich

Baedeker TIPP) **Störtebekers Beute**

Auf Arkonafeuer, Wittower Nussschinken oder Sanddorn-Brotaufstrich möchte man zu Hause nicht verzichten. Aber soll man seine ganzen Einkäufe dauernd mit sich herumschleppen? Natürlich nicht, meint "Rügen-direkt" und versendet See- und Klabauterkisten – für ganz Hungrige auch ein Kistchen mit Störtebekers Beute – vollgepackt mit Rügener Spezialitäten und Köstlichkeiten. Wer will, kann sich im "Rügenladen" eine Seekiste ganz nach seinen Wünschen füllen lassen (☎ 03 83 91 / 4 00 30, www.ruegen-direkt.de).

"Rügen-direkt"	der "Rügenladen", in dem man sich mit Rügen-Souvenirs eindecken kann, ein Café, eine Historische Druckwerkstatt, die sich ganz dem altehrwürdigen Buchdruck widmet, sowie die "Klabauterkiste", ein Laden speziell für die Kleinen und Kleinsten.
Veranstaltungen	Auch als Veranstaltungsort hat sich der Rügenhof etabliert. Das ganze Jahr über ist hier etwas los: Handwerker- und Bauernmärkte, Ernte-, Kohl- und Fischerfeste, Straßen- und Gartenpartys, Kinder-

Leuchtturmensemble am Kap Arkona, dem nördlichsten Punkt der Insel Rügen

feste und Reitturniere. Während der Saison hat der "Theatersommer am Kap" in der Kulturscheune eine seiner Spielstätten (Dorfstr. 22, ☎ 03 83 91 / 40 00).

Rügenhof
(Fortsetzung)

Bei den Leuchttürmen am Kap

Bei den Leuchttürmen an der Steilküste angelangt, kann man seinen Blick vom 43 m hohen Aussichtspunkt über die Ostsee schweifen lassen. Bei gutem Wetter erspäht man im Nordwesten die Küstenlinie der ca. 60 km entfernten dänischen Insel Møn.

Aussichtspunkt

Der kleinere und ältere der zwei dicht nebeneinander stehenden Leuchttürme ist der Schinkelturm, benannt nach Karl Friedrich Schinkel (▶ Berühmte Persönlichkeiten), nach dessen Plänen der viereckige, 19 m hohe Backsteinturm 1826/1827 erbaut wurde und in dem heute ein Museum untergebracht ist. Das dreigeschossige Bauwerk ist der älteste Leuchtturm Mecklenburg-Vorpommerns.

Schinkelturm

In dem Raum im Erdgeschoss wurde Mecklenburg-Vorpommerns nördlichstes Standesamt eingerichtet; das Informationsamt Kap Arkona am Putgartener Parkplatz (▶ Praktische Informationen S. 203) bietet spezielle Arrangements für Heiratswillige an.

Erdgeschoss

Über eine schöne schmiedeeiserne Treppe gelangt man in das erste Obergeschoss, das der Mecklenburger Geschichte der "Küstenbeleuchtung" gewidmet ist, von der Kerzenlaterne vom Anfang des 16. Jahrhunderts über den Parabolspiegel bis zur Lichtkanone vom ausgehenden 20. Jahrhundert.

Erstes
Obergeschoss

Schinkelturm (Fts.), Zweites Obergeschoss	Auf der letzten Ausstellungsebene ist schließlich die Entwicklung und Struktur der Deutschen Gesellschaft zur Rettung Schiffbrüchiger (DGzRS) dokumentiert. Die Methoden der Seenotrettung im Wandel der Zeiten werden ebenso dargestellt wie der Aufbau und die Struktur der Stationen und Einheiten der DGzRS.
*****Aussichts- plattform**	Über eine schmale Wendeltreppe kann man sodann zur Aussichtsplattform vorstoßen, von der aus der Blick weit über die Halbinsel Wittow bis zum Großen Jasmunder Bodden im Süden und zur Stubbenkammer im Osten reicht (geöffnet April – Okt. tgl. 10^{00} – 19^{00}, Nov. – März 11^{00} – 16^{00} Uhr).
Neuer Leuchtturm	Den Schinkelturm überragt der daneben stehende 1902 gebaute Leuchtturm, der damals die Funktion des kleineren Turms übernahm, dessen Warnsignal nur etwa 15 km weit reichte. Das Leuchtsignal des 36 m hohen, runden Turmes blitzt alle 16 Sekunden 23 Seemeilen (42,6 km) weit über das Meer (geöffnet April – Okt. tgl. 10^{00} – 19^{00} Uhr).
Leuchtturm- wärterhaus	Neben den beiden Leuchttürmen steht das Leuchtturmwärterhaus, das heute Raum für einen Souvenir- und Keramikladen, ein Informationsbüro und eine Begegnungsstätte mit Vortragsraum bietet.
Gellort	Der tatsächlich nördlichste Punkt Rügens ist der Gellort, der etwa 600 m von den Leuchttürmen entfernt ist. Am Strand der Steilküste des Gellorts liegt ein gewaltiger Findling, der "Söbenschniedersteen" (Siebenschneiderstein) – auf dem sieben Schneider Platz zum Arbeiten haben sollen –, mit einem Gewicht von etwa 165 t und einem Volumen von über 60 m³, was ihn zum viertgrößten Findling Rügens macht. Eine Treppe führt zum Ufer hinab.
Marinepeilturm	Etwas Abseits des Leuchtturmensembles erhebt sich im Südosten ein weiterer Turm, auf dem früher viele Antennen angebracht waren. Dieses runde Backsteingebäude ist der ehemalige Marinepeilturm, der heute als Museum mit Aussichtsplattform für den Besucherverkehr geöffnet ist. Der Antennenträger wurde 1927 für Funkpeilungen der Kriegsmarine gebaut. Das Museum, in dem Bernsteinschmuck sowie Exponate zur Ur- und Frühgeschichte Rügens ausgestellt werden, erstreckt sich über vier Etagen (geöffnet April – Okt. tgl. 10^{00} – 19^{00} Uhr). Von der Aussichtsplattform blickt man über die Halbinsel Wittow im Süden und zur Kreideküste der Stubbenkammer auf Jasmund im Südosten.
Skulpturenpark	Das Gelände zwischen den beiden Leuchttürmen und dem ehemaligen Marinepeilturm gibt sich ganz künstlerisch: Hier wurde ein Skulpturenpark mit Werken osteuropäischer Künstler installiert.

Jaromarsburg

Ein breiter, 13 m hoher Hügel hinter dem Marinepeilturm kennzeichnet die Lage der 1168 von den Dänen zerstörten Jaromarsburg bzw. ihres ehemaligen Burgwalls. Die hölzerne Festung war in frühgeschichtlicher Zeit von den Slawen für ihr größtes Heiligtum, ein riesiges, hölzernes, bunt bemaltes Standbild ihres Hauptgottes Svantevit, errichtet worden. Das monumentale Götterbild soll vier

Beim Marinepeilturm erhebt sich der Wall der ehemaligen slawischen Jaromarsburg. Im Hintergrund erstreckt sich die Küste der Halbinsel Jasmund.

Köpfe gehabt haben, mit denen der Gott in alle Himmelsrichtungen gleichzeitig blicken konnte; eine Nachbildung des hölzernen Svantevit steht direkt am Wall. Der ursprünglich 200 m lange Wall im Westen der Burg bestand im unteren Teil aus Erde, worauf sich eine hölzerne Schutzmauer erhob, die mit Erdschollen verstärkt war. Gegen Feinde war die Festung nach Süden, Norden und Osten durch das Meer bzw. die Steilküste abgesichert, die mit den Worten des dänischen Geschichtsschreibers Saxo Grammaticus (12./13. Jahrhundert) so hoch war, dass "auch ein mit einer Schleudermaschine abgeschossener Pfeil den oberen Rand nicht erreichen könnte". Mit der Schleifung der wichtigsten Tempelburg der Slawen und der Vernichtung von Svantevits Standbild durch die dänischen Truppen unter König Waldemar I. und Bischof Asalon von Roskilde – das Standbild wurde laut Saxo Grammaticus von den Eroberern in Stücke gehackt und zu Brennholz verarbeitet – begann die Christianisierung Rügens und der Untergang der slawischen Kultur. Seitdem ist nur der heute noch sichtbare Burgwall übrig, und auch dieser wird durch Wind, Sturm und Regen unaufhaltsam abgetragen bzw. in die Tiefe gerissen.

Oberhalb der Steilküste führt ein 1,5 km langer Wanderweg von der ehemaligen Burg der Slawen zu dem romantischen Fischerdörfchen Vitt. Leider ist die Sicht auf die See bei diesem Spaziergang durch den dichten Bewuchs rechts und links des Weges meist versperrt. Wer den Seeblick nicht entbehren will, benutzt die "Veilchentreppe" kurz nach der Jaromarsburg, die zum Strand hinun-

Jaromarsburg
(Fortsetzung)

Wanderung von der Jaromarsburg nach Vitt

Wanderung nach Vitt (Fortsetzung)

terführt. Bis man bei dem kleinen Hafen Vitts ankommt, ist die Wanderung über den steinigen Strand allerdings recht beschwerlich. Auf dem Hochuferweg erreicht man nach 1,5 Kilometern eine kleine achteckige, weiß getünchte Kapelle, an der vorbei ein Weg links und einer rechts hinunter in das versteckt liegende Dörfchen führt. Idyllischer ist der steil abfallende Pfad links des Kirchleins, über den man direkt in den Dorfkern vorstößt, während der Weg rechts an den südlichen Ortsausgang führt.

Vitt

✲✲Ortsbild

Wie ein verwunschenes Märchendorf liegt Vitt in einer dicht von Bäumen bewachsenen Schlucht; für den herannahenden Wanderer erst sichtbar, wenn er unmittelbar davor steht. Oben am Steilufer

Das malerische Fischerdörfchen Vitt liegt versteckt in einer Schlucht in der Nähe des Kap Arkona.

liegt einsam die kleine achteckige Kapelle des Ortes. Biegt man nördlich von dieser in den Hohlweg ein, der die Steilküste hinabführt, steht man plötzlich vor den ersten rohrgedeckten Katen, die sich unter Eschen, Pappeln und Holunderbüschen verstecken. Von hier aus schlängelt sich der Weg durch die dreizehn Fischerhäuser Vitts hindurch bis zu dem kleinen Hafen. Das 30-Seelen-Dorf steht vollständig unter Denkmalschutz.

"Zum Goldenen Anker"

Ein sehenswertes uriges Lokal ist der Gasthof "Zum Goldenen Anker". In dem rustikalen Gasthaus mit seinen kleinen Räumen sitzt man unter niedrigen Decken an schweren Holztischen und kann sich, während man auf das Essen wartet, die Schiffsbilder an den Wänden ansehen. In den Sommermonaten kann man es sich an den Tischen vor dem Eingang bequem machen. **Vitt (Fts.)**

Der kleine Hafen mit einem Steg für die Fischerboote blickt auf eine lange bedeutende Geschichte zurück – ihm hat der Ort sogar seine Existenz zu verdanken, denn hier befand sich schon im 12./13. Jh. ein großer Fischfang- und Fischhandelsplatz, eine "Vitte", wie man die Heringsfangplätze im Mittelalter nannte. Da vor der Küste Rügens große Heringsschwärme vorkamen, entstanden an den Ufern der Halbinsel Wittow vier dieser Vitten, wo der Heringsfang auch gleich gesäubert und gesalzen wurde. Noch heute wird in der Saison am Hafen auf traditionelle Weise Fisch in großen fassförmigen Tonnenöfen geräuchert und zum Verkauf angeboten. Am Hafen hat man zudem einen schönen Blick auf die Steilküste des Kap Arkona. **Hafen**

Oberhalb des Örtchens liegt am Hochuferweg die schlichte, weiß getünchte achteckige Kapelle Vitts. In Auftrag gegeben wurde sie von dem Altenkirchener Pfarrer und Dichter Gotthard Ludwig Theobul Kosegarten (▶ Berühmte Persönlichkeiten), der durch seine die Schönheiten dieses Landstrichs überschwänglich preisenden Dichtungen über Rügen hinaus Berühmtheit erlangte. Zuvor hatte er in Vitt jahrelang während der Heringssaison Sonntagsgottesdienste im Freien gehalten – die so genannten Uferpredigten, die auch heute noch ein- bis zweimal im Jahr stattfinden –, die allerdings immer dann jäh unterbrochen wurden, wenn der "Utkieker" einen Heringsschwarm erspähte und die Fischer mit dem Ausruf "De Hierung kümmt!" von ihren Plätzen in die Boote trieb. Das und der mangelnde Schutz bei schlechtem Wetter veranlassten Kosegarten 1806 zum Bau der Kapelle, die allerdings erst 1816 fertig gestellt wurde. Das Altarbild ist eine Kopie von Philipp Otto Runges Werk "Petrus auf dem Meer" – das Original befindet sich in der Kunsthalle Hamburg. Das Fresko "Menschen im Sturm" (1990) an der Wand des Eingangs stammt von dem Italiener Gabriele Mucchi. **Kapelle**

Lancken-Granitz   E 3

Höhe: 10 – 15 m ü. d. M.
Einwohnerzahl: 300

Das beschauliche Örtchen passiert man auf dem Weg von Binz nach Sellin; es liegt an der Deutschen Alleenstraße in der Granitz, einem großen Waldgebiet im Südosten Rügens. Im Norden steigt der Tempelberg an, auf dem sich das ▶ Jagdschloss Granitz befindet. Das Spektakulärste an dem kleinen, ehemaligen Fischer- und Bauerndorf sind die Hünengräber aus der Jungsteinzeit im Süden des Ortes. **Lage und Bedeutung**

Auf Rügen sind etwa 50 Hünengräber erhalten, fünf der eindrucksvollsten liegen wie an einer Kette aufgereiht südlich von Lancken-Granitz auf einer Wiese. Die steinzeitlichen, etwa 5000 Jahre alten Begräbnisstätten zählen zu den ältesten existierenden Grabanlagen Mitteleuropas (▶ Kunst und Kultur S. 45). **Hünengräber**

Die Hünengräber von Lancken-Granitz wurden einst für Grabstätten von Riesen gehalten.

*Hünengräber von Lancken-Granitz

Von Putbus oder Bergen über die Deutsche Alleenstraße kommend, biegt man kurz vor dem Ortsschild von Lancken-Granitz ab Richtung Dummertevitz. Nach etwa einem Kilometer führt rechts ein ausgeschilderter Feldweg durch eine große Wiese. An diesem Weg liegen im Abstand von etwa 50 Metern fünf Hünengräber. Man erkennt sie schon von weitem, da alle Gräber von Baumgruppen umstanden sind.

Andreas-Kirche

Die auf einem Hügel thronende Dorfkirche von Lancken-Granitz wurde im 15. Jahrhundert aus Backsteinen über einem Sockel aus Findlingen erbaut. Ein Kreuzrippengewölbe überspannt das Langhaus, das – wie auch die Wandmalereien, das hölzerne Kruzifix und das Chorgestühl – aus dem frühen 16. Jahrhundert stammt. 1598 wurde die bemalte Kanzel hinzugefügt, 1818 der Altaraufsatz mit der Kopie eines Madonnengemäldes nach Correggio.

Mönchgut   F 3/4

Höhe: 0 – 66 m ü. d. M.

*Land-schaftsbild

Zu den schönsten und abwechslungsreichsten Landstrichen Rügens gehört das Mönchgut, eine Halbinsel im äußersten Südosten Rügens, die an die bewaldete Granitz anschließt. Sie zeichnet sich durch eine stark zerlappte Küste mit langen, feinsandigen Stränden und Buchten aus. Sanfte Hügel und Seen prägen das Landschaftsbild; mehrere alte Fischer- und Bauerndörfer liegen inmit-

ten weiter Wiesen und Kornfelder. Der Name Mönchgut weist die
Halbinsel als ehemaligen Besitz der Mönche des Klosters Eldena bei
Greifswald aus, denen das Gebiet ab 1252 bzw. 1360 gehörte. Durch
die intensive Beziehung zu Eldena bildete sich eine ganz eigene,
durch Landwirtschaft und Fischerei geprägte Kultur heraus, um
deren Erhalt sich die Museen auf Mönchgut verdient machen. In
Göhren wurden drei Häuser und ein Schiff, in Middelhagen das
ehemalige Schulhaus zu sehenswerten Ausstellungsorten umgestaltet. Die Grenze zwischen Zentralrügen und der Halbinsel Mönchgut wird durch den Mönchgraben markiert, einen Wassergraben,
der vom Selliner See gespeist wird und ursprünglich bis zur Steilküste zwischen ▶ Sellin und ▶ Baabe reichte. Vielleicht war der
Graben einmal Teil einer slawischen Befestigungsanlage, doch
endet er heute schon kurz vor dem Bahnhof am Ortseingang von
Baabe. Der bedeutendste Ort auf der Halbinsel ist das Ostseebad
▶ Göhren, das auf der östlichsten Spitze Rügens, einer weit ins
Meer vorspringenden Landzunge sitzt.

Middelhagen

Im historischen Ortskern, neben der mittelalterlichen Kirche, liegt
das hübsche rohrgedeckte Schulmuseum, ein 1825 erbauter Lehm-
fachwerk- und Backsteinbau. In
dem früheren Küster- und Schulhaus sind sechs Zimmer liebevoll als Museum hergerichtet, in
dem die Entwicklung des Schul-
wesens vor 1945 anschaulich präsentiert wird. Bis 1962 wurden
hier die vier Grundschulklassen
gemeinsam in einem Raum un-
terrichtet, und noch bis 1945
brachte man hier sogar bis zu
vierzig Kinder aus acht Altersstufen zusammen. Unterrichtsschwer-
punkte waren z.B. Heimatkunde und Schönschrift, unschwer an
den Schrift- und Bildtafeln im Klassenzimmer zu erkennen. Die verschiedenen Bank- und Tischtypen stammen aus den wechselnden
Einrichtungen der letzten 50 Jahre. Zu sehen ist neben dem Klassenzimmer auch die Wohnung des vor 1945 im Dienste der Kirche stehenden Dorfschullehrers und Küsters, bestehend aus Studier-
zimmer, Wohnzimmer, Schlafzimmer, Küche sowie einem kleinen
Raum, in dem heute alte Schulbücher und Schreibmaterialien in
Vitrinen ausgestellt sind (☎ 03 83 08 / 24 78; geöffnet Juni – Aug. tgl.
10 00 – 18 00, Mai und Sept. tgl. 10 – 17 00, Febr. – April sowie Okt. bis
Dez. Di. – So. 10 00 – 16 00 Uhr).

Baedeker TIPP Hefte raus ...

... Klassenarbeit! – Wer davon nicht genug bekommen kann, sollte sich die von den Museumsmit-
arbeitern angebotene "Historische Schulstunde"
nicht entgehen lassen und darf hinterher sogar
mit einem Zeugnis nach Hause gehen (Anmeldung
erforderlich).

In dem Hallenhaus neben dem Schulmuseum mit seinem tief
heruntergezogenen Rohrdach aus der zweiten Hälfte des 17. Jahrhunderts ist eine Sammlung alter landwirtschaftlicher Geräte
untergebracht (Öffnungszeiten wie Schulmuseum).

Nur wenige Meter oberhalb des Schulmuseums steht die hübsche
Dorfkirche, ein um 1430 überwiegend aus Backsteinen errichteter
Bau, dessen Chorraum, ehemals eine eigenständige Kapelle, aber
wesentlich älter ist. Treppenturm und hölzerner Dachturm wurden

Katharinenkirche
(Fortsetzung)

im 17. Jh. angefügt. Im Innern fällt der geschnitzte Flügelaltar mit der hl. Katharina im Schrein auf (um 1480). Der obere Teil des Taufsteins, vermutlich ein früheres Weihwasserbecken, ist älter als die Kirche selbst und stammt wahrscheinlich aus einer heute nicht mehr existierenden Kirche in Reddevitz. Aus der Zeit nach dem Dreißigjährigen Krieg stammen Kanzel, Gestühl, Opferstock sowie die Altarleuchter.

Gasthaus
"Zur Linde"

Spätmittelalterliche Kirche von Middelhagen

Als eines der ältesten Gasthäuser Rügens präsentiert sich der im Ortskern gelegene ehemalige mittelalterliche Dorfkrug "Zur Linde". Nach einem Besuch von Schulmuseum und Hallenhaus bietet es sich geradezu an, sich in dem rekonstruierten Landgasthof mit seiner deftigen Mönchguter Küche niederzulassen, im Sommer stehen auch Tische draußen. Während der Saison empfiehlt es sich, vorher zu reservieren (Dorfstr. 1, ☎ 03 83 08 / 55 40).

Windschöpfwerk

Südlich von Middelhagen steht direkt an der Straße Richtung Lobbe das letzte erhaltene Windrad eines Windschöpfwerks. Heute zwar außer Betrieb, half es doch jahrzehntelang bei der Trockenlegung von Sumpfgebieten, deren Wasser es mittels Windkraft herauspumpte.

Umgebung von Middelhagen

Alt Reddevitz

Auf einer schmalen Landzunge an der Binnenküste des Mönchgut, etwa 2,5 km westlich von Middelhagen, liegt Alt Reddevitz. Hier stehen noch einige alte niederdeutsche Hallenhäuser; außerdem besitzt der Ort einen kleinen Badestrand und einen Hafen. Während der Saison legt ein historisches Zeesboot dreimal täglich zu Ausflugsfahrten ab. Ein Wanderweg führt über sanfte Hügel bis zur Spitze des Landarms zum Aussichtspunkt Reddevitzer Höft.

Reddevitzer Höft

Lobbe

Zwischen Middelhagen und dem Ortsteil Lobbe wachsen jene Schilfbinsen, die zum Decken der Rohrdächer verwendet werden. Das Rohr wird im November geerntet und, zu "Schoofen" gebunden, bis zum Sommer getrocknet. Das ehemalige Fischer- und Bauerndörfchen Lobbe besteht nur aus einer Hand voll Wohnhäuser und Gaststätten, attraktiv ist hier hauptsächlich der kilometerlange weiße Strand, zu dem südlich des Ortsausgangs etliche Zugänge durch den Kiefernwald führen. Der Strand zieht sich von dem Sandkliff Lobber Ort über 5 km weit bis hinunter nach Thiessow.

Groß Zicker

Wer Ruhe und Abgeschiedenheit in einer kleinen Idylle sucht, sollte das zur Gemeinde Gager gehörige Groß Zicker besuchen, wohin eine Stichstraße zwischen Lobbe und Thiessow führt. Auf einer holperigen, gepflasterten Straße fährt man in das Ortszentrum des malerischen, unter Denkmalschutz stehenden Dörfchens, vorbei an vielen kleinen, rohrgedeckten, ziegelsteinroten Häusern. Typisch sind hier die sog. Dreiseitgehöfte, bei denen das quergestellte Wohnhaus Stall und Scheune verbindet, die mit dem Giebel zur Straße stehen. In der Ortsmitte ragt das älteste erhaltene Gebäude Groß Zickers auf, die um 1400 gebaute kleine Backsteinkirche des Dorfes. Sie liegt inmitten eines Friedhofs, auf dem noch 65 verwitterte Grabwangen aus dem 19. Jh. stehen. Der kreuzrippengewölbte Chor der Kirche schließt sich an das flachgedeckte Langhaus an. Die Altarmensa, der Sakramentsschrein unter dem Triumphbogen und eine der Glocken stammen aus dem Spätmittelalter.

*Ortsbild

Mitten im Ort stößt man auf das Pfarrwitwenhaus, eines der besterhaltenen niederdeutschen Hallenhäuser Rügens (▶ Kunst und Kultur S. 49) und zugleich eines der ältesten Gebäude auf Mönchgut,

*Pfarr-
witwenhaus

Mönchgut

**Das fast 300 Jahre alte Wohn- und Schulhaus dient
heute als Museums-Galerie.**

Pfarrwitwen-haus (Fts.)	das heute als Museum und Galerie mit jährlich wechselnden Kunst-ausstellungen zugänglich ist. Um 1720 aus Holz und Lehm erbaut, wurde das Haus bis 1810 zur Unterbringung der Pfarrwitwen und ihrer Kinder genutzt. Danach diente es 20 Jahre lang als Schule für die Kinder der Umgebung und als Wohnhaus des Lehrers, bis Groß Zicker im Jahr 1830 ein eigenes Schulgebäude erhielt. Seitdem war es bis 1984 ein normales Mietshaus, das nach einer gründlichen Renovierung 1986 bis 1988 als Museum hergerichtet wurde. Typisch für diesen Haustyp des Rookhuuses (Rauchhaus) ist das schornsteinlose Rohrdach, durch dessen Luken und Ritzen der Rauch aus dem offenen Herd abzog. Der einzige heute eingerich-tete Raum ist die Küche mit der offenen Feuerstelle, die hier das Gebälk geschwärzt hat. In der Wohndiele erläutern Bilder und Texte die Geschichte des Hauses. Links geht es in die ehemalige "gute Stube", die zusammen mit der daran anschließenden Kam-mer schon in den 20er-Jahren an Sommergäste vermietet wurde. Von der Wirtschaftsdiele, in der man das Korn drosch, gehen links die Küche und eine weitere Stube ab, die ebenfalls von der Küche aus beheizt wurde. Gegenüber liegen zwei Kammern, die als Wohn-sowie Vorrats- und Lagerräume genutzt wurden. In den zwei Stäl-len rechts des Eingangs waren Hühner, Kühe, Schweine oder Schafe untergebracht (Dorfstr. 21, ☎ 03 83 08 / 82 48, geöffnet Ostern – Okt. Mo. – Sa. 10^{00} – 17^{00}, So. 12^{30} – 17^{00} Uhr).

*Wanderung	Fährt oder geht man durch den recht lang gezogenen Ort bis zum letzten Haus, ein wunderbar gelegenes Ausflugslokal, öffnet sich eine sanft geschwungene Landschaft mit Trockenrasen, Kornfel-dern und Heide, unterbrochen von kleinen Baumgruppen. Wander-wege schlängeln sich rund um Groß Zicker über die Hügel, von de-nen man eine herrliche Aussicht über das Mönchgut genießt.
Rundwanderweg	Sehr empfehlenswert ist ein 8 km langer, wunderschöner Rundwan-derweg über die Zickerschen Berge, der bei der Bushaltestelle an der Gabelung nach Gager und Groß Zicker beginnt. Man folgt den Wegweisern zu den Zicker Alpen beziehungsweise zum Natur-schutzgebiet, bis man den Bakenberg erreicht, der mit seinen 66 m Höhe eine phantastische Sicht über die Landschaft eröffnet. Nach einem eventuellen Badestopp an der Westspitze der Landzunge geht es am Steilufer entlang bis zu einem Feldweg, der wieder zu-rück nach Groß Zicker und durch das Dorf hindurch bis zur Bushal-testelle führt.

Umgebung von Groß Zicker

Gager	Nordwestlich von Groß Zicker liegt das einstige Fischerdörfchen Gager. Der Ort an der Hagenschen Wiek mit seinen Fischkuttern und Segelyachten ist ein geeigneter Ausgangspunkt für verschie-dene Schiffsausflüge oder Wanderungen über die sanft geschwun-genen Höhenrücken des Mönchgut.

| Thiessow | Bevor man Thiessow erreicht, kommt man an einem Campingplatz vorbei, der sich zwischen Strand und Bäumen über 600 m parallel zur Straße erstreckt. Das ehemalige Lotsendorf Thiessow, an drei Seiten von Wasser umgeben, wirkt wenig anheimelnd: Einfache Wohnhäuser säumen die Durchgangsstraße, nur noch zwei Fach- |

werkhäuser mit Walmdach stammen aus der Zeit um 1800, doch gilt Thiessows Luft als die gesündeste Rügens, da hier beinahe ununterbrochen eine leicht salzhaltige Brise weht. Am 38 m hohen Lotsenberg auf dem östlich in die See ragenden Südperd kann man mit gutem Willen noch die Reste der von den Schweden 1712 angelegten Schanzen erkennen. Bis in die Zwanzigerjahre des letzten Jahrhunderts war es eine der Hauptaufgaben der Dorfbewohner, die ortsfremden Schiffe an den Sandbänken vorbei nach Stralsund zu lotsen. Der kilometerlange Strand an der Ostküste des Mönchguts endet kurz vor Thiessow. Im Westen befindet sich hinter der Bebauung ebenfalls ein Strandabschnitt, der besonders bei Surfern beliebt ist. Zum Südstrand, der allerdings zum Baden nicht geeignet ist, gelangt man, wenn man am Ortsende hinter der Fischerklause nach links abbiegt. Auf einem kleinen Deich kann man hier spazieren gehen.

Groß Zicker (Fortsetzung)

Auf halbem Weg zwischen Thiessow und dem Thiessower Ortsteil Klein Zicker liegt linker Hand ein einsamer Campingplatz, die "Surf-Oase". Die vielen Surfbretter am Strand zeigen, dass dieser Name zu Recht gewählt ist, da die Bretter bei dem Wellengang hier an der Südspitze des Mönchguts oft zum Einsatz kommen können. Klein Zicker besteht im Wesentlichen aus drei Dutzend neu gebauten Häusern und mehreren alten, rohrgedeckten Fischerhäusern in der "Dörpstrat". Ein Rundwanderweg führt über den Klein-Zicker-Berg mit herrlichen Ausblicken über den Greifswalder Bodden und den Zickersee. Auf der Boddenseite gibt es einen sehr schönen Badestrand.

Klein Zicker

Neu Mukran · Feuersteinfelder   E 3

Höhe: 10 – 20 m ü. d. M.
Einwohnerzahl: 200

Neu Mukran, im Norden der Schmalen Heide zwischen Binz und Sassnitz bzw. am südlichen Rand der Halbinsel Jasmund gelegen, besteht neben einer Handvoll Häusern entlang der Durchgangsstraße im Wesentlichen aus einem riesigen Fährhafen. Über Neu Mukran läuft seit Mitte der 1980er-Jahre der Eisenbahngüterverkehr nach Skandinavien, Russland und in die baltischen Staaten. Touristisch interessant sind hier die berühmten Feuersteinfelder, eine geologische Besonderheit auf Rügen, zu denen ein schöner Wanderweg von Neu Mukran aus führt.

Lage und Bedeutung

Im Westen von Neu Mukran dehnen sich Sümpfe um den Kleinen und Großen Wostevitzer Teich aus, im Süden und Südwesten beginnt das Waldgebiet, durch das man zu den Feuersteinfeldern gelangt. Wenn man von Binz nach Neu Mukran fährt, dominiert aber zunächst der große Fährhafen, der mit den vielen Gleisen, grauen Mauern und Gebäuden und den zahllosen Oberleitungen die Gegend nicht gerade verschönert. Südlich von Neu Mukran beginnt der kilometerlange Sandstrand, der sich bis Binz erstreckt. Hier, nahe des Fährhafens, ist Baden allerdings nicht empfehlenswert. Dazu sollte man sich ein paar Hundert Meter weiter nach Süden auf die Schmale Heide bei ▶ Prora begeben.

Landschaftsbild

129

Das steinerne Meer von Rügen: die Feuersteinfelder bei Neu Mukran

***Feuer-
steinfelder**

Die Feuersteinfelder von Neu Mukran sind ein einzigartiges Natur-phänomen in Europa. Ein Wanderweg führt durch einen Kiefern-wald zu dem Gebiet, allerdings ist der größte Teil der Felder natur-geschützt und daher nicht zugänglich. Feuerstein, auch Flint ge-nannt, ist ein grauschwarzes Gestein aus Chalzedon und einge-schlossenen Opalresten. Mehrere Meter mächtige Steinwälle von etwa zwei Kilometern Länge und insgesamt 350 m Breite wurden hier vor etwa 5000 Jahren aufgeworfen. Ein großer Teil der Wälle ist allerdings nicht sichtbar, da sie in Richtung Ostsee mit Sand be-deckt und von Kiefern bewachsen sind; nur in dem heute geschütz-ten Gebiet liegen die Wälle frei. Die weitere Ausbreitung des Wal-des oder eine Überwucherung der Felder mit Heide und Gebüschen verhindern die gefräßigen Mufflons sowie Rot- und Schwarzwild, das man in dem eingezäunten Gebiet ausgesetzt hat. Hier gibt es auch Kreuzottern und Schlingnattern.

Vor etwa 4000 Jahren wurde das Gestein durch starke Sturmfluten von der Küste Jasmunds losgerissen und dann hier aufgeworfen. Die Feuersteinvorkommen waren für die Besiedlung Rügens von großer Bedeutung: Feuerstein diente in der Steinzeit zur Herstel-lung von Waffen und Werkzeugen und zum Feuermachen, indem man sie aneinanderschlug.

**Wanderung
zu den Feuer-
steinfeldern**

Von Binz kommend, beginnt man den knapp 4 km langen Hin- und Rückweg zu den Feuersteinfeldern bei einem Parkplatz kurz vor Neu Mukran. Der ausgeschilderte Weg verläuft durch den Kiefern-wald. Über eine Brücke überquert man die Bahngleise, und plötz-lich steht man in dem "Steinernen Meer". Da der größte Teil des Gebietes eingezäunt ist, begibt man sich am besten am Gatter ent-lang zum Hochsitz, von dem aus man einen Teil der Felder überblicken kann. Zwischen den Bändern aus schwarzweißem Feuerstein wachsen Wacholder, Heidekraut, Heckenrosen und wilde Obstbäume. Wer geduldig im Geröll sucht, wird hier auch einige der so genannten Hühnergötter, durchlöcherte Feuersteine, finden (▶ Baedeker Special S. 184).

Feuerstein-felder (Fts.)

Poseritz · Gustow   C 4

Höhe: 20 – 31 m ü. d. M.
Einwohnerzahl: 1250 (Poseritz) und 650 (Gustow)

An der Deutschen Alleenstraße, die von Rheinsberg über Stralsund bis nach Sellin führt, liegen auch die beiden kleinen Orte Poseritz und Gustow im Südwesten Rügens. Man passiert sie, wenn man nach der Überquerung des Rügendamms nicht auf der viel befahrenen B 96 Richtung Bergen weiterfährt, sondern nach rechts auf die weniger frequentierte Alleenstraße in Richtung Garz und Putbus abbiegt. Poseritz und Gustow sind unscheinbare Dörfchen, haben aber sehenswerte Kirchen aus dem 13. beziehungsweise aus dem 14. Jahrhundert.

Lage und Bedeutung

Im kleinen Poseritz angelangt, staunt man über die Größe der schönen gotischen Backsteinkirche und ihre Ausstattung. Aufgrund ihrer Lage auf einem Hügel wirkt sie inmitten des kleinen Dorfes noch imposanter. Schriftlich erwähnt wurde Poseritz erstmals im Jahr 1313. Mit der Errichtung des gewölbten Langhauses der St. Marienkirche wurde bereits um 1300 begonnen. Um das Jahr 1400 wurden der Chor und die Sakristei, um 1450 der Westturm angefügt. Der Fußboden des Chors besteht zum Teil aus Grabplatten aus dem 14. bis 19. Jahrhundert. Der barocke Hauptaltar wurde im Jahr 1703 gefertigt, die Rokokokanzel mit Schalldeckel 1755 von dem Stralsunder N. J. Freese. Das Taufbecken ist ein Werk aus dem 14. Jahrhundert, im 15. Jahrhundert entstand die kleine Kreuzigungsgruppe, aus dem 16. Jahrhundert stammt die große Triumphkreuzgruppe.
Zwei Gasthäuser bieten in Poseritz Unterkünfte für Touristen an.

Poseritz St. Marienkirche

4,5 km westlich von Poseritz liegt das Dörfchen Gustow, das seit 1314 urkundlich bezeugt ist. Die im 13. / 14. Jh. errichtete einschiffige Kirche erhielt Mitte des 19. Jh.s den hölzernen Glockenstuhl. Der gewölbte Innenraum weist Wandmalereien vom Beginn des 15. Jh.s auf, u. a. mit Darstellungen von Petrus, Paulus, Jakobus d. Ä. und Georg mit dem Wappenschild. Die Wandmalereien wurden erst während der Renovierung der Kirche im Jahr 1935 freigelegt. Aus der Zeit um 1420 haben sich die Triumphkreuzgruppe, eine Pieta und eine Anna Selbdritt erhalten. Barock sind Altar (1720) und Taufständer (1768), dem Klassizismus zuzurechnen ist die hölzerne Kanzel (1784). Das alte Uhrwerk von 1868 steht als Museumsstück in der Kirche.
Eine Besonderheit Rügens sind die "Mordwangen" genannten Sühnesteine. Nordöstlich der Pfarrkirche ist eine solche spätmittelalterliche Mordwange zur Erinnerung an den Gustower Prediger Thomas Norenberg aufgestellt, der am 19. September 1510 von betrunkenen Bauern erschlagen worden sein soll.

Gustow Pfarrkirche

"Mordwange"

Wanderung von Gustow zu den Prosnitzer Schanzen

Eine schöne, neun Kilometer lange Wanderung führt nach Süden zur Küste des Strelasund, wo man nach Belieben einen Badestopp einlegen kann. Westlich von Gustow kurz vor dem Ortseingang liegt das Hotel und Restaurant "Gutshof Gustow". Hier wendet man sich nach Süden auf die Straße nach Drigge, der man ca. 500 m folgt, bis ein Weg links nach Prosnitz abzweigt. Durch den Ferienkomplex Seeheim hindurch spaziert man auf einem Feldweg zum schilfbewachsenen Ufer des Strelasunds. Hier findet man einige einsame Badestellen. Entlang der Küste nach Osten wandernd, geht man direkt auf die Prosnitzer Schanzen zu. Im Dreißigjährigen Krieg hatten die Schweden die Schanzen anlegen lassen, um die Meerenge zwischen Rügen und dem Festland zu überwachen. Napoleon ließ die Schanzen ausbauen, 1812 errichtete man sogar ein Fort. Der Weg führt an den kleinen bewachsenen Hügeln der ehemaligen Schanzen vorbei zu einem Teich. Hält man sich nun links, erreicht man das Landhaus Prosnitz, ein gutes Ausflugslokal mit Hotel. Von hier aus geht es zurück zum Ferienkomplex Seeheim und von dort wieder nach Gustow.

Prora   E 3

Höhe: 5 m ü. d. M.
Einwohnerzahl: 900

Lage und Bedeutung

Ursprünglich war Prora nur die Bezeichnung für die bewaldete Anhöhe zwischen Binz und Neu Mukran auf der Schmalen Heide. Nachdem von 1936 bis 1939 an einer von den Nationalsozialisten geplanten gigantischen Ferienanlage mit einer Gesamtlänge von 4,5 Kilometern gebaut wurde, ging der Name Prora auf diesen Gebäudekomplex über. Zwar wurde Prora nie fertig gestellt, aber bis heute ragen fünf der ursprünglich acht geplanten, sechsgeschossigen Blöcke der Anlage mit insgesamt 11463 Zimmern am Strand zwischen Binz und Neu Mukran – im weiten Kreisbogen dem Verlauf der Bucht folgend – in die Landschaft. Jeder Trakt hat eine Länge von 500 m, dazwischen sind Durchgänge zum langen, wunderbaren Sandstrand der Prorer Wiek. Nach Ende des Zweiten Weltkriegs

4,5 km lang ist das Gebäude von Prora.

nutzte die Nationale Volksarmee der DDR das riesige Gebäude. **Lage und Bedeutung** (Fts.)
Nach der Wiedervereinigung übernahm die Bundeswehr den
Gebäudekomplex, gab aber schon bald diesen Standort wieder auf.
Zwar wurde Prora 1994 unter Denkmalschutz gestellt, doch die endgültige Nutzung der Anlage ist noch immer ungewiss; zurzeit sind
dort mehrere Museen, Galerien und Cafés untergebracht. Verwal-
tungstechnisch gehört Prora zur Gemeinde Binz.

▶ Baedeker Special S. 134 **Geschichte**

Von Bergen über die B 196a kommend, biegt man bei der Kreuzung **Anfahrt**
Binz / Sassnitz nach links Richtung Sassnitz ab. Nach wenigen
Metern zweigt dann rechts eine kleine Straße nach Binz-Nord ab.
Man überquert die Bahngleise und folgt der Beschilderung zu den
Museen, die alle große Parkplätze haben. Zugänge zum Strand
öffnen sich alle 500 Meter am Ende eines Bauabschnitts bzw. Blocks
dieses riesigen Betonkolosses.

Sehenswertes in Prora

In den letzten Jahren hat sich Block III in Prora als Museums-Meile **Museums-Meile**
etabliert, zu der neben der "Galerie Rügenfreunde" mit Kunstwer-
ken von Malern, Töpfern und Keramikern und dem Grafik-Museum
das Eisenbahn- und Technik-Museum Rügen, die KulturKunststatt
Prora und das Museum zum Anfassen gehören.

Hat man seinen Wagen abgestellt, z.B. auf dem Parkplatz bei der **KulturKunst-statt Prora**
Diskothek "Miami", künden große, bunte Plakate von all den
Museen und ihren Attraktionen, die Prora bietet. Beginnen wir mit
der KulturKunststatt Prora mit Galerie, NVA-, KdF- und Rügen-Mu-
seum im Trakt 3 von Block III.
In der Galerie Rügenfreunde im Erdgeschoss sind in einer ständi- **Galerie Rügenfreunde**
gen Verkaufsausstellung Landschaftsgemälde mit Ansichten von
Rügen von mehr als einem Dutzend zumeist Rügener Maler und
Malerinnen zu sehen sowie einige Vitrinen mit Rügenkeramik, Töp-
ferwaren und Plastiken.
Im Raum nebenan befindet sich das KdF-Museum, das sich der **KdF-Museum**
Geschichte Proras widmet. Das Highlight der Ausstellung, eine 18 m
lange und 2 m tiefe Modellanlage des KdF-Seebades Prora im Maßstab 1 : 250, zeigt, wie der Bau nach den Plänen des Architekten
Clemens Klotz aussehen sollte – denn fertig gestellt wurde das See-
bad schließlich nie. Mit Texten, Fotos und einigen Exponaten ist
die Geschichte des Monumentalbaus von 1936 bis heute über die
Grundsteinlegung, die ursprünglich geplante Einrichtung der Zimmer, die Arbeiten an unterschiedlichen Bauabschnitten und die
Belegung Proras seit 1946 dokumentiert. Ergänzend dazu wird
mehrmals am Tag ein dreißigminütiger Dokumentarfilm über die
Entstehung des "KdF"-Komplexes gezeigt.
In der zweiten und dritten Etage ist das NVA-Museum eingerichtet. **NVA-Museum**
Hier kann man 24 original erhaltene Stuben begutachten, wie sie
von der Nationalen Volksarmee seit den Fünfzigerjahren bis 1990
genutzt wurden. Neben den Offiziers- und Soldatenunterkünften
sind auch Dienstzimmer, Waffenkammer, drei Bibliotheksräume
sowie Schulungs- und Aufenthaltsräume zu besichtigen.

Stein gewordene Geschichte

An einem der schönsten Strände auf Rügen liegt ein Koloss: alt, grau und unansehnlich, zum Teil zerstört, zum Teil verrottet und lange Zeit von der Öffentlichkeit fast vergessen – Prora, das längste Gebäude Europas, ein schier unverwüstliches Zeugnis nationalsozialistischer Gigantomanie.

Prora

Das "größte Strandbad der Welt" sollte es nach Hitlers Vorstellungen werden, die größte Ruine Rügens ist daraus hervorgegangen. Einem gigantischen Wurm gleich, liegt der sechsgeschossige Klotz aus Stahl und Beton in der Bucht zwischen Binz und Neu Mukran, den weiten, sanft geschwungenen Bogen der Küste nachzeichnend. Wegen seiner unglaublichen Länge von 4,5 Kilometern kann man den wuchtigen Koloss in Gänze nur aus der Luft sehen.

"Seebäder der 20 000"

Zwanzigtausend "Volksgenossen" sollten sich hier am Strand tummeln und "Kraft durch Freude" tanken – so hatte sich das Robert Ley, Leiter der nationalsozialistischen Ferienorganisation KdF, vorgestellt. Von seinem Hausarchitekten Clemens Klotz 1935 entworfen, fand schon am 2. Mai 1936 die Grundsteinlegung des "Seebades Prora" statt. Es sollte das Erste von insgesamt fünf an der Nord- und Ostsee geplanten "Seebädern der 20 000" sein. Die Anlage sollte die ersten Wellenschwimmbäder Europas, einen Aussichtsturm und mehrere Seebrücken erhalten; auch sollten auf der Seeseite alle 500 m schiffsbugartige Gemeinschaftshäuser mit Restaurants und Kegelbahnen entstehen. Drei Jahre später stand der Rohbau des Betonkolosses: acht sog. Bettenhäuser von jeweils 500 m Länge, jedes unterteilt durch zehn hervorstehende Treppenhausblöcke. Die Krönung dieser architektonischen Schöpfung aber sollte – exakt in der Mittelachse der symmetrischen Betonburg – eine gigantische Festhalle für 20 000 Personen und ein 400 m breiter Fest- und Aufmarschplatz werden. Die monumentale Anlage und die Menschenmassen, die durch Hitlers Willen hier versammelt worden wären, sollten eine Demonstration der Macht sein und sind Ausdruck des nationalsozialistischen Willens zur Uniformität. Doch der Ausbruch des Zweiten Weltkriegs verhinderte die Fertigstellung der Bettenburg – die zeitweilig über 5000 Arbeitskräfte wurden eilig abgezogen und in die Kriegswirtschaft eingesetzt. Statt Waschbecken zu montieren und Wände zu verputzen, bauten die Arbeiter nun die Raketenabschussrampen in Peenemünde.

Vom Urlaubshotel zur Kaserne

Während des Krieges wurden in den zum Teil behelfsmäßig ausgebauten Bettenhäusern Hamburger Bombenopfer und Flüchtlinge aus Ostpreußen einquartiert. Mit der Roten Armee kamen dann von 1945 bis 1949 Demontage und Plünderung, schließlich der Versuch, dieses Symbol der Naziherrschaft zu sprengen. Doch Stahl und Beton hielten stand, nur einige Decken und Treppenhäuser brachen ein. Schließlich erkannte man, dass die abgeschiedene Lage des Gebäudes sowie dessen architektonischen Gegebenhei-ten – Tausende gleichförmige, jeweils 12 m² große Zimmer, breite Treppenhäuser, lange Korridore – die besten Voraussetzungen für eine Nutzung als Kaserne boten. So zog 1950 die Kasernierte Volkspolizei, die Vorläuferin der Nationalen Volksarmee (NVA), in das Gebäude ein. Die Straße zwischen Binz und Sassnitz wurde für die Öffentlichkeit gesperrt und das Gelände zum militärischen Sperrgebiet erklärt. Statt Touristen trabten nun Soldaten über den weißen Sandstrand, Geschützdonner hallte durch die Bucht und Kettenfahrzeuge rollten über die Dünen. Mit der Abschottung

jahren kam dann der Wandel vom Kampftruppenstandort zum Schulungsort für Soldaten, Offiziere und seit den Achtzigerjahren auch für ausländisches Militär. Nach der Wende übernahm für kurze Zeit die Bundeswehr das ganze Gelände.

KulturKunststatt Prora

Seit der Wiedervereinigung stellt sich die Frage, was man nun anfangen soll mit dieser Stein gewordenen deutschen Geschichte: Verkaufen, vermieten, umbauen, alles

Denkmal- und Naturschützer jahrelang einen heftigen Kampf um den Betonklotz, der 1994 durch die Erklärung Proras zum Denkmalschutzobjekt unterbrochen wurde, wobei nicht ganz klar ist, was es denn nun bei einem unvollendet gebliebenen Bauwerk zu bewahren gilt und wem oder was man denn gedenken soll. Abgelehnt wurde immerhin der Vorschlag einer dänischen Architekturfirma, Prora in ein "Spaßbad" mit Hotels und Kongresszentrum umzuwandeln, ebenso der Plan, den Komplex entsprechend der Ursprungsidee in eine billige Bettenburg zu verwandeln. Vor allem die Binzer fürchten den Massentourismus, der ihnen die Urlauber abspenstig machen könnte. Über Proras Zukunft ist

Schier endlos zieht sich das ehemalige KdF-Gebäude Prora entlang der Schmalen Heide.

gegen die Zivilbevölkerung war nun aber auch der Legendenbildung Tür und Tor geöffnet: Man munkelte beispielsweise, im Keller von Prora befände sich ein U-Boot-Standort. 1956 übernahm die NVA das Gelände und stationierte hier zwischenzeitlich bis zu 15 000 Soldaten. In den Sechziger-

einfach zuwuchern und verrotten lassen? Oder Prora teilweise oder gleich ganz abreißen – und sich damit nicht nur ein unliebsames Erbe des "Dritten Reiches", sondern zugleich auch ein Denkmal der DDR vom Hals schaffen? Schließlich kostet die Unterhaltung Proras jährlich über fünf Millionen Mark. So fochten Behörden, Parteien, Privatinvestoren, Binzer Bürger und

zwar noch immer nicht endgültig entschieden, doch hat sich hier in den letzten Jahren eine Museums-Meile etabliert, die neben Restaurants, einem Wiener Kaffeehaus und Galerien mehrere Museen beherbergt, darunter die KulturKunststatt Prora mit der Galerie Rügenfreunde sowie dem KdF-, NVA- und Rügen-Museum und das hochinteressante Museum zum Anfassen.

Rügen-Museum

Das Rügen-Museum in der vierten und fünften Etage beschäftigt sich mit der Insel und seiner Geschichte. Vier Modellanlagen zeigen wie Rügen zur Zeit der Schweden- und Preußenherrschaft ausgesehen hat oder wie sich die Insel vor Hochwasser schützt. Bilder und Dokumente über die Hanse und über Rügens Schlösser und Herrenhäuser ergänzen diese Ausstellung. Daneben zeigen mehrere Sonderausstellungen z.B. ein original rekonstruiertes "KdF-Urlauber-Zimmer", eine Schiffsmodelle-Schau oder informieren über den Bau des neuen Fährhafens Sassnitz in Neu Mukran.

Wiener Kaffeehaus

Originales KdF-Hotelzimmer

Im Wiener Kaffeehaus mit Schönbrunner Kaffeestüberl und Grinzinger Weinlaube, ebenfalls im fünften Stock untergebracht, kann man sich mit deftiger Heurigenkost für die nächste Etappe der Museums-Tour stärken. (Die KulturKunststatt Prora, ☎ 03 83 93 / 3 26 96, hat geöffnet von April – Sept. tgl. 10 00 – 18 00, Okt. – März tgl. 10 00 – 16 00 Uhr.)

Museum zum Anfassen

Nur wenige Meter neben der KulturKunststatt befindet sich das Museum zum Anfassen. Es versteht sich als "neuartiges Erlebnismuseum mit Elektronik dahinter". Auf mehreren Etagen werden den Besuchern die unterschiedlichsten technischen Errungenschaften des 19. und 20. Jh.s aus den Bereichen Elektronik, Optik, Mechanik und Energietechnik vorgestellt und erklärt. Doch die einzelnen Exponate sollen nicht nur betrachtet, sondern wirklich mit allen Sinnen "erlebt" werden: In zahlreichen physikalischen Experimenten kann der Besucher das Foucaultsche Pendel schwingen, einen Düsenmotor aufheulen oder sich von einer Alarmanlage erwischen lassen, man kann Klänge sichtbar machen oder darüber rätseln, warum einer der beiden gleich schweren Kugeln schneller als die andere eine Ebene runterrollt. Die fast zwei Dutzend Räume im ersten und zweiten Obergeschoss sind dem "Jahrhundert des Wissens" mit all seinen Erfolgen, Irrtümern und Problemen gewidmet. Hier erfährt man, ebenfalls experimentell, wie ein Fernsehbild entsteht oder ein Kraftwerk funktioniert, wie eine Rakete fliegt und wie ein Hologramm erzeugt wird. Inte-ressanter und kurzweiliger können Groß und Klein, Jung und Alt wohl kaum in die Welt der Physik eintauchen. Überall blinkt und blitzt es, aus fast jedem Raum dringen schrille, kreischende oder brummende Geräusche. Immer gibt es etwas zu tun und zu

136

hantieren, hier müssen Knöpfe gedrückt, dort ein Schalter umgelegt werden, dies noch schnell angefasst, das noch kurz ausprobiert werden. Irgendwelche Vorkenntnisse sind in diesem Museum nicht nötig, denn auch höchst komplexe Probleme und Zusammenhänge werden einfach und anschaulich erklärt. Das einzige, was jeder Besucher mitbringen sollte, ist Zeit. Viel Zeit. Hat einen die Experimentierlust erst einmal gepackt, kann man sich von der hier präsentierten Welt der Technik nur sehr schwer wieder losreißen.

Museum zum Anfassen (Fts.)

Mannschaftsunterkunft der NVA

Gemächlicher geht's im Historischen Prora-Museum zu, einem weiteren, Ausstellungsbereich. Hier kann man sich über die Geschichte des Baus und der Nutzung der gigantischen, nie fertig gestellten Ferienanlage informieren und nachlesen, "warum das NS-System nicht funktionieren konnte".

Historisches Prora-Museum

Dass man sich auf einer Insel mit dem "Lebensstoff" Wasser auseinander setzt, ist recht nahe liegend. Wie das aber in der im Erdgeschoss des Museums zum Anfassen aufgebauten Wasserwelt geschieht, ist faszinierend. Ebenfalls spielerisch und experimentell, höchst interessant und informativ wird

Wasserwelt Prora

Prora

das Thema Wasser präsentiert. So erfährt man in kleinen Experimenten und Versuchsanordnungen etwas über die physikalischen und chemischen Eigenschaften des Wassers, über Pumpen, Schleusen und Strudel; in einer Ecke kann man Taucherausrüstungen unter die Lupe nehmen, in einer Nische stehen historische Badezuber, und zwischendurch verwandelt man sich in einen Kapitän und darf den Modellboot-Ozean unsicher machen.
(Das Museum zum Anfassen, ☎ 03 83 93 / 3 26 40, hat geöffnet von April – Sept. tgl. 10⁰⁰ – 18⁰⁰, Okt. – März tgl. 10⁰⁰ – 16⁰⁰ Uhr.)

Gleich neben dem Museum zum Anfassen befindet sich das Grafik-Museum. Hier präsentieren die Hamburger Carin und Carl Vogel in zwei Ausstellungen ihre 4000 Grafiken umfassende Sammlung, darunter Werke von Ernst Barlach, Otto Dix, Käthe Kollwitz, Hans Arp, HAP Grieshaber, Joseph Beuys und Horst Janssen. Die Ausstellung "Der Zweite Blick" zeigt deutsche Druckgrafik vor 1945, "Der Weite Blick" versammelt internationale Druckgrafik nach 1945 (☎ 03 83 93 / 3 79 31 31; geöffnet 1. April bis 10. Okt. Di. – So. 11⁰⁰ – 17⁰⁰, 11. Okt. bis 31. März Di. – So. 10⁰⁰ – 15⁰⁰ Uhr).

Grafik-Museum

Das Eisenbahn- und Technik-Museum besitzt auch eine beeindruckende Sammlung alter Feuerwehrautos.

Eisenbahn- und Technik-Museum

Den einen überkommen nostalgische Gefühle und Kindheitserinnerungen, ein anderer forscht nach technischen Details, ein Dritter staunt über die manchmal monströs anmutenden Maschinen – fasziniert von den oft riesigen, zig Tonnen schweren Exponaten ist aber jeder Besucher des Eisenbahn- und Technik-Museums in gleichem Maße. In den beiden Hallen und auf dem riesigen Freigelände des ganz in der Nähe des Bahnhofs Prora gelegenen Museums ist eine beeindruckende Sammlung alter Lokomotiven, PKWs, Lastwagen und Feuerwehrautos zu sehen. Und immer mal wieder kommt eine Lok, ein alter Lastwagen oder ein Oldtimer hinzu. Fast alle der in mühevoller Kleinarbeit reparierten und restaurierten Fahrzeuge stammen aus Deutschland. Frisch poliert funkeln die Dampfrösser und Oldtimer in alter Pracht. In einer der Hallen stehen gigantische Lokomotiven: bis zu 150 t schwere Dampfloks, Diesel- und E-Loks und als Rarität eine Dampfschneeschleuder von 1930, die einzig erhaltene dieser Art, die bis in die 1990er-Jahre mit Schneeschippen beschäftigt war. Das kleinste Schienenfahrzeug des Museums ist eine Handhebel-Draisine aus dem Jahr 1905, deren Funktionstüchtigkeit auf einem eigens ausgelegten Schienenstrang von jedermann überprüft werden darf. In der in vier Räume unterteilten Halle links des Eingangs sind Oldtimer, darunter ein Borgward Baujahr 1959 und ein Wolga M 21 von 1966, sowie alte Motorräder untergebracht. Zwei der Räume stehen voller alter LKWs und Feuerwehrautos, darunter der seltene "Dennis Pumper", ein Feuerwehrwagen aus Sheffield in England, und ein Opel-Blitz von 1941, der noch bis 1992 in Seedorf im Einsatz war (☎ 03 83 93 / 23 66; geöffnet April – Okt. tgl. 10 00 – 17 00 Uhr).

138

Höhe: 20 – 30 m ü. d. M.
Einwohnerzahl: 5000

Die "weiße Stadt", so genannt wegen des ursprünglich strahlend weißen Anstrichs sämtlicher Gebäude, liegt, eingebettet im Biosphärenreservat Südost-Rügen, etwa 8 km südwestlich von Bergen nahe der Südküste Rügens. Anfang des 19. Jh.s wurde Putbus als fürstliche Residenzstadt mit Schloss und Schlosspark angelegt, zugleich sollte die Stadt aber auch als eleganter Badeort Sommergäste anziehen. Die See war schließlich nur 3 km entfernt, und ein repräsentatives Badehaus im südlich gelegenen Lauterbach sollte das Angebot für Badegäste abrunden. Wenn der Stadt Putbus auch nur eine kurze Zeit als Badeort beschieden war, so sind doch die geometrische Anlage der Stadt, die klassizistische Architektur der Gebäude und der riesige Schlosspark bis heute beeindruckend und ein Anziehungspunkt für viele Urlauber.

Lage und Bedeutung

Die auf dem Reißbrett entstandene Stadt hat etwas Faszinierendes und zugleich etwas Ernüchterndes. Diesen Eindruck gewinnt man besonders auf dem so genannten Circus, dem als kreisrunden Platz angelegten architektonischen Mittelpunkt der Stadt mit den ihn umgebenden klassizistischen weißen Gebäuden: ein reizvolles Ensemble, das jedoch gleichwohl die Atmosphäre eines Stadtzentrums vermissen lässt, da es weder gemütliche Ecken zum Sitzen noch Geschäfte, Cafés oder Ähnliches gibt, was dem Platz Leben

**Stadtbild

Putbus

Der Circus mit dem leuchtend weißen, klassizistischen Häuserensemble ist das Herzstück des ehemaligen Residenzstädtchens Putbus.

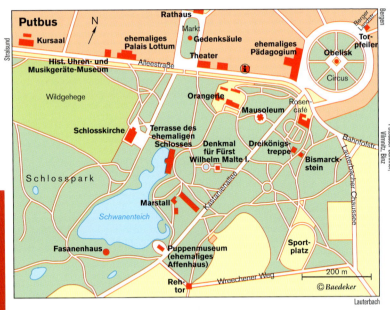

Stadtbild
(Fortsetzung)

einhauchen würde. Überhaupt fehlen Einkaufsmöglichkeiten in Putbus, nur einige wenige Läden sind um den Marktplatz gruppiert, die Einwohner fahren zum Shopping meist nach Bergen. Ihren unverwechselbaren Charme erhält die Stadt allerdings durch den wunderbar weitläufigen Schlosspark mit seinen vielen Spazierwegen, dem großen Teich, dem Wildgehege, verschiedenen sehenswerten Gebäuden – Marstall, Orangerie, Schlosskirche und Rosencafé – und dem ehemaligen Affenhaus, in dem heute ein hübsches Puppen- und Spielzeugmuseum untergebracht ist.

Geschichte

Der Name Putbus ist slawischen Ursprungs und bedeutet so viel wie "hinter dem Fliederbusch". Bereits im 14. Jh. erschienen in den Urkunden die Grafen von Putbus als Herren des Ortes. Die Nachkommen des rügenschen Fürstengeschlechts gehörten zu den größten Grundbesitzern auf der Insel. Ein Steinhaus, das später auch als Schloss bezeichnet wird, ist erstmals 1371 bezeugt. Im 18. Jh. wurde es umgebaut und ein barocker Park als Lustgarten angelegt. 1808 beschloss Fürst Wilhelm Malte I., Putbus zur Residenzstadt auszubauen. Als Vorbild diente Bad Doberan, eine Mischung aus herzoglichem Sommerwohnsitz und Badeort. Damit Putbus den Anforderungen der feinen Gesellschaft genügen konnte, verlegte man als Erstes die Brauerei, die sich in der Nähe des Barockschlosses befand. Der Lustgarten wurde nach und nach in einen Landschaftspark verwandelt und mit verschiedenen Gebäuden bestückt, er reichte bis an die Landstraße nach Garz. Jenseits der Landstraße begann die Bürgerstadt, in der sich auf Fürst Maltes Aufruf hin Handwerker und Tagelöhner niederließen. 1823 erhielt Putbus das

Stadtrecht, zwei Jahre später entstand der Marktplatz. Für die Bade-gäste wurde u. a. ein Theater und ein Kursalon gebaut. In dem Fischerdorf Lauterbach, 3 km von Putbus entfernt, ließ Fürst Malte ein klassizistisches Badehaus errichten. Um die Jahrhundertmitte standen alle wichtigen Bauten des städtischen Ensembles, doch die Karriere von Putbus als Badeort hielt nicht lange an. Schon in den 80er-Jahren des 19. Jh.s hatte Sassnitz, das mit seiner Lage am offe-nen Meer und einem Strand vor der Haustür aufwarten konnte, Putbus den Rang als Badeort abgelaufen (▶ Baedeker Special S. 76). Zu DDR-Zeiten versperrte die Staatsideologie den wertschätzenden Blick auf die klassizistische Residenz – nichts brachte diese Hal-tung deutlicher zum Ausdruck als der Abbruch des Schlosses im Jahr 1960. Seit den 1990er-Jahren wird in Putbus nicht mehr abge-rissen, sondern renoviert; doch die Schäden einer jahrzehntelan-gen Vernachlässigung zu beseitigen, wird noch einige Zeit dauern.

Sehenswertes in Putbus

Das Herzstück der Stadtanlage bildet der Circus, ein kreisrunder, leicht abfallender Platz, umsäumt von freistehenden, zwei- bis drei-geschossigen Häusern. Das strahlende Weiß ihrer klassizistischen Fassaden trug Putbus einst den Beinamen "weiße Stadt" ein. Heute ist der Glanz zwar etwas verblasst, aber immer noch spürbar, da inzwischen einige Gebäude des 16 Häuser umfassenden Ensembles renoviert und frisch gestrichen wurden. Zurzeit wird das Haus Cir-cus 1, das sog. Kronprinzenpalais, von Grund auf saniert. In dem Gebäude wird das neue Putbus-Museum eingerichtet, das über die Entwicklung der Stadt in der ersten Hälfte des 19. Jh.s sowie über den Stadtgründer Fürst Wilhelm Malte I. und über das einstige Schloss informiert. Acht eichengesäumte Wege führen auf den seit 1845 in der Platzmitte stehenden Obelisken zu, der an Fürst Malte erinnert, dessen Fürstenkrone die Spitze des Steins ziert.

*Circus

Das Haus Circus 8 wurde 1845 – manche Quellen sprechen von 1855 – als letztes der um den Platz gebauten Häuser errichtet. Bedeu-tung hat das Gebäude wegen seiner klassizistischen Architektur, die sich noch in das Ensemble einreiht, doch mit der Leichtigkeit der Fassade das Ende der Epoche ahnen lässt. In dem heute als "Haus des Gastes" genutzen Gebäude befindet sich ein Café und eine Galerie, die wechselnde Kunstausstellungen zeigt sowie eine ständige Ausstellung von DDR-Spielzeug.

"Haus des Gastes"

Das große Gebäude an der Einmündung der Alleestraße war als Pädagogium für adelige Sprösslinge geplant, doch das Konzept für diese "Eliteschule" wurde vom preußischen König nur in ab-geschwächter Form gebilligt. Während des Nationalsozialismus wurde das Pädagogium als "Nationalpolitische Erziehungsanstalt" genutzt. Heute ist darin eine Schwerhörigenschule untergebracht. Der Torpfeiler im Norden des "Circus" stammt von 1840. Wandert man um den Platz herum, eröffnen sich immer wieder Durchsich-ten auf die Boddenlandschaft.

Ehemaliges
Pädagogium

Die vom Circus wegführende Alleestraße ist die städtische Haupt-achse und zugleich die Nahtstelle zwischen Bürgerstadt und Schlosspark. Die alten Linden, die den Weg seit 1735 säumten, mussten Mitte der 1980er-Jahre durch neue ersetzt werden.

Alleestraße

Orangerie

Etwas von der Alleestraße zurückversetzt liegt die ehemalige Orangerie am Rande des Schlossparks. Orangerien baute man ursprünglich als Überwinterungsstätten für Pflanzen. Seit dem 17. Jh. waren Orangerien Teil von barocken Schlossanlagen, so auch in Putbus, wo man sie 1816 bis 1818 erbaute. 1853 gestaltete man sie nach Plänen des Berliner Architekten F. A. Stüler um. Heute wird die Orangerie in erster Linie für Kunstausstellungen genutzt. Die beiden Löwen vor der gartenseitigen Glasfassade standen ursprünglich zu beiden Seiten des Schlossportals (Alleestr. 35, ☎ 03 83 01 / 745, geöffnet Jan. – April Di. bis So. 11⁰⁰ – 16⁰⁰, Mai bis Sept. tgl. 11⁰⁰ – 17⁰⁰, Okt. – Dez. Di. – So. 11⁰⁰ bis 16⁰⁰ Uhr).

Baedeker TIPP ▸ HILs Tusculum

Seinem Ruf als Rügens Kulturhauptstadt wird Putbus mit seinen Galerien in der Orangerie mehr als gerecht. Neben wechselnden Ausstellungen mit Werken einheimischer Künstler kommen Kunstliebhaber auch in den Genuss der Wiesbadener "Tusculum-Galerie" aus der Sammlung von Barbara und Heinz Nied. Präsentiert werden Arbeiten des 1999 verstorbenen letzten aktiven Bauhäuslers Wolf Hildebrandt (HIL).

Dort, wo sich die Alleestraße zum rechteckigen Marktplatz öffnet, steht das einzige Theater Rügens, 1819 bis 1821 nach Plänen von

Theater

Wilhelm Steinbach erbaut. Die drei Eingänge in der Mitte der Hauptfassade sind durch einen giebelbekrönten Säulenportikus akzentuiert. Der farbig unterlegte Stuckfries über den Eingängen zeigt Apoll im Kreis der Musen. Gerhart Hauptmann besuchte von Hiddensee aus gelegentlich Vorstellungen der Putbusser Bühne. Sein 1936 erschienener Roman "Im Wirbel der Berufung" erzählt vom Leben an diesem Theater. In dem umfassend renovierten klassizistischen Bau bieten regelmäßig Vorstellungen statt.

Palais Lottum

Geht man die Alleestraße weiter stadtauswärts, kommt man am 1819 erbauten und in den folgenden Jahrzehnten erweiterten und aufgestockten früheren Hotel Fürstenhof vorbei, neben dem das ehemalige Palais Lottum liegt. Ursprünglich als einstöckiges Bedienstetenhaus geplant, wurde das Palais aber noch vor 1820 aufgestockt und als Wohnhaus für die Baronin von Lauterbach hergerichtet. Heute ist hier die Bibliothek untergebracht.

*Historisches Uhren- und Musikgeräte- Museum

Wie schnell doch die Zeit vergeht! In der Alleestraße 13, im Historischen Uhren- und Musikgeräte-Museum, erlebt man dieses Phänomen auf besondere Art, denn die mit Geschichten und Geschichtchen gespickte Führung des ehemaligen Berufsschullehrers Franz Sklorz durch seine Uhrensammlung lässt einen das unaufhörliche Kreisen der Uhrzeiger vergessen. Im Erdgeschoss des frisch renovierten klassizistischen Hauses von 1815 hat sich der gebürtige Schlesier einen Traum erfüllt und präsentiert 600 seiner über 1000 Exponate umfassenden Sammlung. Auf 130 m² Ausstellungsfläche, verteilt auf 7 Räume, gibt's alle möglichen und unmöglichen Uhren aus dem 15. – 20. Jh. zu sehen: Taschenuhren, Wanduhren, Standuhren, Kuckucksuhren, Bilderuhren, Sonnenuhren... Ein Raum ist der Musikgerätesammlung mit funktionstüchtigen Spieluhren, Grammophonen und Polyphonen vorbehalten. Wer möchte, darf auch die Werkstatt besichtigen, in der Franz Sklorz mit filigranem Werkzeug seine Schätze repariert und auf Hochglanz poliert (03 08 01 / 6 09 88; geöffnet Mai – Okt. tgl. 10⁰⁰ – 18⁰⁰, Nov. – April tgl. 11⁰⁰ bis 17⁰⁰ Uhr).

Gegenüber dem Wildgehege liegt der monumentale Kursaal, der 1907 nach einem Brand an Stelle eines eleganten Holzbaus von 1889 errichtet wurde. Wie das heute leer stehende Gebäude genutzt werden soll, ist noch nicht entschieden.

Die Hauptattraktion von Putbus ist der 7,5 Quadratkilometer große Schlosspark, den Fürst Wilhelm Malte I. zwischen 1804 und 1830 an Stelle eines barocken Lustgartens im Stil eines englischen Land-schaftsgartens anlegen ließ. Mehrere Teiche, hohe alte Bäume, da-runter auch dendrologische Kostbarkeiten, in die Landschaft einge-bettete, teils fast versteckt liegende Gebäude und ein 7,5 ha großes Wildgehege mit Rot- und Damwild verweisen auf das Vorbild der englischen Landschaftsgärten. Von den ursprünglichen Parkbau-ten, nach den Plänen der Berliner Architekten August Stüler und Johann Gottfried Steinmeyer in der ersten Hälfte des 19. Jh.s ent-standen, sind die Orangerie, das Mausoleum, die Schlosskirche, der Marstall, das Affenhaus sowie die ehemalige Villa Löwenstein, das heutige Rosencafé, erhalten. Das achteckige Fasanenhaus beim Schwanenteich ist mittlerweile nur noch eine Ruine.

Vom Herzstück des Parks, dem Schloss der Fürsten zu Putbus, exis- tiert nur noch die Schlossterrasse am Schwanenteich. Den aus ei- ner Renaissanceanlage hervorgegangenen Barockbau hatte Johann Gottfried Steinmeyer von 1827 bis 1833 klassizistisch erneuert und erweitert, u. a. durch einen großen Säulenportikus an der Eingangs-seite. Nachdem 1865 ein Brand das Gebäude fast völlig zerstört hatte, wurde es in den 1870er-Jahren wieder aufgebaut und diente bis 1945 der fürstlichen Familie als Wohnsitz. Obwohl nach dem Krieg verschiedene Institutionen die Räume des Schlosses nutzten, verfiel der Prunkbau zusehends. Als 1960 das Dach des nur knapp 100 Jahre alten Bauwerks undicht wurde, sprengte man Rügens größten und bedeutendsten Profanbau kurzerhand in die Luft.

Der Schlossterrasse gegenüber, auf der anderen Seite des Schwanen- teichs, liegt inmitten von hohen Bäumen die 1844 bis 1846 nach Plänen von August Stüler und Johann Gottfried Steinmeyer erbau-te, gut erhaltene Schlosskirche. Der spätklassizistische Backstein-bau entspricht so gar nicht unserer Vorstellung von einem Sakral-bau, da das Gebäude ursprünglich als Kursalon mit Tanzsaal ge-plant war. In der Tat wurde der Bau zunächst als Speise-, Spiel- und Tanzsalon für die Badegäste genutzt. Aus dieser Zeit stammt auch die Spiegeldecke des großen Saals. Erst 1891 entschloss man sich, das Gebäude als Kirche zu nutzen, da Putbus bisher lediglich eine Kapelle besaß. Zu diesem Zweck entfernte man u. a. die seitlichen Obergeschosse, wodurch das Gebäude einen basilikalen Quer-schnitt erhielt. Die Bildnisse der Fürsten Wilhelm Malte I. und Wil-helm Malte II. stammen aus dem Schloss, das als Altarblatt verwen-dete Ölgemälde des Italieners Daniel Crespi (1590 – 1630) stammt aus der Schlosskapelle. In der Kirche finden ständig wechselnde Ausstellungen über Putbus und Umgebung statt.

Nicht weit von der Terrasse des ehemaligen Schlosses entfernt trifft man auf den rekonstruierten lang gestreckten Marstall, der bis an die Kastanienallee heranreicht. Das Gebäude wurde 1821 bis 1824 an der Stelle eines alten Reitstalls errichtet. Der vorwiegend ein-geschossige Bau besitzt hohe Rundbogenfenster und drei große Portale an der Hauptfront und wird heute für kulturelle Veranstal-tungen genutzt.

*Spielzeug- und
Puppenmuseum

Gut 100 m weiter südlich befindet sich das ehemalige Affenhaus, ein um 1830 errichtetes eingeschossiges Gebäude mit einem halbkreisförmigen Eingangsbereich, der heute als Museumscafé dient. Nachdem die Ära als Affenhaus vorbei war, zog die Verwaltung der Grafschaft Putbus und später die Stadtverwaltung in die Räume. Heute ist dort ein Puppen- und Spielzeugmuseum untergebracht. Das liebevoll eingerichtete Museum, das über 400 Puppen, Teddys, Puppenstuben und anderes vornehmlich deutsches und französisches Spielzeug des 19. und frühen 20. Jahrhunderts unter seinem Dach versammelt, ist nicht nur ein Paradies für Kinder. Kindheitserinnerungen werden wach, wenn man die Puppenstuben, Kaufläden und Zinnsoldaten aus verschiedenen Jahrzehnten betrachtet. Aber auch Spielzeugträume, die für die meisten Kinder früher unerfüllt blieben, werden hier wahr: Neben handgedrechseltem Spielzeug aus dem Erzgebirge, französischen Spieluhren und einem hol-

Das Spielzeug- und Puppenmuseum im ehemaligen Affenhaus versammelt Kinderträume aus längst vergangenen Zeiten.

ländischen Kasperletheater aus der Zeit um 1920 findet man in den kleinen, verwinkelten Räumen des Museums verschiedenes elektrisch betriebenes Spielzeug, beispielsweise mechanische Clowns, einen Affen, der nach Einwurf von 50 Pfennigen an einer Stange turnt, wobei lautstarke Musik ertönt, ein bewegliches Kettenkarussel aus den Dreißigerjahren und ein Riesenrad von 1920. Die französische bewegliche Spielzeugguillotine von 1790 war wohl Ausdruck des Zeitgeistes der Revolutionszeit. Einige chinesische und japanische Puppen gehören ebenfalls zu der umfangreichen Spielzeugsammlung (Kastanienallee, ☎ 03 83 01 / 6 09 59, geöffnet tgl. 10⁰⁰ bis 17⁰⁰ Uhr).

Vom Fasanenhaus, das man vom Museum aus erblickt, stehen heute nur noch Ruinen. In dem zweigeschossigen Vogelhaus, 1835 über einem achteckigen Grundriss erbaut, wurden Gold- und Silberfasane gehalten. Später wurde das Gebäude eine Zeit lang als Wohnhaus genutzt.

Fasanenhaus

Essen mit Jules Verne

Es ist, als befinde man sich tatsächlich "20 000 Meilen unter dem Meer" in Käpt'n Nemos U-Boot: Die hervorragend zubereiteten Fischgerichte geraten in dem nach Jules Vernes Roman gestalteten Erlebnisrestaurant Nautilus in Neukamp, in der Nähe von Putbus am Rügischen Bodden gelegen, fast zur Nebensache. Überall gibt's etwas zu entdecken und zu bestaunen. Sogar Nemos Orgel steht da, denn manchmal bittet der Kapitän abends zum Tanz (Dorfstr. 17, ☎ 03 83 01 / 830).

Auf der gegenüberliegenden Seite der Kastanienallee befindet sich das Rehtor, das man nach der Ortsgründung mit bronzenen Rehen versah, die allerdings nach 1945 verschrottet wurden.

Rehtor

Auf der Achse des ehemaligen Schlosses nahe der Kastanienallee erinnert ein Denkmal an den Gründer der Stadt Putbus und Erbauer der Residenz, Fürst Wilhelm Malte I. (1783 – 1854). Die Witwe des Fürsten ließ das 1859 von Friedrich Drake geschaffene Standbild hier aufstellen. Die überlebensgroße Figur steht auf einem hohen reliefgeschmückten Sockel. Eines der Reliefs zeigt den Berliner Architekten Schinkel (▶ Berühmte Persönlichkeiten) – damals die überragende Baumeister-Persönlichkeit in Preußen – zusammen mit einem Maler und einem Bildhauer im Gespräch über den Plan des fürstlichen ▶ Jagdschlosses Granitz.

Malte-Denkmal

Geht man auf der Lindenallee vom Schloss in Richtung "Circus", kommt man zum 1868 errichteten Mausoleum, einem kleinen neogotischen Zentralbau, in dem sich sechs Sarkophage der Fürstenfamilie befinden.

Mausoleum

Dort, wo die Lindenallee auf den "Circus" trifft, ließ Fürst Malte 1828/1829 ein Wohnhaus für den Gärtner des Schlossparks errichten. Später waren in dem Haus auch prominente Gäste untergebracht, wie Otto von Bismarck, der hier den Entwurf der Verfassung des Deutschen Reichs ausarbeitete, und Gerhart Hauptmann. Nachdem hier zwischen 1913 und 1926 die Fürstin Löwenstein wohnte, bürgerte sich der Name "Villa Löwenstein" für das Gebäude ein. Nach 1926 existierte dann dort lange Zeit das "Rosencafé", dessen Name dann auf das Gebäude überging. Heute findet man hier eine Pizzeria. Gleich hinter dem Rosencafé steht die Skulpturengruppe "Windmesser" des Rügener Bildhauers Bernhard Misgajski, das erste Werk eines künftigen Skulpturenparks. Südlich davon schließt der Rosengarten an, der älteste Teil des Schlossparks.

Rosencafé

Von der Terrasse des "Rosencafés" führt eine Pergola mit einer Treppe in den Park, diese nannte man Dreikönigstreppe, nachdem drei Könige zu Besuch bei Fürst Wilhelm Malte I. gewesen waren.

Dreikönigstreppe

Putbus

Schlosspark (Fortsetzung), Bismarckstein

Unweit des Rosencafés sieht man den so genannten Bismarckstein auf einem kleinen Hügel thronen. Der gewaltige Monolith ist der Deckstein eines steinzeitlichen Hünengrabes, den der Fürst von Putbus 1901 aus Binz hierher bringen ließ. Eine 1970 entfernte Inschrift gedachte der "großen Männer" des Deutsch-Französischen Krieges von 1870/1871, darunter auch des ersten Reichskanzlers Otto von Bismarck, woraufhin sich der Name Bismarckstein im Volksmund durchsetzte.

Parkführungen

Von Mitte Mai bis Ende September finden freitags, samstags und sonntags jeweils ab 11³⁰ Uhr ca. 1,5 Stunden dauernde Führungen durch den Schlosspark statt; Auskünfte über die genauen Treffpunkte sowie zu verschiedenen Sonderführungen sind von der Putbus-Information in der Alleestraße (▶ Praktische Informationen S. 203) zu erfahren.

Fahrt mit dem "Rasenden Roland"

Seit 1895 verkehrt die dampflokbetriebene Schmalspurbahn "Rasender Roland" zwischen Putbus und dem Ostseebad Binz. Ein Jahr nach der Jungfernfahrt wurde die Strecke bis nach Sellin und 1899 bis nach Göhren weitergeführt. Heute fährt die Museumseisenbahn und Touristenattraktion, die mit einem gemächlichen Tempo von 30 km/h dahinzockelt, ab Lauterbach (▶ Praktische Informationen S. 226). Für die Fahrt bis Göhren benötigt der "Rasende Roland" etwa 75 Minuten. Unterwegs wird mehrmals angehalten, u.a. auch unterhalb des ▶ Jagdschlosses Granitz und in ▶ Lancken-Granitz. Der Bahnhof von Putbus liegt östlich des "Circus", die Bahnhofstraße führt den Hügel hinab zur Station.

Um den Badetourismus in Putbus anzukurbeln, entstand in der Nachbargemeinde Lauterbach Anfang des 19. Jahrhunderts am Ufer des Rügischen Boddens das klassizistische Badehaus.

Umgebung von Putbus

Was Heiligendamm für Bad Doberan war, sollte Lauterbach für Putbus werden: das Seebad am Meer bzw. am Rügischen Bodden. Eine
Lindenallee verbindet die fürstliche Residenz mit dem knapp 3 km
entfernten ehemaligen Fischerort. Am Ende der Allee am östlichen
Ortsrand von Lauterbach wurde im Auftrag von Fürst Wilhelm Malte I. 1817 / 1818 das Badehaus, das heutige "Haus Goor", errichtet, das
wegen seiner 18 Säulen an einen griechischen Tempel erinnert.
Vom Hafen Lauterbachs aus erreicht man es nach einem zehnminü-
tigen Marsch, wenn man sich
nach Osten wendet, eine Eisen-
bahnbrücke unterquert und am
Waldrand parallel zum Ufer des
Boddens geht. Geradezu majestätisch wirkt der klassizistische
Zweckbau durch die monumentale Säulenvorhalle, die 1830 angefügt wurde. Neben den zehn
Badezellen mit Wannen aus ita-
lienischem Marmor verfügte das
Badehaus auch über Salons,
Gästezimmer und einen riesigen
Speisesaal. Geplant ist nun, in dem Gebäude wieder ein Hotel ein-
zurichten. Der Strand ist hier steinig und für Badegäste heutzutage
nicht mehr sehr einladend. In der Nähe des Badehauses wurde ein
Gedenkstein errichtet, der an die hier ermordeten Häftlinge des
KZs Stuthof erinnert. Hinter dem Gebäude beginnt der 4 km lange
Buchenwald der Goor, der von Wanderwegen durchzogen ist. Geht
man wieder zurück zum Hafen von Lauterbach, kann man von hier
aus eine Rundfahrt um die naturgeschützte Insel ▶ Vilm machen.
An der Straße nach Neuendorf befinden sich einige Restaurants.

Lauterbach

Badehaus

Baedeker TIPP ❭ Hausboote

Im Yachthafen von Lauterbach bietet sich Rügen-
urlaubern ein ganz besonderes Vergnügen, denn
dort kann man sich in einem der Ferienhäuschen
des einzigen schwimmenden Dörfchens Deutschlands nach dem abendlichen Blick über den Rügischen Bodden von sanften Wellen in den Schlaf
wiegen lassen (Im Jaich, Marina Lauterbach, 18581
Putbus, ☎ 03 83 01 / 80 90, FAX 8 09 10).

Putbus

Der südwestlich an Lauterbach anschließende Nachbarort ist ein
stilleres, reizvolles Fleckchen am Rügischen Bodden. Die kopfstein-
gepflasterte Durchgangsstraße, an der rechts und links ein paar
hübsche rohrgedeckte Häuser liegen, führt nach einigen Hundert
Metern nah ans Wasser.

Neuendorf

Etwa 2 km östlich von Putbus, an der Straße nach Sellin, liegt das
malerische Dorf Vilmnitz, heute ein Ortsteil der "weißen Stadt". In
der Pfarrkirche Maria Magdalena, 1249 erbaut, wurden vom 17. bis
zum 19. Jh. die Herren von Putbus beigesetzt. Unter den 27 Prunk-
särgen, die in der Familiengruft unter dem Chor stehen, ist auch
der von Fürst Wilhelm Malte I. In die Gruft kann man nur von
außen durch ein vergittertes Fenster hineinspähen. Um 1600 wurden die beiden gewaltigen Sandstein-Epitaphien im Stil der Spät-
renaissance an der Ostwand des Chors angebracht – damit wurde
der Familie Putbus, der die Gedenksteine gewidmet sind, ein die
Kirche beherrschendes Denkmal gesetzt. Weitere sehenswerte Ausstattungsstücke sind die Kanzel von Hans Broder aus dem Jahr 1708
und ein viergeschossiger frühbarocker Altaraufsatz aus Sandstein,
der vermutlich aus der Werkstatt von Claus Midow stammt und
auf 1603 datiert wird. Auf dem alten Friedhof bei der Kirche stehen
etliche verwitterte Grabsteine und windschiefe Eisenkreuze.

Vilmnitz

Kirche Maria Magdalena

| Vilmnitz (Fortsetzung), Wanderungen | Ein schöner, etwa 10 km langer Wanderweg führt von Putbus über Lauterbach und Neuendorf an der Rügischen Boddenküste entlang bis zum Wreechensee und zurück nach Putbus. Vom "Circus" in Putbus wandert man über die Lauterbacher Chaussee zum Hafen des kleinen Ortes am Bodden. Der Straße in westlicher Richtung folgend, geht Lauterbach fast unmerklich in den verträumten Ort Neuendorf über. In der Nähe des Strandes zweigt in Neuendorf ein Weg (blaue Wandermarkierung) nach Wreechen ab. Von einem Aussichtspunkt, den man kurz darauf erreicht, hat man einen herrlichen Blick über den Bodden und auf die kleine Insel Vilm. An dem mit dem Bodden verbundenen Wreechensee, ein wichtiges Brutgebiet verschiedener Vogelarten, angekommen, geht man entweder über die Brücke weiter am Boddenufer entlang bis Neukamp, einem kleinen Fischerdörfchen mit hübschen rohrgedeckten Häusern, oder man biegt gleich vor dem Wreechensee nach rechts zu dem Ort Wreechen ab. Auf dem Wreecher Weg gelangt man durch Wiesen und Felder zurück nach Putbus. |

Kürzer wird die Wanderung, wenn man den Besuch Lauterbachs auslässt, indem man vom "Circus" in Putbus über die schöne Kastanienallee bis zum Marstall geht, dort nach links in einen der kleinen Parkwege einbiegt und auf diesem am Rehtor vorbei bis Neuendorf spaziert.

Ralswiek   D 3

Höhe: 0 – 51 m ü. d. M.
Einwohnerzahl: 400

| Lage und Bedeutung | In dem Örtchen in der tief eingeschnittenen Ralswieker Bucht des Großen Jasmunder Boddens geht es noch schön geruhsam zu, wenn nicht gerade – von Ende Juni bis Anfang September – die beliebten Störtebeker-Festspiele stattfinden (▶ Baedeker Special S. 149) und am Abend schlagartig Menschenmassen in Ralswiek einfallen. Der kleine Hafen und das Schloss mit großem Landschaftspark auf einer Anhöhe lohnen unbedingt einen Ausflug in den 7 km nördlich von Bergen gelegenen Ort (Abfahrt von der B 96 zwischen Bergen und Sagard). Seit einigen Jahren gibt es hier ein Forschungszentrum der Akademie der Wissenschaften, das sich mit den 1967 entdeckten archäologischen Funden beschäftigt. |

| *Ortsbild | Der verträumte, von Wald umgebene Ort besteht nur aus wenigen Häusern entlang der Durchgangsstraße, die zu dem idyllischen kleinen Segel- und Sportboothafen in der Ralswieker Bucht führt. Hier befinden sich auch zwei Gaststätten. Ein Stück westlich des Hafens sind nahe des Ufers die Kulissen und Tribünen der Störtebeker-Festspiele aufgebaut. Oberhalb des eingezäunten Festspielerrains steigt das Gelände an. Hier liegt das Ralswieker Schloss mitten in einem großen Landschaftspark. |

| Geschichte | Archäologischen Ausgrabungen zufolge befand sich am Ufer des Großen Jasmunder Boddens in der Nähe des heutigen Ralswiek einer der größten Seehandelsplätze der slawischen Ranen. Ralswiek selber gilt als älteste nachgewiesene Siedlung Rügens. Hier soll in slawischer Zeit eine Familie Raleke oder Ralik ihr Unwesen getrie- |

Der Pirat der Ostsee

Rote Flammen schlagen aus den Fischerkaten, Pferde galoppieren quer über den Platz, im Hintergrund donnern die Geschütze der Hansekoggen und Piratenschiffe – Klaus Störtebeker, der Pirat der Ostsee, naht!

Das tut er von Ende Juni bis Anfang September fast jeden Abend, wenn die Dämmerung hereinbricht und das Publikum auf den Tribünen der Freilichtbühne von Ralswiek versammelt ist. Mit großem Aufwand – 20 Schauspieler, über 100 Statisten, 30 Pferde, 4 Koggen und ein großes abschließendes Feuerwerk – werden die Abenteuer des legendären Piraten nachgespielt, die der Autor Kurt Barthel, genannt KuBa, von 1959 bis 1981 hier auf die Bühne brachte, eine Tradition, die 1993 wieder aufgegriffen wurde.

Robin Hood der Ostsee

Der angeblich in Ruschvitz auf Rügen geborene, trinkfeste Klaus Störtebeker ("Stürz-den-Becher") soll zwischen 1390 und 1401 sein Unwesen auf der Nord- und Ostsee getrieben haben. Anfänglich kaperte der Seeräuber dänische Schiffe sozusagen im staatlichen Auftrag, ausgestattet mit einem Freibeuterbrief des schwedischen Königs und mecklenburgischen Herzogs, der im Kampf mit Dänemark lag. Nach dem Friedensschluss zwischen Mecklenburg und Dänemark setzten die nun von Staats wegen überflüssig gewordenen Piraten ihre Überfälle auf eigene Faust fort und plünderten alles, was ihnen vor den Bug kam, am liebsten die reich beladenen Koggen der Hansestädte. Die Seeräuber, allen voran Störtebeker und sein Kumpan Goedeke Michels, galten als Freunde der Armen und nannten sich selbst "Likedeeler" (Gleichteiler), da sie ihre Beute untereinander gerecht teilten. Das beeindruckte die Hansestädte verständlicherweise wenig, die eine regelrechte Kriegsflotte auf die Piraten hetzten. Das brachte den erwünschten Erfolg: 1401 wurden Störtebeker und seine Getreuen in Ketten gelegt und enthauptet. Zahlreiche Legenden ranken sich um den berühmtesten deutschen Seeräuber. Störtebeker soll kurz vor seiner Hinrichtung mit seinem Henker vereinbart

Klaus Störtebeker und Goedeke Michels

haben, dass alle diejenigen seiner Mannen freigelassen werden sollten, an denen er *nach* seiner Enthauptung noch vorbeigehen konnte. So rettete der Pirat einige seiner Gefährten, bis ihm der Henker einen Klotz vor die Füße warf, über den der Kopflose stürzte.

ben haben. Unter den Aufsehen erregenden Funden, die man 1967 hier machte, sind die aus dem 9.–12. Jahrhundert stammenden Reste von vier großen Eichenschiffen, die von Nägeln aus Holz zusammengehalten wurden, und die Grundmauern von zwei Häusern sowie von Brunnen. Zudem entdeckte man einen Silberschatz aus dem Orient mit Schmuck und Münzen aus dem 5.–9. Jh., womit die frühe Handelsverbindung zwischen Rügen und Arabien bewiesen wurde. Zersplitterte Knochen und zertrümmerte menschliche Schädel lassen darauf schließen, dass sich hier einst auch ein germanischer Opferplatz befand. Bemerkenswert sind außerdem viele Gegenstände, die Rückschlüsse auf den Alltag der einstigen Bevölkerung zulassen, darunter Schreibgriffel, Schmuck, Kämme, Webgewichte und Löffel. Einige der fast 100 000 Funde sind im Kulturhistorischen Museum in ▶ Stralsund ausgestellt, andere befinden sich im Museum für deutsche Geschichte in Berlin und im Museum für Unterwasserarchäologie in ▶ Sassnitz. Nach der Unterwerfung der Slawen im 12. Jahrhundert gehörte Ralswiek dem Bischof von Roeskilde; seit dem 15. Jahrhundert ging der Ort in den Besitz der Familie Barnekow über. 1891 kaufte Hugo Sholto Graf Douglas die Dörfer Ralswiek und Jarnitz mit den umliegenden

Schloss Ralswiek inmitten eines großen Landschaftsparks

Ländereien auf und ließ drei Jahre später das Schloss auf der Anhöhe und 1907 die kleine Schwedenkapelle am Ortseingang errichten. Er veranlasste auch den Bau der Arbeiterwohnhäuser in Ralswiek. Nach 1945 wurde in dem Schloss das Altenheim "Feierabendheim Jenny Marx" untergebracht, später wurde es in ein Behinderten- und Pflegeheim umgewandelt. Zurzeit wird das Schloss renoviert und in ein Hotel umgebaut.

Sehenswertes in Ralswiek

Am Ortseingang passiert man die kleine Schwedenkapelle aus Holz, die der Besitzer des Schlosses, Graf Douglas, 1907 hier aufstellen ließ, nachdem er sie von Schweden importiert hatte. Gelegentlich finden hier kleine Orgelkonzerte statt. **Schwedenkapelle**

Sehr malerisch liegt der kleine Segel- und Sportboothafen von Ralswiek in der Bucht des Boddengewässers. Zwei Gaststätten mit Terrassen laden zum Verweilen ein. **Hafen**

Zwischen dem Hafen und dem Gelände der Störtebeker-Festspiele fällt ein nahe des Ufers stehendes imposantes Herrenhaus auf. Das ursprünglich eingeschossige Gebäude wurde im 16. Jh. umgebaut. Was man heute dort sieht, ist das Resultat des Wiederaufbaus um 1900, nachdem man das Herrenhaus zehn Jahre zuvor abgerissen hatte. Man setzte 1900 ein zweites Stockwerk auf und fügte einen Renaissancegiebel an. Nur der Erweiterungtrakt stammt noch aus dem 17. Jahrhundert. **Herrenhaus**

Hinter dem Herrenhaus führt der Weg zur Bühne der Störtebeker-Festspiele, die seit 1993 wieder jeden Sommer Tausende von Menschen anlocken (▶ Baedeker Special S. 149). Einen Blick auf die Kulissen erhascht man am besten vom Schloss von Ralswiek aus. **Störtebeker-Festspielplatz**

Ein Tor in der Verlängerung der Hauptstraße kennzeichnet den Beginn des Schlossparks. Über die asphaltierte Straße gelangt man, immer in der Nähe des Boddens, zu dem Neorenaissanceschloss auf einer Anhöhe oberhalb der Freilichtbühne. Der Gutsbesitzer Graf Douglas ließ es 1893 / 1894 im Stil der französischen Loire-Schlösser erbauen. Die dem Bodden zugewandte Ostfront des zweigeschossigen, rechteckigen Hauptbaus wird von zwei runden Türmen mit Kegeldächern flankiert, dazwischen lockert ein Altan die Fassade auf. Dieser Mittelteil wird zusätzlich durch eine Gaube mit einem vorgesetzten Schaugiebel akzentuiert. Die Haube des Turms an der Rückseite des Gebäudes, wo sich auch der Eingang befindet, überragt die beiden vorderen Türme. Im Hauptbau befindet sich ein überdachter Innenhof. Ein weiterer lang gezogener Trakt, der von den Bäumen des Parks verdeckt wird, schließt nördlich im rechten Winkel an den Hauptbau an. In dem Schloss war zuletzt ein Behindertenheim des Deutschen Roten Kreuzes untergebracht; zurzeit wird das Gebäude umfassend saniert und in ein Hotel umgewandelt. Lohnend ist ein Spaziergang durch den um 1800 angelegten, ausgedehnten Landschaftspark mit seinem uralten, seltenen Baumbestand. ***Schloss Ralswiek und Park**

Von Ralswiek nach Bergen führt ein 17 km langer Wanderweg durch Wiesen, Felder und am Boddenufer entlang. Für die Rückfahrt stehen in Bergen Busse zur Verfügung. In Ralswiek wählt man den nach Südwesten abzweigenden Weg nach Jarnitz. Einige Hundert Meter weiter kreuzt man die B 96 und gelangt über den Eulenberg zu den Bahngleisen, die man ebenfalls überquert. Im weiteren Verlauf kommt man nach Stedar in der Nähe des Kleinen Jasmunder Boddens. Von hier aus geht's weiter wie auf der Wanderung, die unter ▶ Bergen beschrieben ist. **Wanderung**

Sehenswertes in der Umgebung von Ralswiek

Lietzow

Lietzow liegt etwa 6 km nordöstlich von Ralswiek am Ende des 1868 gebauten Damms zwischen Großem und Kleinem Jasmunder Bodden. Für das "Schlösschen" von Lietzow, 1839 erbaut, das am Südhang der Semperheide aus dem Wald herausragt, diente das bei Reutlingen in Baden-Württemberg gelegene Schloss Lichtenstein als Vorbild.

Zwischen 1827 und 1939 wurden in Lietzow archäologische Grabungen durchgeführt, die über 20 000 steinzeitliche Funde ans Tageslicht brachten. Die Entdeckungen geben Aufschluss über die Zeit vor etwa 5000 Jahren, als sich der Übergang von der Kultur der Jäger und Sammler zu der der sesshaften Bauern vollzog. Die Funde sind so sensationell, dass man die Epoche, aus der sie stammen, "Lietzow-Kultur" nennt (▶ Kunst und Kultur S. 45).

Rappin

Durch Wiesen und Kornfelder führt die wenig befahrene Straße von Ralswiek über Gnies nach Rappin. Die hübsche Dorfkirche, um 1400 gebaut, ragt zwischen einem Dutzend rohrgedeckter Bauernhäuser auf. 1635 kam der freistehende Glockenturm hinzu. Das älteste Ausstattungsstück der Kirche ist das Taufbecken von 1250, auf dem vier Gesichter zu erkennen sind. Altar und bemalte Kanzel sind barock (um 1700). Das kleine Örtchen besitzt sogar zwei Gaststätten. Weiter im Norden liegt ein Campingplatz am Großen Jasmunder Bodden mit einem Steinstrand unterhalb der Steilküste.

Hügelgräber von Woorke

Westlich von Ralswiek befinden sich bei Woorke vierzehn Hügelgräber aus der Bronzezeit. Sichtbar sind nur die großen, bis zu 8 m hohen Hügel, auf denen Bäume wachsen; die Hügel liegen in einem eingezäunten Feld. Allerdings führt keine ausgebaute Straße dorthin, sondern lediglich ein mit Steinplatten ausgelegter Feldweg. Aus Richtung Gingst erreicht man das Gräberfeld, indem man auf halber Strecke zwischen Gingst und Bergen nach Rappin abbiegt und dann nach einigen Hundert Metern rechts nach Veikvitz fährt. Hinter diesem Ort stößt man auf eine weitere Häusergruppe (Woorke). Hier schwenkt man nach links und sieht kurz darauf die Hügelgräber zur Rechten.

Baedeker TIPP Zeitreise

von der Steinzeit ins technische Zeitalter: Auf dem Weg von den Hügelgräbern in Richtung Bergen lohnt ein Halt in der kleinen Ortschaft Patzig, wo mit dem Mühlenmuseum, eine 1946 gebaute und bis 1999 arbeitende Motormühle, ein hochinteressantes technisches Denkmal zu besichtigen ist (geöffnet tgl. 10⁰⁰ – 17⁰⁰ Uhr).

Rambin   C 3

Höhe: 10 m ü. d. M.
Einwohnerzahl: 1100

Lage und Bedeutung

Rambin ist der erste Ort, durch den man kommt, wenn man über den Rügendamm in Richtung Bergen fährt. Das unscheinbare Dorf an der B 96 im Südosten Rügens hat eine sehenswerte mittelalterliche Dorfkirche und eine Kapelle, die ursprünglich zu einem Kloster und Hospital gehörte.

Schon im 13. Jh. ist eine Kirche in Rambin bezeugt, aus dieser Zeit ist aber nur noch der Chor erhalten. Langhaus und Sakristei der turmlosen Dorfkirche wurden im 14./15. Jh. errichtet. Erst Anfang des 18. Jh.s wurde das hölzerne Tonnengewölbe in das Langhaus eingezogen. Damals malte man die Kirche auch aus, ein Teil der Fresken wurde in den letzten Jahren freigelegt. In den Fußboden des Chors wurde eine Grabplatte von 1355 eingelassen. Mittelalterlich sind das Taufbecken (14. Jh.), das Triumphkreuz und die geschnitzte Maria mit Kind. Auffällig ist die reich verzierte Renaissancebrüstung der Empore (1630–1700). Zwei Votivschiffe (um 1820), die im Langhaus aufgehängt sind, erinnern an die Tradition der Seefahrt auf Rügen. Altar und Kanzel stammen aus der zweiten Hälfte des 18. Jahrhunderts.

Rambins schöne Dorfkirche aus dem 14. Jahrhundert

Am östlichen Ortsausgang von Rambin trifft man in einem kleinen Park auf einen flach gedeckten, kapellenähnlichen Backsteinbau, der lange Zeit als Wohnraum eines Altersheims diente. Heute finden in dem mittelalterlichen Gebäude Ausstellungen des Ersten Rügener Kunstvereins statt. Der Bau war im 15. Jahrhundert tatsächlich eine Kapelle, die zu dem 1334 gegründeten, heute nicht mehr existierenden Kloster und Hospital St. Jürgen von Rambin gehörte. Das Relief am nebenstehenden Wohnhaus zeigt den heiligen Georg.

Zwischen Rambin und ▶ Samtens befinden sich südlich der B 96 die so genannten Neun Berge. Es sind große bronzezeitliche Hügelgräber, die als kleine baumbestandene Anhöhen aus der Landschaft ragen.

Höhe: 20 – 40 m ü. d. M.
Einwohnerzahl: 3600

Lage und Bedeutung

Der zweitgrößte Ort auf der Halbinsel Jasmund im Nordosten Rügens liegt circa 5 km westlich von Sassnitz. Hier wurde im Jahr 1794 die erste Badeanstalt Rügens eingerichtet – vom Glanz vergangener Tage ist allerdings heute nichts mehr erhalten. Sehenswert sind die mittelalterliche Dorfkirche und vor allem das Boxsportmuseum im Ortsteil Marlow.

Ortsbild

Ein trauriges Bild macht das einstmals bedeutende Sagard heute, wenn man über die B 96 aus Richtung Bergen oder Sassnitz in den Ort hineinfährt. Die gepflasterte Hauptstraße führt an zahlreichen verfallenden Häusern vorbei. Nur auf dem leicht erhöht liegenden Platz im Mittelpunkt des Ortes kann man etwas von der einstigen Schönheit Sagards erahnen: Hier erhebt sich die Dorfkirche, ein paar Geschäfte säumen die Straße.

Geschichte

Schon in slawischer Zeit war hier ein wichtiger Verkehrsknotenpunkt. Um die Mitte des 18. Jh.s setzte in Sagard wegen der schwefel- und eisenhaltigen Quellen bereits der Badetourismus ein; 1794 wurde eine "Brunnen-, Bade- und Vergnügungsanstalt" ins Leben gerufen. Das Quellwasser sollte unter anderem "eine vortreffliche Ausleerung eines zähen Schleims, durch die Brust, bewürken und dadurch gar große Erleichterung verschaffen", wie man in einem zeitgenössischen Artikel liest. Damit war Sagard der erste Badeort auf Rügen; allerdings war seine Zeit schon Anfang des 19. Jahrhunderts vorbei, als das neue, attraktivere Putbus zum Anziehungspunkt der Badegäste wurde (▶ Baedeker Special S. 76). Einzig der Park Brunnenaue erinnert noch an Sagards große Zeit.

Sehenswertes in Sagard

Kirche

Im Zentrum des Örtchens ragt die Kirche mit ihrem gedrungenen Turm auf: ein einschiffiger romanischer Bau aus dem 13. Jh. Der gotische Chor entstand um 1400. Nach verschiedenen Umbaumaßnahmen und der Fertigstellung des Westturms wölbte man im 16. Jh. das Langhaus ein. Vom Anfang des 18. Jh.s stammen der barocke Altaraufsatz und die zwei bemalten Beichtstühle im Chor. Sehenswert ist vor allem die 1796 gebaute zweigeschossige Orgel: An der Orgelempore sind zwei so genannte Wilde Männer, die das Wappen von Putbus halten, zu erkennen. 1830 erneuerte man Kanzel, Gestühl, Westempore und Taufbecken. Die Kirche ist von einem kleinen Friedhof mit einigen Grabstelen aus dem 19. Jh. umgeben.

Boxsportmuseum

Nicht nur ausgesprochene Fans des Boxsports sollten in Sagard einen Stopp beim Museum einlegen, eines von nur fünf Boxsportmuseen auf der Welt. Man findet es, wenn man von Bergen kommend auf der B 96 am Ortszentrum von Sagard vorbeifährt und 200 m nach dem Ortsendeschild nach rechts abbiegt. Von hier ab ist das Museum ausgeschildert. Das private Museum wurde von Leo Weichbrodt, einem überaus engagierten Anhänger des Boxsports,

im Gebäude der ehemaligen Gaststätte "An der Kreidebahn" eingerichtet. Über 16 000 Exponate hat er zusammengetragen und
unzählige Raritäten von berühmten Boxern geschenkt bekommen,
darunter Trainingshandschuhe von Axel Schulz und Henry Maske
und die Hose von René Weller, in der er 1984 Europameister wurde,
daneben Programmhefte aus den Zwanzigerjahren, in denen Max
Schmeling als Newcomer vorgestellt wird, Plakate, Fotos, Trikots
und Pokale aus Deutschland vor und nach der Wende und aus aller
Welt. Es gibt eine Max-Schmeling-Ecke im Raum "Asse von einst",
etliche Boxerutensilien und Sammlerstücke von Rocchigiani und
anderen Boxstars und vieles mehr. Noch während der Olympiade in
Atlanta 1996 bekam er von den erfolgreichen Boxern bereits
Medaillen und Fotos zugesandt, die sofort in die Ausstellung integ-
riert wurden (August-Bebel-Str., ☎ 03 83 02 / 21 21, geöffnet 1. April
bis 15. Okt. tgl. 10⁰⁰ – 17⁰⁰, 16. Okt. – 31. März Di. – Fr. 10⁰⁰ – 17⁰⁰, Sa.
10⁰⁰ – 13⁰⁰ Uhr).

**Boxsport-
museum**
(Fortsetzung)

Südlich von Sagard liegt an der B 96 ein bronzezeitliches Hügelgrab, der so genannte Dobberworth. Die von Sträuchern und Bäumen bewachsene Erhebung ist mit 14 m Höhe und einem Umfang
von 50 m Norddeutschlands größtes Hügelgrab. Um die Entstehung
des gewaltigen Erdhügels rankt sich eine Sage: Nachdem der Fürst
von Rügen den Heiratsantrag einer Riesin abgelehnt hatte, zog
diese mit ihrem Kriegsgefolge gegen den Heiratsunwilligen zu Fel-
de. Zu diesem Zweck wollte sie die Landenge zwischen Großem und
Kleinem Jasmunder Bodden mit Steinen und Erde auffüllen, um
leichter von Jasmund nach Zentralrügen zu gelangen. Doch schon
bei Sagard fielen ihr Erde und Steine aus der Schürze und es entstand der Dobberworth. Einer anderen Sage zufolge sollen in dem
Hügel Unterirdische wohnen, die hier Gold und Silber horten.

Dobberworth

Samtens   C 3

Höhe: 30 m ü. d. M.
Einwohnerzahl: 2300

Im Südwesten Rügens, etwa in der Mitte der Strecke von Stralsund
nach Bergen, liegt der Ort Samtens direkt an der B 96. Hier kreuzen
sich die Wege nach Stralsund im Westen, Gingst im Norden, Bergen
im Osten und Garz im Süden. Samtens wird 1318 erstmals als
"Samtensze" erwähnt; der aus dem Slawischen stammende Name
bedeutet "einsam", denn das Dorf lag jahrhundertelang abseits der
Landstraßen Rügens. Seit den Zeiten der DDR ist der Ort das agrari-
sche Zentrum Westrügens. Einen Besuch ist die erhöht liegende
Dorfkirche aus dem 15. Jh. wert. Für Sportfans hält das Freizeitzentrum "Tiet un Wiel" seine Hallen bereit.

**Lage und
Bedeutung**

Der Backsteinbau entstand Anfang des 15. Jh.s an der Stelle einer
älteren Kirche. Über dem Westgiebel erhebt sich ein kleines Fach-
werktürmchen (1703), die westliche Vorhalle wurde erst 1884 angebaut. Bemerkenswert sind die Ausmalungen der Kirche: Die spätgo-
tischen Malereien an der Ostwand des Chors stammen von 1450,
die übrigen wurden im Barock hinzugefügt und 1935 restauriert.
Die drei großen Epitaphien vom Beginn des 17. Jahrhunderts erin-

Kirche

Samtens, Kirche (Fts.)	nern an die Familie von der Osten. Die Grabplatte aus dem Jahr 1572, die in den Boden des Altarraumes eingelassen ist, bedeckt die Ruhestätte des ersten evangelischen Pfarrers von Samtens.
"Tiet und Wiel"	Das Freizeitzentrum "Tiet un Wiel" bietet Sportbegeisterten genügend Möglichkeiten, ihre Urlaubsenergien los zu werden. Und wer die meiste Zeit seines Rügen-Urlaubs in der Tennishalle oder auf der Bowlingbahn verbringen möchte, der mietet sich am besten in dem zu der Anlage gehörenden Sporthotel ein (Bergener Straße 1, ☎ 03 83 06 / 22 20). Neben 3 Tennis-, 4 Squash- und 5 Badmingtonplätzen stehen ein Fitnessstudio, je 6 Bowling- und Kegelbahnen und eine 260 m² große Kletterwand für Free-Climbing-Künstler zur Verfügung. Außerdem werden auch Aerobic- und Jazzdance-Kurse angeboten, und in der Saunalandschaft kann man es sich im römischen Dampfbad oder in der finnischen Blockhaussauna richtig gut gehen lassen.

Sassnitz   **E 2**

Höhe: 0 – 110 m ü. d. M.
Einwohnerzahl: 12 500

Lage und Bedeutung	Eingeklemmt zwischen der Ostsee und den Kreidebergen der Stubnitz, konnte sich Sassnitz, der zweitgrößte Ort auf Rügen und Hauptort der Halbinsel Jasmund, nur in westöstlicher Richtung entlang der Hauptstraße ausdehnen, was die Länge des Ortes von mehreren Kilometern bei seiner geringen Breite erklärt. Die geografisch vorteilhafte Lage der Stadt im Nordosten Rügens prädestiniert Sassnitz als wichtigsten Verkehrsknotenpunkt Rügens: Seit 1909 legen hier die Fähren zum schwedischen Trelleborg ab, die sog. Königslinie ist noch immer die kürzeste Eisenbahnverbindung zwischen Deutschland und Schweden. Heute setzen die großen Fähren auch nach Rønne, Kopenhagen und ins litauische Klaipeda

über. Neben der Bedeutung als Tor nach Skandinavien ist Sassnitz auch ein beliebter Ausgangspunkt für Wanderungen entlang des Hochufers zu den Wissower Klinken und der Stubbenkammer mit den Kreidefelsen. "Nach Rügen reisen heißt nach Sassnitz reisen", ließ Theodor Fontane den Ehemann seiner Romanheldin Effi Briest bemerken. Doch obwohl Sassnitz einst ein viel besuchtes Seebad war, empfiehlt sich heutzutage das Baden am ungepflegten Steinstrand nicht mehr.

Lage und Bedeutung (Fortsetzung)

Der lang gestreckte Ort entlang der Hauptstraße, begrenzt von der See und den Hängen der Stubnitz, hat nicht allzu viele Highlights zu bieten: Sehenswert sind das neue Museum für Unterwasserarchäologie und der Fischereihafen, von dem aus die Strandpromenade zum alten Kern von Sassnitz führt. Entlang der See- und der Ringstraße finden sich mehrere Villen im Stil der Bäderarchitektur, die vom einstigen Glanz der Stadt zeugen. Die phantastische Wanderung von Sassnitz zu den Kreidefelsen ist für die meisten Rügenbesucher der Anlass, nach Sassnitz zu kommen.

Ortsbild

Sassnitz war ursprünglich ein Doppelort: Im Westen (beim heutigen Fährhafen) lag das Bauerndörfchen Crampas, weiter im Osten (bei der Seebrücke) der Fischerort Sassnitz. Beide gehen auf slawische Gründungen im 6. Jh. zurück. Die Blütezeit der Ortschaften fällt in die zweite Hälfte des 19. Jh.s und die Zeit bis zum Ersten Weltkrieg, als sich Sassnitz zum ersten Seebad an der rügenschen Ostküste entwickelte und daraufhin rasch zum beliebtesten Ferienort auf ganz Rügen avancierte. Durch den damit einhergegangenen Bauboom wuchsen die beiden Gemeinden allmählich zusammen. Den ungemütlichen Sassnitzer Steinstrand versuchte man mit wiederholten Aufschüttungen von weißem Sand zu verfeinern, was sich auf Dauer allerdings als vergebliche Liebesmüh' erwies, da häufige Sturmfluten das aufwändige Werk immer wieder zerstörten. Nachdem sich Sassnitz 1889 nach dem Bau der Hafenanlage auch noch den Ruf des wichtigsten Fischereihafens erarbeitet hatte, legte man 1906 Crampas und Sassnitz zusammen. Drei Jahre später verkehrten nach dem Anschluss an das Eisenbahnnetz die ersten Fähren von Sassnitz nach Schweden. Diesen Weg nach Schweden wählte auch Lenin im Jahr 1917 bei seiner legendären Reise in einem verplombten Waggon von seinem Exil in der Schweiz nach St. Petersburg, wo er die Oktoberrevolution initiierte. Mitte der 1920er-Jahre hatte Sassnitz seinen Zenit als Badeort überschritten, man reiste nun in die attraktiveren Bäder Binz, Göhren und Sellin. Sassnitz fiel im Zweiten Weltkrieg als einziger Ort auf Rügen einem Bombenangriff zum Opfer – viele Hundert Menschen fanden den Tod. Nach 1945 entstand bei Sassnitz ein modernes Kreidewerk und das größte Fischverarbeitungswerk der DDR; eine große Fischereiflotte sorgte für die Belieferung der Industrie.

Geschichte

Sehenswertes in Sassnitz

Nachdem man von Westen auf der Stralsunder Straße in den Ort gelangt ist, passiert man das äußerlich unansehnliche "Rügenhotel" mit einem Café in der neunten Etage, von dem aus man einen schönen Rundblick über den Hafen hinweg auf die See hat. An der

Hauptstraße

Hauptstraße **(Fortsetzung)** **Rügen-Galerie**	Straßenkreuzung in Richtung Bahnhof beginnt die Rügen-Galerie, eine Fußgänger- und Ladenpassage mit Geschäften, Praxen, Büros, Cafés und Bistros. Hier befindet sich auch die Stadtinformation. Biegt man vorher nach rechts in die Bahnhofstraße ein, gelangt man an einen Aussichtspunkt mit Blick über den Fährhafen bis zum Mönchgut.
Seestraße	Durch eine der Querstraßen erreicht man die parallel zur Hauptstraße verlaufende Seestraße, in der sich mehrere Beispiele für die rügentypische Bäderarchitektur finden.
Hafen	Die Hafenstraße, an der einige gute Fischrestaurants liegen, führt hinab zum Hafen. Hier liegen neben Fischkuttern und Privatyachten auch die Ausflugsboote zu den Kreidefelsen, nach Usedom und zu den Seebädern. Auf der fast 1,5 km langen Ostmole kann man sich über die Ausflugsangebote und Abfahrtszeiten informieren und gleichzeitig den Fischern bei ihrer Arbeit zuschauen.

Baedeker TIPP ► Kutterfahrten

Eine Fahrt im Fischkutter entlang der Kreideküste bietet ein aufregendes, unvergessliches und nebenbei auch günstiges Naturerlebnis. Besonders reizvoll ist es, in den Morgenstunden hinauszufahren, wenn die ersten Sonnenstrahlen die weißen Klippen erleuchten.

Fischerei- und Hafenmuseum
Im Stadthafen, dem ehemaligen Fährhafen, beschäftigt sich das Fischerei- und Hafenmuseum mit der Sassnitzer Fischereigeschichte der letzten 150 Jahre. Fotos, Dokumente und zahlreiche Exponate präsentieren in acht Abteilungen einen großen Ausschnitt lokaler Kultur- und Wirtschaftsgeschichte.

Museumskutter **"Havel"**	Zum Abschluss des Museumsbesuchs geht's auf den 26 m langen Fischkutter "Havel", der direkt gegenüber dem Museumseingang an der Hafenmauer festgemacht wurde. Hier kann man sich ein authentisches Bild davon machen, wie die Fischer an Bord gelebt und gearbeitet haben. Und probeliegen in der Kapitänsloge ist ausdrücklich gestattet (geöffnet 1. April – 31. Okt. tgl. 10^{00} – 17^{00}, 1. Nov. bis 31. März Di. – So. 10^{00} – 17^{00} Uhr).
Museum für **Unterwasser-** **archäologie**	Etwa 300 m weiter hat das noch junge Museum für Unterwasserarchäologie seine Tore geöffnet. In dem einer Fähre ähnelnden Gebäude werden u. a. ein nachgestalteter Wrackfundplatz und bis zu 6000 Jahre alte Originalfunde aus der Ostsee sowie aus Flüssen und Binnenseen Mecklenburg-Vorpommerns gezeigt. Auch informiert das Museum über die Arbeitsweise der Unterwasserarchäologen. An Großfunden sind bereits die ersten Teile des 1000 Jahre alten Slawenbootes von Ralswiek zu sehen; der Aufbau der über 650 Jahre alten, 1997 vor Hiddensee gehobenen Gellenkogge erfolgt nach Abschluss der noch andauernden Konservierungsarbeiten (geöffnet 1. April – 31. Okt. tgl. 10^{00} – 18^{00}, 1. Nov. – 31. März tgl. 10^{00} bis 17^{00} Uhr).
Hotelschiff **"Tichij Don"**	Direkt vor dem Museum für Unterwasserarchäologie ist der ehemalige russische Wolgakreuzer "Tichij Don" dauerhaft vor Anker gegangen. Im Restaurant des jetzigen Hotelschiffs wird deutsche und russische Küche serviert; vom Panorama-Café auf Deck 4 hat man einen phantastischen Blick auf Meer und Hafen (☎ 03 83 92 / 5 71 10).

Der Hafen von Sassnitz mit Ausflugsschiffen und Fischkuttern

Vom Hafen führt die Strandpromenade in östlicher Richtung an der 1993 errichteten Seebrücke (▶ Baedeker Special S. 164) vorbei zum ehemaligen Ortskern des alten Sassnitz. Den Weg säumen mehrere Restaurants. Bei der Seebrücke befanden sich die um die Jahrhundertwende üblichen, streng voneinander getrennten Einrichtungen des Herren- und Damenbads, um das moralisch einwandfreie Baden für beide Geschlechter zu gewährleisten. Links liegen die ehemals mondänen "Ostseeterrassen" direkt am Strand, ein altehrwürdiges Hotel, das einst sogar einen eigenen Landungssteg besaß, heute aber kaum noch an seine guten Zeiten erinnert. Dahinter führt eine kleine Gasse in den alten Teil von Sassnitz. Folgt man der Promenade, erreicht man den Kurplatz mit der Konzertmuschel.

Strand- promenade und Seebrücke

Der alte Ortskern von Sassnitz macht zwar zunächst einen trostlosen Eindruck, sind doch noch viele Häuser in den kleinen verwinkelten Gassen heruntergekommen und verfallen, aber der alte Glanz ist an vielen mächtigen Fassaden noch ablesbar. In der Mitte des kleinen Gassengewirrs liegt der Markt mit dem großen ehemaligen Hotel "Hohenzollern", in dem nach dessen Schließung zunächst ein Tabakgeschäft, dann eine HO-Gaststätte und schließlich ein Jugendferienheim untergebracht waren. Alles in allem strahlt dieses kleine Viertel mit seinen kopfsteingepflasterten Gassen, den verblichenen Holzfassaden und dem ein oder anderen wilden Garten einen besonderen Charme aus.

Alter Stadtkern

Biegt man von hier in die Ringstraße ein, hat man nochmals Gelegenheit, die Bäderarchitektur an zahlreichen Villen und Pensions-

Ringstraße

Sassnitz (Fts.), Rathaus	häusern zu studieren. Durch die Krusestraße stößt man auf das Rathaus an der Bergstraße. Das Jugendstilgebäude aus rotem Klinker entstand 1910 nach der Zusammenlegung der Orte Crampas und Sassnitz zu einem großen Ort Sassnitz.
Johanniskirche	Am Hang gegenüber leuchtet durch das Grün der Bäume die rote neugotische Johanniskirche, die 1880 – 1883 erbaut wurde. Links neben der Kirche führt die Stubbenkammerstraße zu den Kreideklippen des Königsstuhls (ca. 6 km) im Nationalpark Jasmund (▶ Stubnitz).
Heimattiergarten	Rechts der Kirche verläuft der Steinbachweg, der zum Heimattiergarten von Sassnitz führt. Auf ca. 2,5 ha sind etwa 50 verschiedene, vornehmlich heimische Tierarten versammelt, z.B. Schafe, Pferde, Esel, Ziegen, Vögel, Eichhörnchen usw., aber auch Affen, Wildkatzen, Steppenadler, Nasen- und Waschbären sind zu bewundern (geöffnet tgl. 10⁰⁰ bis 18⁰⁰ Uhr).

Wanderungen

Der vielleicht schönste Wanderweg auf ganz Rügen, mit Sicherheit aber der am häufigsten erwanderte Pfad auf der Insel führt von Sassnitz zur Stubbenkammer: Am östlichen Ortsausgang von Sassnitz erreicht man über die Berg- und die Weddingstraße den Hochuferweg. Diesem folgt man an den berühmten Wissower Klinken vorbei, über die Ernst-Moritz-Arndt- und die Victoria-Sicht, über vier tief in den Fels eingeschnittene Bachläufe bis zum Königsstuhl (ca. 10 km). Zurück kann man mit dem Bus vom Königsstuhl bzw. von Hagen aus fahren.

Auch zu den Crampasser Bergen, den Kreidebrüchen oberhalb der Stadt, führt ein Wanderweg. Am Ziel angelangt hat man einen herrlichen Blick über Sassnitz bis nach Binz und Göhren. Man folgt der Stubbenkammerstraße an der Johanniskirche vorbei bis zur zweiten Kurve, hier führt ein Pfad nach links durch den Wald zu den weißen Felsen. Oberhalb liegt ein steinzeitliches Hünengrab. Man kann auch über die Lindenallee und die Waldmeisterstraße hinter dem Bahnhof zu den Crampasser Bergen gelangen.

Schaprode   B/C 2

Höhe: 0 – 10 m ü. d. M.
Einwohnerzahl: 600

Ortsbild	Die meisten Leute steuern das kleine Dorf im Nordwesten Rügens nur deshalb an, weil man von hier aus mit der Fähre auf dem kürzesten Weg zur Insel ▶ Hiddensee übersetzen kann. Doch Schaprode zur Durchgangsstation zu degradieren, wird dem Dörfchen mit seinen ziegelsteinroten, rohrgedeckten Häusern und Scheunen, zwischen denen sich die Dorfstraße bis zum Fährhafen hindurchschlängelt, nicht gerecht. Es gibt z.B. zwei gute Gasthäuser, der Landgasthof Schafshorn im Streuer Weg und am Hafen das weithin

bekannte Gasthaus "Keils Gaststube", in dem sich an den Wänden Ortsbild (Fortsetzung) Stars vergangener Zeiten mit Fotos und Autogrammpostkarten verewigt haben. Die sehenswerte Backsteinbasilika in der Nähe des Hafens ist – nach denen in Altenkirchen und Bergen – die drittälteste Kirche Rügens. Um sie herum bieten einige Privatleute ihre Grundstücke als Stellfläche für die Pkws der Hiddenseebesucher an.
Schaprode ist der westlichste Ort auf Rügen, sein Hafen existierte schon, als die Dänen hier 1160 zur Eroberung Rügens landeten, nachdem sie ein Jahr zuvor an dieser Stelle einen Friedensvertrag mit den Bewohnern Rügens, den Slawen, geschlossen hatten.

Aus dem beginnenden 13. Jahrhundert stammen Chor, Apsis und **Kirche** Teile des Langhauses der romanischen Dorfkirche. Das Langhaus mit der trutzigen, im Giebelbereich durch Staffelblenden gegliederten Westfassade erhielt erst im 15. Jh. seine endgültige Form. Die Sakristei wurde im 16. Jh. an den Backsteinbau angefügt, ein Jahrhundert später entstand der hölzerne Dachturm über dem Westgiebel. Das älteste Stück im Innern ist die große Triumphkreuzgruppe (um 1500), die im 18. Jh. farblich verändert wurde, um sie der übrigen Ausstattung anzupassen. Diese stammt aus der Zeit des Barock, so der reich verzierte, dreigeschossige Altaraufsatz mit Gemälden, die das Hl. Abendmahl sowie Kreuzigung und Auferstehung Christi zeigen. Barock sind auch der Taufstein, der Beichtstuhl und die bemalte und mit Schnitzwerk versehene Kanzel, die von einer Petrusfigur getragen wird.

Schaprode vorgelagert ist das kleine Inselchen Öhe. Durch seine Nähe **Insel Öhe** zum Schaproder Hafen müssen sich die einlaufenden Fähren mit einer vergleichsweise schmalen Fahrrinne begnügen. Einst soll die Insel von zwei "wunderlichen Fräuleins" bewohnt gewesen sein, die ihr geruhsames Eiland nicht an die Schaproder abtreten wollten, woraufhin ein regelrechter Kleinkrieg entbrannt sein soll.

Knappe vier Kilometer sind es vom Schaproder Ortseingang bis zur **Wanderung** äußersten Spitze der kleinen Halbinsel, wo die wenigen Häuser Seehofs liegen. Zunächst wandert man von Schaprode durch Felder und Wiesen nach Norden, hinter dem Dörfchen Poggenhof zweigt ein Weg zum Bodden ab, dem man bis in den nordwestlichsten Zipfel der Halbinsel nach Seehof folgt. Hier hat man einen guten Blick auf die Hiddensee vorgelagerte Fährinsel. Wer die Wanderung um etwa 8 km verlängern möchte, hält sich in der Nähe des Hochufers an der nördlichen Küste der Halbinsel. Nach drei Kilometern zweigt rechts ein Weg nach Neuholstein-Lehsten ab, dem man folgt, bis man auf die asphaltierte Straße zwischen Trent und Schaprode trifft.

Auf halbem Weg zwischen Trent und Schaprode liegt das Schloss **Schloss** Granskevitz innerhalb eines rechteckigen Walls mit Graben und **Granskevitz** zwei Brücken. Der parkähnliche Wall ist von Bäumen bewachsen. Keller und Fundamente des leuchtend weiß verputzten Backsteingebäudes entstanden schon vor 1500; ein Kellerraum ist bis heute zugemauert, da darin 1507 die Leichen Pestkranker beigesetzt wurden. Die heute sichtbaren Teile des zweigeschossigen Herrenhauses mit seinen Risaliten und dem runden Turm stammen aus dem 17. und 18. Jahrhundert.

Höhe: 0 – 18 m ü. d. M.
Einwohnerzahl: 3000

Lage und Bedeutung

Auf halber Strecke zwischen den Badeorten Binz im Nordwesten und Göhren im Südosten liegt das dritte der großen, viel besuchten Ostseebäder Rügens: das im Biosphärenreservat Südost-Rügen gelegene Seebad Sellin, oft auch als das Tor zur Halbinsel Mönchgut bezeichnet. Der windgeschützten Lage hinter dem steil aufragenden Hochufer und am Rand der Granitzwaldungen verdankt der Ort sein gesundes Reizklima. Der Durchgangsstraße (B 196) nördlich des Selliner Sees folgend, geht Sellin fast unmerklich in den kleineren Badeort Baabe über. Die Dörfchen Altensien, Neuensien, Seedorf und Moritzdorf, die südwestlich von Sellin auf einer Landzunge liegen, gehören zu dem großen Ostseebad.

*Ortsbild Strände

Seepark

Wasserwelt "Nemo"

Einmalig ist die Lage des Ortes oberhalb einer bis zu 40 m aufragenden Steilküste. Unterhalb der Steilküste erstrecken sich die breiten, feinsandigen und für ihre gute Wasserqualität mit der Blauen Europaflagge ausgezeichneten Strände über 2 km weit nach Süden. Von Baabe herkommend, präsentiert sich am Ortseingang der Seepark Seelin, ein kleines Neubauviertel im Stil der Bäderarchitektur mit Ferienwohnungen, Kinderspielplatz, Läden und Geschäften. Gleich nebenan liegt die 5000 m² umfassende Wasserwelt "Nemo" mit Außenbecken, Liegewiesen, Saunalandschaft und Restaurants sowie einer 102 m langen Wasserrutsche.

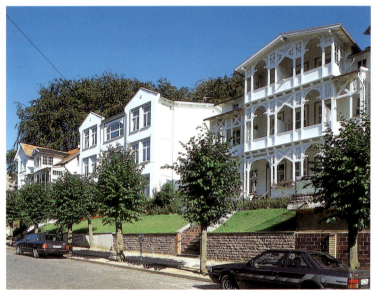

Entlang der Wilhelmstraße erstrahlen die Villen und Pensionen im Stil der Bäderarchitektur in neuem Glanz.

Sellin

Seebrücke

Ostsee

Kur-
verwaltung

Freilicht-
bühne

Uhlenweg

Hochufer

Warmbad-
str.

Hauptstrand
promenade

Am Sportplatz

Bergstr.

Bebel

Hermann-
str.

Selliner

Granitzer Str.

Kirch-
str.

August

Wilhelm

Luftbadstr.

Granitzer Str.

Neuer
Weg

Forst

Ring

str.

Wald

Garten-
str.

Westbahnstr.

Schulstr.

Haupt-

Bollwerkstr.

Sonnen-
steg w.

Quer

Weißer Steg

Ostbahnstr.

Putbus, Binz

Seestraße

Rasender Roland

Erlebnisbad
"Nemo-die
Wasserwelt"

Mönchguter Str.

Seeparkpromenade

Badstr.

Parkstr.

Südstrand

Selliner See

250 m

B 196

Kiefernweg

Fußweg nach Baabe und Göhren

© Baedeker

Bahnhof

Cliff-Hotel, Baabe, Göhren

Nordstrand Zum Haupt- oder Nordstrand gelangt man vom Seebrückenvorplatz am Ende der Wilhelmstraße über eine "Himmelsleiter" genannte breite Holztreppe oder über gepflasterte Schrägabgänge. Wer weniger gut zu Fuß ist, kann einen Aufzug benutzen.

Südstrand Der kürzeste Zugang zum Südstrand, dem ehemaligen Fischerstrand, erfolgt von der Ostbahnstraße über den "Weißen Steg", an dessen Einmündung in den Strandbereich sich ein Strandkorbverleih befindet. Die 127 m lange Wasserrutsche reizt vor allem Kinder, hierher an den Südstrand zu kommen.

Geschichte Der ehemalige Fischerort wurde 1295 als "Zelinesche" erstmals urkundlich erwähnt. Der Name stammt aus dem Slawischen und bedeutet so viel wie "grünes Land", was auf seine Lage inmitten eines Waldgebietes verweist. Ähnlich wie Göhren und Baabe wurde auch Sellin vor allem durch den Bau der Schmalspurbahn "Rasender Roland" für den Badetourismus erschlossen, die seit 1895 hier Station macht. Schon 1887 wurden zwei Pensionen gebaut, Lübky's Hotel und Dankwart's Logierhaus. 1896 ließ der Fürst zu Putbus die Wilhelmstraße anlegen, an der innerhalb weniger Jahre zahlreiche Hotels und Pensionen im Stil der Bäderarchitektur entstanden. Lange Jahre vernachlässigt, sind sie heute größtenteils liebevoll restauriert und für jeden Besucher ein Blickfang. Mit dem Bau der Seebrücke 1906 stand Sellin den anderen Badeorten in nichts mehr nach. Nach ihrer zweimaligen Zerstörung durch Naturkatastrophen bereichert sie seit ihrem Wiederaufbau in den 1990er-Jahren als Wahrzeichen Sellins das Ortsbild.

163

Flanierstege ins Meer

Geplant und gebaut wurden sie, um den Touristen die Anreise zu erleichtern – die Seebrücken. Doch schnell entwickelten sie sich zu einer Attraktion: Es galt als schick, auf der Brücke zu flanieren.

Seebrücken

Bis Anfang des 20. Jahrhunderts war ein Urlaub auf Rügen mit gewissen Startschwierigkeiten verbunden, denn bis zum Bau des Rügendamms 1936 war die Insel nur mit dem Schiff zu erreichen. Nun besaßen die begehrten Ostseebäder zwar Bootsstege, doch Schiffe mit größerem Tiefgang konnten dort nicht anlegen. Die Urlauber mussten mit Sack und Pack bei Wind und Wetter in kleine, bisweilen gefährlich schwankende Boote umsteigen. Da man die Touristen aber nicht durch derlei Strapazen vergraulen wollte, baute Binz 1902 eine Seebrücke von über einem halben Kilometer Länge.

Brückengeld und DLRG

Hier konnte man dann flanieren und in aller Ruhe das Strandleben beobachten. Allerdings mussten die Spaziergänger damals Brückengeld bezahlen, wenn sie den Steg betreten wollten. Aber auch Fischer- und Segelboote legten nun hier an, um Ausflugsfahrten zu den Kreidefelsen oder zu einer anderen Insel anzubieten. Mit einem Restaurant am Brückenkopf schuf man einen weiteren Anziehungspunkt.

In der Silvesternacht 1903/1904 zerstörte ein Orkan Rügens erste Seebrücke, 1906 wurde sie neu errichtet. 1912 brach ein Querbalken der Brücke während des Anlegemanövers des Dampfers "Kronprinz Wilhelm" und zog 14 Menschen, die auf der Brücke gewartet hatten, mit sich in den Tod. Aufgrund dieser Katastrophe wurde im Jahr darauf, am 19. Oktober 1913, in Leipzig die Deutsche Lebensrettungsgesellschaft (DLRG) gegründet. Im harten Winter von 1942/1943 zerstörten gewaltige Eisschollen den Binzer Landungssteg endgültig, ebenso die Seebrücken in Baabe und Thiessow. An den Wiederaufbau dieser Touristenattraktion machte man sich erst 1994; es entstand eine allerdings nur noch 370 m lange Seebrücke. Natürlich wollte das Ostseebad Sellin Binz in nichts nachstehen: So entstand 1906 eine Seebrücke von 508 m Länge, die ebenfalls über ein Restaurant verfügte. Doch auch sie ereilte das Schicksal, das die Binzer Seebrücke getroffen hatte: 1924 riss Treibeis die Pfeiler der Brücke weg, im Winter 1941/1942 zerstörte es den wieder aufgebauten Steg erneut. Erst 1992 rang man sich dazu durch, die Kosten für einen Nachbau auf sich zu nehmen. Auf der 393 m langen Seebrücke, der längsten Rügens, steht auch das rekonstruierte zweistöckige, T-förmige Seebrückengebäude mit Restaurants und Läden. Am Südstrand Göhrens gab es bis zum Winter 1924 eine hölzerne Landungsbrücke mit einer Länge von 1078 Metern; auch sie wurde von Eisschollen zermalmt. Seitdem sind die Fischer dort gezwungen, ihren Fang weit vor dem Ufer von ihren Fischkuttern mit größerem Tiefgang auf kleine Motorboote umzuladen. Und die 1993 am Nordstrand errichtete Seebrücke ist mit ihren 280 m Länge zu kurz, als dass dort größere Schiffe anlegen könnten.

Sellins ganzer Stolz: die rekonstruierte historische Seebrücke

Sellin

Sehenswertes in Sellin

Das Leben in Sellin spielt sich hauptsächlich in der denkmalgeschützten Wilhelmstraße, einer breiten Lindenallee mit Promena-
denwegen, ab. Neben den zahlreichen Restaurants und den kleinen
Läden entlang der Straße sind es vor allem die Hotels und Villen
mit ihren verspielten und ornamentreichen Holzfassaden, trutzigen Türmchen und grazilen Erkern, die jedes Jahr Tausende von
Besuchern begeistern. Am südlichen Ende der Wilhelmstraße gelangt man durch die Seeparkpassage in den modernen Ferienpark
mit Seenlandschaft und zur Wasserwalt Nemo, einem ganzjährig
genutzten Erlebnisbad.

Wilhelmstraße

In der Schulstraße zeigt die Galerie Hartwich vor allem Werke
junger Künstler aus dem Ostseeraum. Wissenswertes über Bernstein erfährt man im gleichnamigen Museum, das sich an der Ecke
Wilhelm-/Granitzer Straße befindet (geöffnet Mo. – Fr. 10⁰⁰ – 12⁰⁰
und 14⁰⁰ – 17⁰⁰, Sa. 10⁰⁰ – 12⁰⁰ Uhr).

**Galerie,
Bernstein-
Museum**

Parallel zur Wilhelmstraße verläuft die August-Bebel-Straße, an der
sich, versteckt hinter Bäumen, die evangelische Kirche befindet.
Der achteckige neobarocke Zentralbau wurde 1913 geweiht. Während der Sommermonate stellen hier von Zeit zu Zeit Künstler ihre
Werke aus, auch Konzerte und Vortragsabende werden in der
Kirche veranstaltet.
Die katholische Kapelle erreicht man von der Wilhelmstraße aus
über die Bergstraße. Von dort sind es nur wenige Meter bis zur Kliff-
kante am Quitzlaser Ort.

Kirchen

Küstenbereich	Von der Hochuferpromenade genießt man einen herrlichen Blick über das Meer bis zu den Kreidefelsen auf Jasmund. Das 1896 direkt
Kurhaus	auf der Uferhöhe erbaute Hotel "Fürst Wilhelm" wurde zum Kurhaus umgebaut, eine architektonisch gelungene Synthese aus Alt und Neu.
"Himmelsleiter"	Am Ende der Wilhelmstraße stößt man auf die "Himmelsleiter", eine breite Holztreppe, die zum Strand hinunterführt. Wem das Treppensteigen zu beschwerlich ist, kann auch die links und rechts der Treppe verlaufenden Wege hinunter zum Ufer wählen oder den Schrägaufzug nehmen.
∗Seebrücke	Das Selliner Wahrzeichen, die 393 m lange Seebrücke, entspricht wieder ihrem historischen Vorbild mitsamt dem rekonstruierten prächtigen, zweistöckigen Restaurant- und Geschäftsgebäude, das hier schon in den 40er-Jahren stand (▶ Baedeker Special S. 164). Sehenswert sind vor allem der sog. Kaiserpavillon im Stil der 1920er-Jahre und der Palmengarten, wo Restaurants untergebracht sind, sowie der Balticsaal, in dem vor allem während der Saison größere Veranstaltungen stattfinden.
Selliner Kleinbahnhof	Der Kleinbahnhof der historischen Dampfeisenbahn "Rasender Roland", die mehrmals täglich zwischen Lauterbach und Göhren verkehrt (▶ Praktische Informationen S. 226), liegt im Südosten von Sellin an der Seestraße. Der Bahnhof ist der einzige, der noch im Originalzustand aus der Zeit der Jahrhundertwende erhalten ist. In der mit viel Liebe zum Detail renovierten Bahnhofsgaststätte wird ausgezeichnete regionale Küche serviert.

Rohrgedeckter Bauernhof in Altensien bei Sellin

Im Südwesten berührt der Badeort den Selliner See, an dem die hübschen Ortsteile Altensien und Moritzdorf liegen. Der reizvolle, von Schilf umgebene See ist ein beliebtes und ergiebiges Angelrevier. Wer Lust auf eine kleine Bootspartie hat, kann sich ein Ruderboot ausleihen; für diejenigen, die ihre Kräfte lieber sparen wollen, hält der Bootsverleiher sogar einige 4-PS-Außenborder bereit.

Selliner See

Sellin besitzt ein gut ausgebautes Rad- und Wanderwegenetz; an markanten Punkten sind Rast- und Verweilplätze eingerichtet. Wer sein Fahrrad zu Hause gelassen hat, kann sich im Ort einen Drahtesel leihen.

Wanderungen

Ein 7 km langer Hochuferweg führt ins nordöstlich von Sellin gelegene Ostseebad Binz durch eine reizvolle Landschaft. Wendet man sich dagegen nach Süden, führt der Weg zunächst oberhalb der Steilküste, nach einigen Hundert Metern dann über den feinsandigen Strand nach Baabe (ca. 3 km). Von Baabe aus sind es noch einmal 3 bis 4 Kilometer über den Strand bis nach Göhren.

Nach Binz, Baabe und Göhren

Entlang des Selliner Sees zu dem kleinen Moritzdorf, einem hübschen denkmalgeschützten Zeilendorf am Fuß eines Steilufers, führt der folgende Weg: Von Sellin aus geht oder radelt man zunächst die Westbahnstraße in Richtung Binz. Bei der ersten Möglichkeit biegt man nach links ab, überquert die B 196 bzw. die Seestraße und folgt der Ausschilderung nach Altensien/Moritzdorf. Von Altensien aus gelangt man auf einem Feldweg entlang des Sees nach Moritzdorf. Kurz vor dem Ort kann man die kleine Abzweigung rechts hoch zu einer Gaststätte mit einer Aussichtsterrasse nehmen. Von dem 37 m hohen Hügel aus blickt man über den Selliner See bis zum Mönchgut. Für den Rückweg von Moritzdorf aus gibt es mehrere Alternativen: Bequem ist eine Fahrt mit der kleinen Personenfähre über den See zurück nach Sellin. Man kann sich auch über die Baaber Beek nach ▶ Baabe übersetzen lassen und dort über die Bollwerkstraße auf die B 196 und über die Waldstraße am "Cliff-Hotel" vorbei zum Kiefernweg in Sellin gehen. Oder man geht nach dem Übersetzen am Strand entlang durch den Sand und auf dem Hochuferweg zurück nach Sellin (ca. 6 km).

Über Altensien nach Moritzdorf

Alternativ kann man von Moritzdorf am Selliner See entlang zum hübschen Fischerörtchen Seedorf im Südwesten der Landzunge spazieren und von dort, weiter am Wasser entlang, nach Neuensien – im Norden von Seedorf – wandern. Der Weg führt von hier aus geradewegs zurück zur B 196, über die man nach Sellin zurückkommt (ca. 5 km).

Von Moritzdorf über Seedorf und Neuensien nach Sellin

Stralsund

Stralsund

B 4

Höhe: 9 m ü. d. M.
Einwohnerzahl: 62 000

Wer auf dem Landweg nach Rügen will, kommt zwangsläufig durch die alte Stadt am Strelasund, denn hier befindet sich seit über 60 Jahren die (bislang) einzige Brücke zwischen Rügen und dem Festland, der Rügendamm. Verkehrstechnisch ist Stralsund ein Nadelöhr, doch die viertgrößte Stadt Mecklenburg-Vorpommerns hat einiges zu bieten, was diese Tatsache schnell vergessen lässt. Die ehemalige Hansestadt blickt auf eine glanzvolle Vergangenheit

Lage und Bedeutung

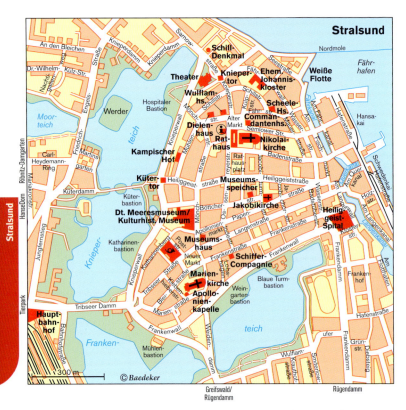

| Lage und Bedeutung (Fts.) | zurück, die sich heute noch in ihrem Stadtbild widerspiegelt. Nicht ohne Grund wird die fast rundum von Wasser umschlossene Altstadt als das "Venedig des Nordens" bezeichnet. |

**Historisches Stadtbild

Die als Flächendenkmal ausgewiesene Altstadt von Stralsund besitzt mit ihren drei mächtigen Backsteinkirchen, dem stolzen Rathaus, den mittelalterlichen Klöstern und unzähligen Wohn- und Geschäftshäusern aus unterschiedlichen Jahrhunderten eine historische Bausubstanz von unschätzbarem Wert. Obwohl noch lange nicht alles, was der Erhaltung wert ist, vor dem Verfall gerettet ist, und an vielen Stellen der Stadt immer noch Baukräne, Schutt und Renovierungslärm das Bild bestimmen, ist ein Spaziergang durch die Altstadt ein Erlebnis. Charakteristisch für die mittelalterliche Bebauung von Stralsund sind die hohen Giebelhäuser aus Backstein, die seit dem ausgehenden 13. Jh. die bis dahin üblichen Holzbauten ersetzten. Im Erdgeschoss befanden sich die Wohn- und Geschäftsräume, darüber die Speichergeschosse. Blendbögen, pfeilerartige Vorlagen und Fialtürmchen bilden den Schmuck ihrer Fassaden. Die schönsten alten Häuser stehen in der Franken-, Mönch-, Mühlen-, Ravensberger-, Baden-, Böttcher- und der Semlowerstraße.

Giebelhäuser

Schiffbau und Hafenwirtschaft haben Stralsund zu einer bedeutenden Wirtschaftsmetropole an der deutschen Ostseeküste gemacht. Der auf die Küstenschifffahrt ausgerichtete Hafen ist der drittgrößte in Mecklenburg-Vorpommern. Zu DDR-Zeiten staatlich gefördert, entwickelte sich in Stralsund ebenso wie in anderen Küstenstädten an der Ostsee die Werftindustrie (Passagierschiffe und Fischereiboote) zum wirtschaftlichen Rückgrat der Region. Die schwere Krise dieses Industriezweigs nach der Wiedervereinigung Deutschlands traf auch Stralsund hart. Mit der Neustrukturierung der Volkswerft Stralsund, dem größten Arbeitgeber vor Ort, verlor die Stadt rund 5000 Arbeitsplätze. Eine bessere Zukunft verspricht man sich von den Branchen Bauwesen und Tourismus, die sich durch die anhaltenden Sanierungsmaßnahmen in der Altstadt und die steigenden Besucherzahlen zu bedeutenden Wirtschaftsfaktoren entwickeln werden.

Wirtschaft

Durch Stralsund führt der einzige Straßen- und Schienenanschluss nach Rügen bzw. zum Fährhafen Sassnitz/Neu Mukran. Für die Verkehrsverbindung von Deutschland nach Skandinavien bzw. in die nordosteuropäischen Staaten ist Stralsund daher ein wichtiger Knotenpunkt.

Verkehr

Den Ursprung der Stadt am Strelasund bildete das slawische Fischer- und Fährdorf Stralow. Zu Beginn des 13. Jh.s ist hier von einer deutschen Kaufmannssiedlung die Rede, die 1234 von Fürst Wizlaw I. das Lübecker Stadtrecht erhielt. Die ersten Häuser Stralsunds standen um den Alten Markt und die Nikolaikirche; südlich davon lag um den Neuen Markt mit der Marienkirche die sog. Neustadt. Nach einem Überfall der mächtigen Konkurrentin Lübeck im Jahr 1249 begannen die Stralsunder mit dem Bau einer Stadtbefestigung, die auch die Neustadt miteinschloss.

Geschichte
Anfänge

Durch Schiffbau und Fernhandel kam die Stadt im Verlauf des 13. und 14. Jh.s zu erheblichem Wohlstand. Der Beitritt zur Hanse fällt in das Jahr 1293. Schon bald war Stralsund eines der einflussreichsten Mitglieder des mittelalterlichen Kaufmannsverbundes. Ihre selbstständige Stellung büßte die Stadt auch unter der Herrschaft der Pommernherzöge (ab 1325) nicht ein. Der Krieg zwischen Dänemark und der Hanse wurde 1370 mit dem Frieden von Stralsund beendet: Der Vertrag sicherte für lange Zeit die Vormachtstellung der Hanse im Ostseehandel. Als gegen Ende des 15. Jh.s die Hanse an Bedeutung und Macht verlor, war auch Stralsunds Blütezeit vorbei.

Hansezeit

Der Dreißigjährige Krieg brachte Stralsund schwere Zerstörungen durch die Truppen Wallensteins, die die Stadt 1628 belagerten, aber nicht einnehmen konnten. Dennoch fiel sie 1648 zusammen mit Vorpommern an Schweden. Stralsund wurde zur Festung ausgebaut und war ab 1720 Regierungssitz von Schwedisch-Pommern. Nach dem Wiener Kongress (1814/1815) gehörte die Stadt wie Rügen und Vorpommern zu Preußen.

17. – 19. Jh.

Die Rolle Stralsunds als Tor zur Insel Rügen, zu der seit 1883 Fährverkehr bestand, gewann durch den Bau des Rügendamms 1936 an Bedeutung. Im Zweiten Weltkrieg erlitt die Altstadt durch einen Angriff am 6. Oktober 1944 schwere Schäden. Nach dem Krieg entwickelte sich Stralsund innerhalb kurzer Zeit zu einer für den Ostseehandel bedeutenden Industrie- und Hafenstadt.

20. Jahrhundert

Blick von der Marienkirche über die historische Altstadt von Stralsund mit dem Neuen Markt und der hoch aufragenden Nikolaikirche neben dem Rathaus. Im Hintergrund die Küstenlinie von Rügen.

Stadtführungen	Von Mai bis September werden täglich um 11⁰⁰ und 14⁰⁰ Uhr Stadtführungen angeboten, die an der Stadtinformation beginnen. Am Neuen Markt startet täglich außer sonntags ab 11⁰⁰ Uhr stündlich die Hanse-Bahn zu einer rund 40-minütigen Stadtrundfahrt.
Einkaufs-möglichkeiten	Wer gerne in Geschäften stöbern und einkaufen möchte, wird am Neuen Markt sowie in der Ossenreyer- und der Mönchstraße am ehesten finden, wonach er sucht.

Alter Markt und nördliche Altstadt

**Rathaus

Ein Juwel der norddeutschen Backsteingotik und der bedeutendste Profanbau der Stadt ist das Rathaus, das mit der nördlichen Schmalseite an den Alten Markt stößt. Seine prächtige Fassade, die mit den dahinter liegenden Türmen der Nikolaikirche zu einem eindrucksvollen Gesamtbild verschmilzt, entstand vermutlich um das Jahr 1400 nach dem Vorbild des Rathauses in Lübeck. Zu sehen ist im Wesentlichen allerdings eine Rekonstruktion des Stadtbaumeisters Ernst von Haselberg aus der zweiten Hälfte des 19. Jh.s. Hinter den spitzbogigen Arkaden des Erdgeschosses liegt eine offene, gewölbte Halle, die ehemalige Gerichtslaube, darüber befindet sich der "Löwensche Saal". Die vertikale Gliederung der oberen Fassadenhälfte übernehmen sieben Pfeilervorlagen, die in behelmte Türmchen auslaufen. Die dazwischen eingespannten Wandfelder mit Blendbogenöffnungen münden in krabbenbesetzte Wimperge mit eingeschriebener Rosette.

Ursprünglich war das Rathaus um einen offenen Innenhof angelegt, der durch ein Glasdach zur Passage umgewandelt wurde. Die Längsflügel – zwei schmale Giebelhäuser mit offenen Verkaufsräumen im Erdgeschoss – entstanden vermutlich schon in der zweiten Hälfte des 13. Jh.s, die beiden Verbindungsbauten im Norden und Süden kamen später hinzu. Den nördlichen Querbau ersetzte ab etwa 1400 der Neubau mit der marktseitigen Schaufront. Um 1680 erhielt der Innenhof die hölzerne, auf Säulen ruhende Galerie. Die der Ossenreyerstraße zugewandte Westseite wurde in der ersten Hälfte des 18. Jh.s barock umgestaltet und mit einem pilastergerahmten Portal versehen. Die Restaurierung 1881 – 1887 ließ allerdings den gotischen Gesamtcharakter des Gebäudes wieder verstärkt hervortreten.

**Nikolaikirche

Stralsunds älteste, dem Schutzpatron der Seeleute geweihte Pfarrkirche ragt unmittelbar hinter dem Rathaus empor. Durch die Halle des Rathauses gelangt man zum Hauptportal der Kirche. Patrizier und Ratsherren der Stadt hatten das 1270 begonnene und 1360 vollendete Bauwerk in Auftrag gegeben. Die beiden mächtigen, durch Blendfensterreihen geschmückten Westtürme wurden in der zweiten Hälfte des 14. Jahrhunderts hinzugefügt. Nach einem Brand 1662 setzte man dem Südturm 1667 eine barocke Haube auf, der Nordturm ist bis heute nur mit einem flachen Zeltdach gedeckt. Mit einem kapellenbesetzten Umgangschor, zwei Westtürmen sowie einem offenen, über die Seitenschiffe hinweggeführten Strebewerk greift der Kirchenbau das Schema der nordfranzösischen Kathedralgotik auf. Hochgotische Architektur und eine überreiche Ausstattung aus der Zeit der Gotik bis zum Barock verbin-

Stralsund

den sich in der Nikolaikirche zu einem großartigen Gesamtein-
druck. Ein wichtiges Element der Innenraumwirkung war die Ausmalung der Gewölbe und Arkadenzonen in Langhaus und Chor
(14./15. Jh.), die durch die jüngste Restaurierung in ihrer ursprünglichen Farbigkeit wiederhergestellt wurde. Ein architektonisches
Schmuckstück ist die nordöstliche Chorkapelle mit ihrem filigranen Sterngewölbe (15. Jh.).

Eines der ältesten Ausstattungsstücke ist die vor 1280 entstandene,
über 2 m hohe Figurengruppe der Anna Selbdritt, ein bedeutendes
Werk der Bildhauerkunst im Ostseeraum um 1300. Das Kruzifix
über dem Hochaltar wurde um 1360 als Triumphbogenkreuz angefertigt. Die astronomische Uhr mit dem bemalten Zifferblatt vollendete laut Inschrift Nikolaus Lilienfeld am Nikolaustag des Jahres
1394. Aus dem beginnenden 15. Jh. stammen die Holzpaneele des
Nowgorodfahrer-Gestühls. Die Reliefs auf den Wangen des Gestühls

Stralsund

Die prächtige Fassade des Rathauses am Alten Markt

zeigen Jagdszenen in Russland sowie einen Pelztierverkauf an einen hanseatischen Kaufmann. Bedeutsam sind auch verschiedene
Einbauten aus gotischer Zeit, so die Chorschranken mit reichem
Schnitzwerk (Ende 14. Jh.), die Empore im Chorscheitel mit gemalten Heiligen zwischen geschnitztem Maßwerk (um 1500) sowie die
auf gleicher Höhe oberhalb der Arkadenreihe verlaufende Holz-
brüstung mit gemalten Wappen zwischen krabbenbesetzten Fialen.
Die vielen mittelalterlichen Wandelaltäre in der Kirche – von
denen heute die meisten wieder vor Ort sind – waren ursprünglich
an den Pfeilern im Hohen Chor und im Langhaus, vor allem aber in
den Kapellen der Seitenschiffe aufgestellt. Um 1480 entstand in
einer Stralsunder Werkstatt der Hochaltar, der im Schrein eine

Nikolaikirche (Fortsetzung)

figurenreiche Kreuzigungsdarstellung zeigt. Der direkt benachbarte Altar der Schneider aus dem ausgehenden 15. Jh. vermittelt eine Vorstellung davon, wie eng die Altäre ursprünglich beieinander standen. Ebenfalls im Chorbereich befindet sich der Altar der Familie Junge (um 1430), der eine "schöne Madonna" im Zentrum zeigt. An einem Langhauspfeiler steht heute der Bergenfahrer-Altar (um 1500) mit einer geschnitzten Kreuzigung im Schrein und vier gemalten Passionsszenen auf den Flügeln. Als Stiftung der zwei Bürgermeister Henning Mörder und Sabel Osborn kam Anfang des 16. Jh.s ein weiterer Altar hinzu. Zu den herausragenden Werken aus nachmittelalterlicher Zeit gehören die 1611 geschaffene Sandstein-Kanzel mit Alabasterreliefs, der von Andreas Schlüter aus Berlin entworfene barocke Hauptaltar von 1708 und das 1714 von Elias Keßler gefertigte Taufgehäuse. Aus dem 16. bis 18. Jh. stammen die mit reich geschmückten Schauwänden versehenen Familiengräber in den Seitenschiffkapellen (geöffnet April – Sept. Mo. – Fr. 10^{00} bis 17^{00}, Sa. 10^{00} – 16^{00}, So. u. feiertags 10^{00} – 12^{00} und 14^{00} – 16^{00} Uhr, Okt. – März tgl. 10^{00} – 12^{00} und 14^{00} – 16^{00} Uhr).

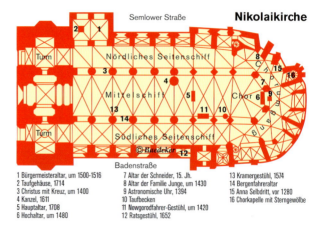

Nikolaikirche

1 Bürgermeisteraltar, um 1500-1516
2 Taufgehäuse, 1714
3 Christus mit Kreuz, um 1400
4 Kanzel, 1611
5 Hauptaltar, 1708
6 Hochaltar, um 1480
7 Altar der Schneider, 15. Jh.
8 Altar der Familie Junge, um 1430
9 Astronomische Uhr, 1394
10 Taufbecken
11 Nowgorodfahrer-Gestühl, um 1420
12 Ratsgestühl, 1652
13 Kramergestühl, 1574
14 Bergenfahreraltar
15 Anna Selbdritt, vor 1280
16 Chorkapelle mit Sterngewölbe

*Wulflam-Haus

Der Stralsunder Bürgermeister Bertram Wulflam ließ sich an der Nordwestseite des Alten Markts um 1380 ein Wohnhaus bauen, das mit einem reich verzierten Staffelgiebel wie ein Pendant zum schräg gegenüber liegenden Rathaus wirkt. Das Wulflamhaus ist bis heute eines der schönsten und vor allem am besten erhaltenen mittelalterlichen Bürgerhäuser der Stadt.

Dielenhaus

Ein typisches Beispiel für ein mittelalterliches Kaufmannshaus ist das schön restaurierte Gebäude in der Mühlenstraße 3, in der heute eine Galerie untergebracht ist. Wegen des zentralen Verkaufsraums im Erdgeschoss, der Diele, wird es Dielenhaus genannt.

Commandantenhaus

Das 1746 erbaute dreigeschossige Traufenhaus an der Ostseite des Platzes (Alter Markt 14) war einst Sitz der schwedischen Kommandantur. Den Mittelrisalit des schlichten Barockbaus betont ein Dreiecksgiebel.

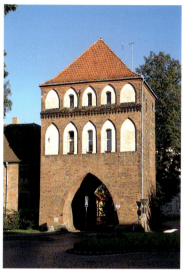

Barlachs "Pietà" im ehemaligen Kloster

Das Kniepertor war Teil der Stadtmauer.

Vom Alten Markt führt die schmale Knieperstraße hinab zu dem gleichnamigen Torturm aus der ersten Hälfte des 15. Jh.s, der einst Teil der mittelalterlichen Stadtbefestigung war. Direkt hinter dem Kniepertor liegt linker Hand das 1913/1914 errichtete Stadttheater.

Kniepertor, Stadttheater

Östlich vom Kniepertor, an der alten Stadtmauer (heute auf dem Gelände zwischen Schillstraße und Fährwall), errichteten ab 1254 Franziskanermönche ein Kloster (nur über die Schillstraße zugänglich). Durch die Auflösung der Ordensniederlassung im Zuge der Reformation gelangte das Kloster in den Besitz der Stadt, die es zum Armenhaus umbaute. Die Klausurgebäude nehmen heute das Stadtarchiv auf, in einigen Räumen werden Wechselausstellungen gezeigt. Vom Chor der Klosterkirche stehen seit dem Zweiten Weltkrieg nur noch die Außenmauern. Durch ein Gitter erspäht man die nachgebildete Skulptur einer "Pietà" von Ernst Barlach, die 1988 als Mahnmal für die Kriegsgefallenen hier aufgestellt wurde.

Ehemaliges Johanniskloster

In der Fährstraße befinden sich einige rekonstruierte Gebäude; erhalten blieb das Geburtshaus (Nr. 23) des Chemikers und Entdeckers des Sauerstoffs Carl Wilhelm Scheele (1742–1786) mit schöner Spätrenaissancefassade (1660). Vor dem Haus Fährstraße Nr. 21 markiert eine Gedenkplatte im Bürgersteig die Stelle, an der am 31. Mai 1809 der preußische Offizier Ferdinand von Schill bei der Verteidigung Stralsunds gegen Napoleons Truppen den Tod fand.

Fährstraße, Scheelehaus

Folgt man der Fährstraße noch ein Stück weiter stadtauswärts, kommt man in den Hafen von Stralsund. Am nördlichen Ippenkai laufen die Schiffe der Weißen Flotte nach Rügen und Hiddensee sowie zu Hafenrundfahrten aus.

Hafen

175

Das 1380 erbaute Wulflamhaus (Mitte) am Alten Markt ist eines der schönsten mittelalterlichen Bürgerhäuser von Stralsund.

Vom Alten Markt zum Katharinenkloster

Mühlenstraße

An der Westseite des Alten Markts beginnt die Mühlenstraße mit einigen sehenswerten Gebäuden. Besondere Aufmerksamkeit verdient das Haus Nr. 1 mit Pfeilergiebel, das zu den ältesten Backsteinhäusern Stralsunds zählt (Ende 13. Jahrhundert), und das im Mittelalter für einen Kaufmann gebaute Dielenhaus (Mühlenstraße 3), ein sog. Wohnspeicher.

Kampischer Hof

Die um einen Hof angelegte Gebäudegruppe Mühlenstraße Nr. 23 gehörte dem Zisterzienserkloster Neuenkamp (heute Franzburg). Speicher und Wohnhaus stammen aus dem 15. Jahrhundert, der Verbindungsflügel kam später hinzu. Das Wohnhaus rechts mit dem Blendenschmuck erhielt im 18. Jh. seinen geschweiften Giebel.

Stadtbefestigung, Kütertor

Die mittelalterliche Stadtbefestigung mit den charakteristischen Wiekhäusern – ursprünglich der Stadtmauer eingefügte Verteidigungsanlagen, die man später in Wohnungen umbaute – wurde im nördlichen und nordwestlichen Abschnitt zwischen Johanniskloster und Kütertor restauriert. Von den einstigen Tortürmen steht noch das Kniepertor aus dem 15. Jh. und das Kütertor von 1446.

Ehemaliges Katharinenkloster

Das Katharinenkloster gehörte ursprünglich den seit 1250 in Stralsund ansässigen Dominikanern. Seit 1924 birgt der Gebäudekomplex das Kulturhistorische Museum und seit 1974 das Deutsche Museum für Meereskunde und Fischerei.

Die in der ehemaligen Klosterkirche untergebrachte Schausammlung gehört zu den Publikumsrennern unter den Museen in Mecklenburg-Vorpommern – nicht zuletzt deshalb, weil Thema und Präsentation sowohl für Erwachsene aus auch für Kinder und Jugendliche gleichermaßen interessant sind. Eine der Attraktionen ist der 17 m lange Fischkutter aus Sassnitz im Hof des Museums. Den Mittelpunkt des Museums bilden die auf drei Etagen verteilten Ausstellungen in der ehemaligen Klosterkirche. Die Schwerpunkte hier sind Meereskunde und Meeresbiologie – die Flora und Fauna des Meeres wird mittels ausgestopfter, mumifizierter und nachgebildeter Walrösser, Pinguine, Riesenschildkröten, Kraken, Delphine und Robben präsentiert –, weitere Themen sind Mensch und Meer sowie die Entwicklung der Küsten- und Hochseefischerei bis in unsere Zeit. Dazu wird über verschiedene Fangtechniken, über die Fischortung, über Fangflotten und anderes mehr informiert. Im zweiten Obergeschoss hat das Museum dem Naturraum Ostsee eine eigene Abteilung gewidmet. Ein weiterer Anziehungspunkt ist das im Kellergeschoss befindliche Meeresaquarium mit mehreren Schaubecken, in denen sich neben verschiedensten Fischarten auch Seesterne, Meeresschildkröten und Seepferdchen tummeln. Im Streichelbecken kann man zahlreiche exotische Meerestiere aus der Nähe betrachten und berühren. Im Innenhof befindet sich ein Museumscafé mit Terrasse (geöffnet Sept. – Juni tgl. 10⁰⁰ – 17⁰⁰, Juli und Aug. tgl. 9⁰⁰ – 18⁰⁰ Uhr).

Baedeker TIPP **Clevere Kraken**

Jeden Samstag und Sonntag um 11⁰⁰ Uhr kann man im Aquarium beim Schaufüttern der Tiere zusehen. Die Tierbetreuer zeigen ihren Zuschauern dabei auch, wie clever Kraken sein können. Mit etwas Training schaffen es die intelligenten Kopffüßler sogar, eine Dose zu öffnen, um an das Futter darin zu kommen.

Nicht weniger interessant sind die Sammlungen des Kulturhistorischen Museums (Eingang um die Ecke in der Mönchstraße) in den herrlichen historischen Räumlichkeiten des Klausurkomplexes, die an sich schon eine Besichtigung wert sind. Im Kreuzgang bewahrt das Museum neben anderem kostbare Truhen und Schränke aus dem 16. – 18. Jahrhundert. Die weiteren Exponate im Erdgeschoss illustrieren die regionale Ur- und Frühgeschichte vom 8. Jahrtausend v. Chr. (Knochenfunde, Schädel, Werkzeuge der Jäger- und Sammlergesellschaft) über die Bronze- und Eisenzeit (Waffen, Schmuck, Gefäßkeramik) und die germanische und slawische Zeit des 4. – 7. Jh.s bis zu den dörflichen Siedlungen des 11. und 12. Jh.s. So sind z. B. Grabbeigaben ausgestellt, die man in den 145 bisher untersuchten Hünen- und Hügelgräbern in und um ▶ Ralswiek auf Rügen ausgegraben hat. Zu den bedeutendsten Zeugnissen der Frühgeschichte zählt der prächtige, vermutlich für den Wikingerkönig Harald Blauzahn angefertigte "Hiddenseer Goldschmuck" aus dem 10. Jahrhundert, der 1874 vor der Küste Hiddensees gefunden wurde. Dieses wertvollste Stück des Museums besteht aus 16 Teilen: einem geflochtenen Halsreif, vier kleinen und vier großen Kreuzen, Zwischengliedern und einer Fibel. Die Stadtgeschichte der frühen Neuzeit ist hier vor allem durch sakrale Kunstwerke aus den Kirchen Stralsunds vertreten.
Das erste Obergeschoss ist der Geschichte Stralsunds vom 17. Jh. bis in die Gegenwart gewidmet. Dokumentiert wird diese Zeit durch

**Deutsches Museum für Meereskunde und Fischerei

Stralsund

**Kulturhistorisches Museum

*Hiddenseer Goldschmuck

Kultur-historisches Museum (Fortsetzung)

Stralsund-Ansichten, u. a. durch einen Stich von Matthäus Merian (1650), ein Stadtmodell nach einem Plan von Johannes Staude (1647) sowie durch Handelsware vom Anfang des 17. Jahrhunderts. Eine große Abteilung ist der bürgerlichen Wohnkultur des 19. und beginnenden 20. Jahrhunderts gewidmet. Zu sehen sind u. a. mehrere vollständig eingerichtete Zimmer, darunter ein bürgerlicher Wohnraum im Stil der Gründerzeit mit Stralsunder Möbeln, ein Biedermeierzimmer und ein Herrenfrisierplatz.

Hiddenseer Goldschmuck

Die größte Fläche im zweiten Stock ist Sonderausstellungen vorbehalten. Ein schlauchartiger Raum zeigt eine Spielzeugsammlung, in der man von Puppenhäusern über Bauernhöfe, Bilderbücher, Schaukelpferde, Steinbaukästen, Glanzbilderalben, Puppen und Puppentheater aus der Zeit der Jahrhundertwende alles findet, was das Kinderherz einst begehrte. Einige Vitrinen zeigen auch Spielzeug der Siebziger- und Achtzigerjahre aus DDR-Produktion.

Das größte Exponat des Kulturhistorischen Museums ist das Museumshaus in der Mönchstraße 38. Hinter der unscheinbaren Fassade des Giebelhauses – um 1320 erbaut und damit eines der ältesten Gebäude in Stralsund – verbirgt sich ein

*Museumshaus

Museum, das mit einem ungewöhnlichen Konzept und vielen spannenden Einblicken aufwartet. Anstatt das Gebäude in den vermeintlichen Originalzustand zurückzuversetzen, haben sich die Restauratoren dafür entschieden, die lange Geschichte seiner Nutzung, die zahllosen großen und kleinen Veränderungen zum Ausstellungsthema zu machen. In der mittelalterlichen Schwarzküche wurde deshalb die geschwärzte Fettschicht, die diesen Küchen den Namen gab, ebenso sorgfältig bewahrt wie die über 20 Tapetenschichten, die in den Wohnstuben zum Vorschein kamen. Vom mittelalterlichen Warenaufzug, der vom Keller bis zum obersten Speicherboden reicht und immer noch funktionstüchtig ist bis zum volkseigenen Gaszähler aus der DDR-Zeit – hinter allen Ausstattungsstücken des Hauses verbirgt sich ein interessantes Kapitel der Alltagsgeschichte (geöffnet Di. – So. 10⁰⁰ – 17⁰⁰ Uhr).

Neuer Markt und südliche Altstadt

Neuer Markt

Den lebendigen Mittelpunkt der südlichen Altstadt bildet der Neue Markt, der von der dritten und größten Stadtkirche, St. Marien, überragt wird. Will man das gewaltige Gotteshaus etwas aus der Ferne betrachten, empfiehlt sich ein Spaziergang über den Weidendamm auf die andere Seite des Frankenteichs ans Wulflamufer. Von hier aus zeigt sich die Marienkirche von ihrer schönsten Seite.

**Marienkirche

Der mächtige Backsteinbau erhebt sich über einer ersten Pfarrkirche der Neustadt, einer Hallenkirche, die in den 1380er-Jahren durch den Einsturz ihres Westturms zerstört wurde. Das neue Gotteshaus wurde als dreischiffige Basilika mit einem Querhaus und einem kapellenbesetzten Umgangschor angelegt und im Laufe des 15. Jh.s weitgehend fertig gestellt. Wie ein Bollwerk wirkt der trutzige, beinahe schmucklose Westbau, in dessen unstrukturierte Front nur drei monumentale Fenster einschneiden. Über dem quadratischen, von zierlichen Ecktürmchen begleiteten Unterbau steigt der 104 m hohe, achteckige Turm auf, der von einer barocken Haube mit Laterne bekrönt wird. 345 Stufen – die letzten abenteuerlich steil – sind es bis zur Aussichtsplattform auf dem Turm der Marienkirche. Von hier oben bietet sich ein herrlicher Blick auf die Altstadt von Stralsund.

Marienkirche (Fortsetzung)

Aussichts-plattform

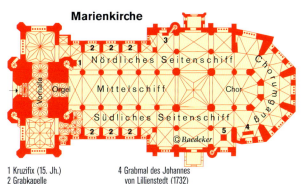

Marienkirche

1 Kruzifix (15. Jh.)
2 Grabkapelle
3 Schnitzfiguren (15. Jh.)
4 Grabmal des Johannes
  von Lilljenstedt (1732)
5 Taufgehäuse (um 1740)

Die schlichte Monumentalität des Außenbaus setzt sich auch im Inneren der Kirche fort. Während bei der Nikolaikirche vor allem das Zusammenwirken von Raum und Ausstattung beeindruckt, ist es hier, bedingt durch den weitgehenden Verlust der einstigen Ausstattung, vor allem die Architektur selbst mit ihren enormen Ausmaßen (Mittelschiff 96 m lang und 32 m hoch), die dem Betrachter Bewunderung abverlangt. Den fulminanten Auftakt bildet das Westwerk (Eingang), dessen drei ursprünglich zu den Kirchenschiffen geöffneten Hallen in Schwindel erregender Höhe von herrlichen Netz- bzw. Sterngewölben überspannt werden. Die beinahe schmucklosen Wände des kreuzrippengewölbten Langhauses leiten den Blick in die Raumtiefe, wo die achteckigen, mit gebündelten Diensten überzogenen Vierungspfeiler und der fein gegliederte Binnenchor (Baudekor und Zierwand neogotisch) optisch zu einer Einheit verschmelzen.

Von der überaus reichen mittelalterlichen Ausstattung – die Kirche besaß u. a. vierundvierzig große, von den städtischen Zünften gestiftete Altäre – ist fast nichts erhalten geblieben. Was nicht schon durch die Bilderstürmer oder durch Kriegsplünderungen abhanden gekommen war, wurde während der neogotischen Restaurierung in den Jahren 1842 – 1847 entfernt. Links des Haupteingangs, im nördlichen Seitenschiff, entdeckt man in den Arkadenbögen Malereien aus dem 15. Jahrhundert. Das Kruzifix an der Westturmwand gehört zu den wenigen erhaltenen Stücken aus dem Mittelalter. Zwischen den Strebepfeilern sind, durch barocke Schauwände von der Kirche getrennt, Altarnischen geschaffen worden, die als Grabkapellen Stralsunder Familien dienen. Besonders eindrucks-

Ausstattung

179

Die Marienkirche vom Wulflamufer aus gesehen

Marienkirche
(Fortsetzung)

voll ist die Begräbniskapelle der Grafen Küssow im nördlichen Chorumgang mit einer Schauwand von 1742. Neben dem nördlichen Querhausportal stehen die drei Schnitzfiguren (Maria mit Kind, Petrus und Paulus, erste Hälfte des 15. Jahrhunderts), die ursprünglich in Nischen an der Außenseite dieses Portals aufgestellt waren. Von der Vierung aus bietet sich ein schöner Blick ins Mittelschiff mit den vier Messingkronleuchtern aus dem 16. und 17. Jahrhundert sowie auf die prächtige Barockorgel (1653 – 1659) an der Westwand. Sie war das letzte Werk des namhaften Orgelbauers Friedrich Stellwagen aus Lübeck. Im südlichen Chorumgang verdient vor allem das barocke Grabmal des schwedischen Grafen Johannes von Lilljenstedt Beachtung (1732). Der Antwerpener Bildhauer Johann Baptist Xavery schuf mit der halb liegenden, halb sitzenden Figur ein sehr lebensnahes Bildnis des Verstorbenen. Um 1740 entstand das achteckige, aus Holz geschnitzte Taufgehäuse, das dem spätmittelalterlichen Taufbecken einen architektonischen Rahmen verleiht.

Apollonien-
kapelle

Der kleine achteckige Bau südwestlich neben der Marienkirche wurde 1416 als Sühne für die Ermordung dreier Geistlicher durch die Bürgerschaft errichtet.

Schiffer-
Compagnie

Auf dem Weg vom Neuen Markt durch die Frankenstraße zum Heiliggeist-Spital kommt man am Haus der Schiffer-Compagnie (Nr. 9) vorbei, dem Bruderschaftshaus der Vereinigung der so genannten Schiffsbrüder. Die "Compagnie" wurde 1488 sozusagen als Interessenvertretung der Schiffer gegenüber den Kaufleuten gegründet; im Jahr 1635 zog sie in dieses Haus, in dem heute eine Ausstellung zu sehen ist. Früher kamen Seeleute, die auf Landurlaub waren, hier unter, und damals wie heute finden in den Räumlichkeiten Versammlungen statt. Ausgestellt werden in dem kleinen Museum vor allem Schiffsmodelle, Reisemitbringsel der "Schiffsbrüder" sowie alte Seekarten und Bilder. Das Prunkstück der Sammlung ist ein drei Meter langes Modell des Linienschiffs "Prinz Carl", das 1720 zusammengesetzt wurde (geöffnet Mo. – Fr. 9 30 – 11 30 und 13 00 bis 15 30 Uhr).

Schiffer-Compagnie (Fortsetzung)

Um 1325 hatte sich das 1256 gegründete Heiliggeist-Spital an der südlichen Stadtmauer niedergelassen. Von den Räumlichkeiten dieser karitativen Einrichtung ist die dreischiffige Backsteinhalle, die im Kern aus dem frühen 15. Jahrhundert stammt und später mehrfach verändert wurde, erhalten geblieben. Bemerkenswert ist der barocke Altaraufsatz des Stralsunder Künstlers Jakob Freese (um 1770). Alter Baubestand sind auch das östlich an die Kirche angrenzende, 1643 erneuerte Spitalgebäude mit hölzernen Galerien im Innenhof und das so genannte Elendenhaus von 1641, ein eingeschossiger Bau mit Schweifgiebeln an den Stirnseiten.

Heiliggeist-Spital

Etwa auf der ehemaligen Grenze zwischen Alt- und Neustadt steht die im ausgehenden 13. Jahrhundert errichtete Jakobi-Kirche. Zunächst als Halle angelegt, wurde die Kirche zu Beginn des 15. Jahrhunderts zur Basilika umgebaut. Aus dieser Zeit stammt auch der 68 m hohe, schlanke Westturm mit seinen filigranen, maßwerkdurchbrochenen Blendfenstern über dem großen, stark profilierten Bogen, der das Hauptportal und ein darüber liegendes Maßwerkfenster überfängt. Die im Zweiten Weltkrieg bei einem Luftangriff von Bomben schwer getroffene Kirche wird seit Jahren restauriert.

Jakobi-Kirche

Nur wenige Schritte von der Jacobi-Kirche entfernt, in der Böttcherstraße Nr. 23, befindet sich die volkskundliche Abteilung des Kulturhistorischen Museums. Die Ausstellung informiert vor allem über Brauchtum und traditionelle Lebensweise der Bevölkerung auf dem Darß und auf Rügen. Nicht nur die kleinen Besucher sind begeistert von der Spielzeugsammlung im Erdgeschoss mit schönen alten Puppenstuben, Baukästen und Plüschtieren.

Museums-speicher

Außerhalb der Altstadt

Stralsund besitzt nicht nur sehenswerte Kulturdenkmäler, sondern auch einen Tierpark. Er liegt am westlichen Rand der Stadt, an der Barther Straße (Anfahrt über Tribseer Damm, Hauptbahnhof). Auf dem rund 16 ha großen Gelände werden rund 850 Tiere gehalten. Vertreten sind sowohl heimische Tierarten wie Ziegen, Schafe, Dam- und Rotwild, Wildschweine, Füchse und Dachse, als auch Arten, die in unseren Breiten kaum mehr vorkommen wie Bären oder Luchse. Unter den Exoten seien vor allem verschiedene Raubkatzen, Kängurus, Wasserbüffel, Bisons und Schimpansen erwähnt. Für die echten Tierfreunde besonders interessant ist das Streichelgehege. Ein Spielplatz und ein Café mit schöner Terrasse runden das Freizeitangebot ab (geöffnet Sommer tgl. 9 00 – 19 00, Winter tgl. 9 00 – 16 00 Uhr).

Tierpark Stralsund

Stralsund

Höhe: 66 – 161 m ü. d. M.

Lage und Bedeutung

Mehrere Hunderttausend Besucher reisen pro Jahr in die Stubnitz auf die Halbinsel ▶ Jasmund im Nordosten Rügens, um einen Blick auf die leuchtend weißen Kreidefelsen an der Küste zu werfen. Der Nationalpark Jasmund, zu dem die Stubnitz 1990 ernannt wurde, ist das größte Naturschutzgebiet Rügens, das eine Fläche von rund 2000 ha Wald, knapp 500 ha Kreidebrüche, Wiesen und Moore sowie um die 500 ha Ostsee umfasst. Die geschützte bewaldete Anhöhe erstreckt sich von Lohme im Norden bis ▶ Sassnitz im Süden. Die schönsten und am häufigsten besuchten Stellen der Stubnitz sind die Stubbenkammer mit dem Königsstuhl im Norden und die Wissower Klinken im Süden, zu denen man wahlweise über den Hochuferweg, der von Sassnitz bis Lohme führt, oder über den Steinstrand gelangt. Reizvoll ist auch ein Schiffsausflug zu den Kreidefelsen, wobei man allerdings nicht an Land gehen kann – Ablegestellen sind außer in Sassnitz in den meisten Badeorten (▶ Praktische Informationen S. 232). Von ihrer schönsten Seite zeigen sich die Felsen am Vormittag, wenn sie von der Sonne voll angestrahlt werden.

**Landschaftsbild

Faszinierende Kreideformationen prägen das Landschaftsbild der Stubnitz entlang der Küste, zu der das Steilufer oft senkrecht abfällt. Strahlend weiße Kreidefelsen wechseln mit dichtem Buschwerk und Bäumen, die sich mit ihren Wurzeln an den Hängen fest-

Majestätisch erhebt sich der kreideweiße Königsstuhl, der höchste Aussichtspunkt der Stubnitzer Küste, aus den Wäldern.

halten. Vielerorts sieht man auch halb entwurzelte Bäume schräg über den Abgrund ragen – heftige Stürme, Regenfälle, Wind, Frost und Brandung verursachen die Bodenerosion und die Abbrüche, die die Vegetation mit in die Tiefe reißen.

Ausgedehnte Buchenwälder überziehen das Gebiet des National-parks, besonders Rotbuchen gedeihen bei der hohen Luftfeuchtig-keit hier gut. Anzutreffen sind aber auch Esche, Ahorn, Ulme und Eibe. Bemerkenswert ist, dass hier auch häufig seltene Pflanzen vorkommen, darunter mehr als ein Dutzend Orchideenarten. Aus-geschilderte Pfade erschließen das naturgeschützte Gebiet auf der Anhöhe für Wanderer; unten an der Küste hingegen muss man sich selbst einen Weg über das Geröll und an abgestorbenen Baum-resten vorbei bahnen. Mehrere Bäche durchziehen die Stubnitz, in deren Gestein das Wasser zum Teil tiefe Schluchten gegraben hat. Die höchste Erhebung (161 m) ist der Piekberg im Westen des Natur-schutzgebietes.

Landschaftsbild (Fortsetzung)

Von der Besiedlung der Stubnitz während der Stein- und Bronzezeit zeugen mehrere Dutzend Hünen- und Hügelgräber. Auch in der Folgezeit war die Halbinsel bewohnt, wie Funde von den Slawen belegen. Stubbenkammer leitet sich aus den slawischen Wörtern "stopin" (Stufe) und "kamen" (Fels) ab. Seit dem 14. Jahrhundert war die waldreiche Stubnitz im Besitz der Pommernfürsten, die sich das Gebiet bis ins 19. Jahrhundert als Jagdrevier vorbehielten. Diesem Umstand verdankt die 1990 zum Nationalpark erklärte Stubnitz ihren seit Jahrhunderten weitgehend unveränderten Naturzustand – eine "Holzordnung" von 1546 verbot den Rügen-bewohnern sogar das Betreten des Waldes zu bestimmten Zeiten und abseits der angelegten Wege. Geschossen wurden hier Wild, Fasane, Schnepfen und Kaninchen.

Geschichte

Vermächtnis aus der Kreidezeit

Die Kreidefelsen von Rügen, das Wahrzeichen der Insel, sind zwar das spektakulärste, keinesfalls aber das einzige Vermächtnis aus einer Zeit, als die Insel noch von Meerwasser überflutet war.

Kilometerweit leuchtet das Weiß der berühmten Rügener Kreidefelsen, die schon Caspar David Friedrich vor mehr als anderthalb Jahrhunderten im Bild festhielt und die heute noch die Menschen in Scharen anlocken. Wie aber entstand der strahlend weiße Fels?

Des Rätsels Lösung liegt etwa 70 Millionen Jahre zurück, als Rügen, ebenso wie weite Teile Europas, von einem warmen Flachmeer überflutet war. An der Wasseroberfläche herrschten Temperaturen, wie man sie heute z. B. von der Mittelmeerküste her kennt, etwa 20° bis 24°C. In dem nordeuropäischen Kreidemeer lebten u. a. Coccolithophoriden, kleine Einzeller mit gallertartigen Körpern. Aus den winzigen, Coccolithen genannten Kalkplättchen, die sie auf ihren Körperchen trugen, bildete sich in der Meeresstraße, die sich zwischen dem heutigen Südschweden und dem Harz hinzog, im Lauf von Jahrmillionen eine mächtige, bis zu 500 m dicke Schicht aus feinkör-

nigem, mürbem Kalk, der seit langem als Rügener Schreibkreide bekannt ist. Ihre heutige Form als Steilküste erhielt sie durch Bewegungen der Erdkruste, durch die die Kreideschichten angehoben wurden und wie riesige Eisschollen aufbrachen.

Donnerkeile und Hühnergötter

Auf den Stränden Rügens, vor allem an der Steilküste Jasmunds, findet man häufig versteinerte Skelettteile von urweltlichen tintenfischähnlichen Tieren, den Belemniten. Diese walzenförmigen, fingerartigen Steine werden "Donnerkeile" oder auch "Teufelsfinger" genannt. In der Mythologie der Germanen betrachtete man diese Gebilde als Keile bzw. Pfeile des Gottes Donar. Auch versteinerte Reste von Muschelkrebsen, Kalkschwämmen, Fischen und Reptilien sind in den kreidezeitlichen Sedimenten keine Seltenheit. Dass die Insel Rügen schon

relativ früh von Menschen besiedelt wurde, ist in erster Linie den Kieselschwämmen zu verdanken, die im Kreidemeer gelebt haben. Sie lieferten jene Säure, aus der sich einzelne Knollen und auch ganze Bänder bzw. Lagen von Feuerstein bilden konnten, der heute noch in großer Zahl im Ufergeröll zu finden ist. Schon die Jäger und Sammler der Steinzeit erkannten, dass man durch Aneinanderschlagen von Feuersteinen Funken erzeugen und somit Feuer entfachen konnte. Übrigens wurde dieses Material ("Flint") später zum Funkenschlagen in Gewehre eingesetzt, was zur Bezeichnung "Flinte" führte. Auch als Material zur Herstellung einfacher Werkzeuge fand der Feuerstein häufig Verwendung.

Entstanden ist der Feuerstein, als lockere Sedimente des kreidezeitlichen Meeres unter hohem Druck in festes Gestein umgewandelt wurde. Die dabei freigesetzte Kieselsäure von ehemaligen Kieselschwämmen bildete zunächst unkristallisierten und bräunlich schimmernden Opal, aus dem feinkristalliner Quarz oder Chalzedon wurde. Die meisten Feuersteinknollen haben kalkige Fossilien eingeschlossen und sind von einer kalkigen Kruste umhüllt. Das besondere Charakteristikum des Feuersteins ist jedoch sein muscheliger Bruch. Am Rügener Kreideufer findet man Feuersteine in allen Variationen, darunter auch die sog. Hühnergötter, jene durchlöcherten Feuersteine, die man früher dem Federvieh in die Nester legte. Man glaubte, die Hühner blieben auf diese Weise gesund und legten mehr Eier. Als "Sassnitzer Blumentöpfe" werden besonders große, durchlöcherte Feuersteine bezeichnet, die man hauptsächlich in der Umgebung des Fährhafens von Sassnitz antrifft. Zu den schönsten Fossilien, die man an der Steilküste von Rügen finden kann, zählen die Seeigel. Diese Stachelhäuter kamen in der Kreidezeit in großer Vielfalt vor; sie unterscheiden sich sowohl im Körperbau (kugelig, kegel-, herz- oder gar scheibenförmig) als auch in ihrem Stachelkleid (lang, kurz, spitz, lanzen- oder keulenförmig). Als Versteinerungen findet man heute die schön gezeichneten Kalzitgehäuse und die Stacheln.

Gold des Meeres

N icht alle Gerölle, die am Strand herumliegen, sind Feuersteine oder versteinerte Seeigel. Gelegentlich hebt man ein schmutzig gelb- bis dunkelbraunes Stück auf, das leichter ist als ein normaler Stein: Man hält einen Bernstein in Händen, jenes fossile Harz von Nadelbäumen, die vor Millionen von Jahren im heutigen Ostseeraum wuchsen. Bernstein ist relativ leicht und verbrennt schnell und mit einem hocharomatischen Geruch. Ebendiese Eigenschaft hat dem fossilen Harz zu seinem Namen verholfen: "Bern" kommt

(Einschlüsse) – kleine Luftbläschen, Sandkörner oder auch Reste von Pflanzen und Tieren aus der Tertiärzeit –, die bei der Verfestigung des Harzes eingeschlossen und konserviert wurden. Im Lauf der Zeit geht die organische Substanz verloren; dann bleiben Hohlräume zurück, die detailgetreu die Gestalt des Einschlusses nachzeichnen. Aufgrund

vom niederdeutschen Wort "börnen", was so viel wie "brennen" bedeutet. Die verhältnismäßig einfache Bearbeitung sowie die unterschiedliche Färbung machten den Bernstein seit jeher zu einem beliebten Material, aus dem bereits in der Bronzezeit Halsbänder, Ohranhänger oder Ringe, später sogar Möbel und Wandverkleidungen hergestellt wurde. Manchmal zeigen sich in den Bernsteinstücken auch so genannte Inklusen

Ein gewaltiger "Sassnitzer Blumentopf" an der Jasmunder Kreideküste

seines geringen spezifischen Gewichts wurde der Bernstein von Eis und Schmelzwasser mitgerissen und entlang der Küste am Meeresboden abgelagert. Bei heftigen Stürmen wird er aufgewirbelt und von den Wellen an den Strand gespült. Mit etwas Glück und Geduld entdeckt man einen davon im Strandgut.

| Anfahrt | Wer die Stubnitz und insbesondere die Stubbenkammer mit dem Königsstuhl nicht von Sassnitz, Nipmerow oder Lohme aus erwandern will, muss sein Auto auf dem gebührenpflichtigen Parkplatz kurz vor Hagen abstellen, wo ein Pendelbus die Touristen in regelmäßigen Abständen zum Königsstuhl und zurück fährt. Während der Hochsaison sollte man möglichst nicht über das Nadelöhr Sassnitz nach Hagen fahren, sondern den Weg über Sagard und Ruschvitz nach Nipmerow wählen. Die Wissower Klinken erreicht man am schnellsten auf dem Hochuferwanderweg von Sassnitz aus. |

Sehenswertes in der Stubnitz

**Stubben-kammer	Die Große und die Kleine Stubbenkammer liegen im Norden des Nationalparks. Die Kreidefelsen, die man vom Ufer und von den Aussichtspunkten der bis zu 119 m hohen Steilküste aus betrachten kann, sind neben den Wissower Klinken die Hauptattraktion für die meisten Rügenbesucher. Tiefe Furchen durchziehen den weißen Fels – das Regenwasser höhlt den Stein beständig aus.
**Königsstuhl	Das meistfotografierte Motiv auf Rügen ist der Königsstuhl, ein 119 m aufragender Kreidefelsen, auf dem schon vor mehr als 300 Jahren eine Aussichtsplattform angelegt wurde. Zur Linken liegt ein großer Findling, der so genannte Waschstein, im Wasser. Alle sieben Jahre soll hier am Johannistag (24. Juni) in der Morgendämmerung eine verwunschene Jungfrau erscheinen, die ihre Kleider bei dem flachen Granitblock wäscht und auf ihren Erlöser wartet, den sie mit Gold und Silber belohnen soll, sobald dieser ihr "Guten Tag, Gott helfe!" zugerufen und sie damit von ihrem Fluch erlöst haben wird. Um die Namensherkunft des Königsstuhls ranken sich ebenfalls diverse Geschichten: So soll der schwedische König Carl XIII. 1715 auf dem Fels seinen Stuhl postiert haben, um von hier aus die Seeschlacht zwischen seiner Flotte und der dänischen beobachten zu können. Eine andere Erklärung geht weiter zurück in die Vergangenheit, als hier die Tradition geherrscht haben soll, einen Wettkampf um den Königsthron zu veranstalten, bei dem derjenige die Krone bekam, der am schnellsten den steilen Kreidefelsen hinaufklettern konnte. Vom Königsstuhl aus hat man die Wahl, entweder über eine Treppe und eine Leiter zum Steinstrand abzusteigen oder auf dem Hochuferweg über die Victoria-Sicht zu den Wissower Klinken (ca. 6 km) und nach Sassnitz (8 km) zu wandern. Zum Herthasee ist es gut einen Kilometer landeinwärts, nach Lohme sind es 4 km.
*Victoria-Sicht	Eindrucksvoller als vom Königsstuhl ist die Aussicht von der knapp einen Kilometer weit entfernten Victoria-Sicht im Süden – hier drängeln sich allerdings die Besucher vor dem klitzekleinen Balkon, auf dem maximal drei Personen Platz haben, um einen Blick auf den Königsstuhl zu werfen, der von hier aus in seiner ganzen Pracht zu sehen ist. Den Namen erhielt dieser Aussichtspunkt 1865 von König Wilhelm I. Zwischen Königsstuhl und Victoria-Sicht gibt es noch drei weitere Aussichtsplateaus.

Die acht Kilometer lange Kreideküste der Stubnitz hat viele Gesichter: ▶ hier die spitzen Wissower Klinken in der Nähe von Sassnitz.

Herthasee

An die germanische Göttin Hertha, die Erdmutter, erinnern in der Stubnitz ein nach ihr benannter See, eine Burg und bis vor nicht allzu langer Zeit auch eine alte Buche, aus deren Rauschen einstmals die Priester die Prophezeiungen der Göttin herausgehört haben sollen. Der See liegt einen Kilometer westlich des Königsstuhls in 114 m Höhe. Mit einer Tiefe von 11 m, die dem dunklen See bis zum Anfang unseres Jahrhunderts den Namen "Schwarzer See" eingebracht hatte, ist er der tiefste See Rügens. In ihm soll die den Menschen eigentlich wohl gesonnene Göttin Hertha – sie sorgte für eine reiche Ernte – ihre Dienerinnen ertränkt haben, nachdem diese ihr beim Baden und bei den geheimen kultischen Fruchtbarkeitszeremonien geholfen hatten, von denen kein Sterblicher Zeugnis ablegen durfte. Die bedauernswerten Jungfrauen spuken nun des Nachts um den See herum.

Herthaburg

Von der slawischen Herthaburg an der Ostseite des Herthasees ist nichts als ein Burgwall übrig geblieben, der die Festung einst umgab. Mit einer Höhe von 10 m fällt der Hügel dennoch ins Auge. Die Burg soll einst die Stätte der Verehrung des slawischen Siegesgottes Tjarnagloti gewesen sein.

Ernst-Moritz-Arndt-Sicht

Derjenige, der vom Königsstuhl über den Hochuferweg nach Sassnitz wandert, wird mit mehreren phantastischen Aussichtspunkten für seine Mühe belohnt. Nach dem Königsstuhl, der Victoria-Sicht und einigen kleineren natürlichen Aussichtspunkten auf Felsvorsprüngen trifft man auf den Tipper Ort mit der Ernst-Moritz-Arndt-Sicht, von der aus der Blick über die rechts und links steil abfallenden Kreidefelsen schweift. Im Wald dahinter liegt die rustikale Gaststätte Waldhalle.

**Wissower Klinken

Unweit der Ernst-Moritz-Arndt-Sicht haben die Kreidefelsen durch Wind und Wetter eine ganz besondere Form angenommen, die sie zu einem der gefragtesten Fotomotive auf Rügen machen: Wie zwei gebogene Schaufeln ragen die schneeweißen Wissower Klinken über das grünblaue Meer (Abb. S. 187). Ihre Ähnlichkeit mit dem berühmten Gemälde von Caspar David Friedrich (Abb. S. 53) ist rein zufällig: Die Felsen, die der Maler Anfang des 19. Jahrhunderts auf die Leinwand bannte, sind heute durch Erosion und Abbrüche verschwunden oder zumindest stark verändert und befanden sich im Übrigen nicht hier, sondern nördlich des Königsstuhls.

Piratenschlucht

Am südlichen Ende des Nationalparks Jasmund kreuzt man kurz vor Sassnitz die Piratenschlucht, in der der gefürchtete Pirat Störtebeker (▶ Berühmte Persönlichkeiten) einen Teil seiner Schätze versteckt haben soll. Auf der Anhöhe "Hengst" kündet ein slawischer Burgwall von vergangenen Zeiten.

Wanderungen *Hochuferweg von Sassnitz zum Königsstuhl

Der Wanderweg mit den eindrucksvollsten Aussichten auf die Kreideküste führt etwa 10 km weit über das Hochufer von ▶ Sassnitz bis zum Königsstuhl. In Sassnitz folgt man der Strandpromenade bis zur Piratenschlucht, wo der Nationalpark Jasmund beginnt und durch die man hoch auf die Steilküste gelangt. Nachdem man die Schlucht des Wissower Bachs überquert hat, trifft man auf die Wissower Klinken. Über die Aussichtspunkte am Tipper Ort, am Kieler und am Kolliker Ufer, über den Wasserfall des Kieler Bachs geht es immer an der Abbruchkante entlang zu dem Felsvorsprung am

188

Äser Ort, bis man mit der Victoria-Sicht die Stubbenkammer und den Königsstuhl erreicht hat. Wer noch nicht des Wanderns müde ist, geht von hier aus weitere vier Kilometer bis Lohme am nördlichen Ende des Nationalparks.

Stubnitz (Fortsetzung)

Der Blick vom Ufer auf die Kreideküste ist sehr eindrucksvoll und der Weg streckenweise wildromantisch. Man sollte es sich aber gut überlegen, ob man den beschwerlichen Weg über den Steinstrand der Stubnitz auf sich nehmen will. Geröll, Strandgut und abgebrochene Baumstämme machen ein schnelles Vorwärtskommen unmöglich. Allerdings kann man an mehreren Stellen zwischen Sassnitz und dem Königsstuhl über Leitern und meist steile (und je nach Wetterlage auch recht rutschige) Wege zum Hochufer hinauf- bzw. wieder zum Ufer hinabgelangen.

Uferwanderung

Am Parkplatz von Hagen ist der Weg bereits ausgeschildert; er führt über breite Waldwege direkt zum See. Einen Abstecher kann man zum ebenfalls ausgeschilderten Pfenniggrab machen, einem jungsteinzeitlichen Hünengrab. Nach insgesamt etwa 4 km erreicht man den Königsstuhl.

Von Hagen zum Herthasee und Königsstuhl

Ummanz

Trent

C 2

Höhe: 10 m ü. d. M.
Einwohnerzahl: 1000

An der alten Handelsstraße von Stralsund zur Wittower Fähre liegt der Ort Trent im Nordwesten von Zentralrügen, rund 7 km nördlich von Gingst. Sehenswert ist das heutige Gemeindehaus, ein ehemaliges Gutshaus aus der zweiten Hälfte des 16. Jahrhunderts, und die Kirche aus dem 15. Jahrhundert. Vier Kilometer weiter nördlich erreicht man die Wittower Fähre, die Personen und Pkws auf die Halbinsel ▶ Wittow übersetzt.

Lage und Bedeutung

Die ältesten Gebäudeteile der im 15. Jahrhundert erbauten Kirche sind der kreuzrippengewölbte Chor (um 1400) und die Nordwand. Schon für das Jahr 1311 ist hier eine Kirche bezeugt, die jedoch keine sichtbaren Spuren hinterlassen hat. Mitte des 17. Jh.s setzte man dem wuchtigen dreistöckigen Westturm die barocke Haube auf. Der Granittaufstein vom Anfang des 14. Jh.s ist das älteste Ausstattungsstück der dreischiffigen Kirche. Die bemalte Renaissancekanzel wurde Anfang des 17. Jh.s geschaffen. Der üppig verzierte, hölzerne Altaraufsatz mit vielen plastischen Figuren und der Beichtstuhl sind barock.

Kirche

Ummanz

B/C 3

Höhe: 0 – 3 m ü. d. M.
Einwohnerzahl: 700

Die Gemeinde Ummanz im Westen Rügens umfasst die Halbinsel Lieschow und sieben weitere z. T. winzige Inseln wie Heuwiese und Liebes, darunter aber auch die große Insel Ummanz, die seit 1901 über eine 250 m lange Bogenbrücke mit Rügen verbunden ist. Auf dieser mit rund 20 km^2 viertgrößten Insel Ostdeutschlands liegt

Lage und Bedeutung

Ummanz (Fortsetzung)	der hübsche Ort ▶ Waase, dessen Kirche den berühmten Antwerpener Schnitzaltar birgt. Landwirtschaft und Fischerei sind die Haupteinnahmequellen der Ummanzer.
Landschaftsbild	Bis auf den etwas größeren Ort Waase finden sich in der Gemeinde nur kleine Dörfchen, viele mit hübschen rohrgedeckten Bauern- und Fischerhäusern. Das gesamte Gebiet von Ummanz ist recht flach; große Kornfelder und ausgedehnte Feuchtwiesen, unterbrochen von kleinen Baumgruppen, bestimmen das Landschaftsbild. Auf den Weiden sieht man Herden schwarzköpfiger pommerscher Schafe, Rinder und Haflinger. Die Küsten und kleinen Inseln sind ein beliebtes Brutgebiet für Seeschwalben, Möwen und Watvögel; auf der winzigen Insel Heuwiese brüten mehr als zwanzigtausend Vogelpaare. Aufgrund der geringen Höhe der Hauptinsel Ummanz zieht sich ein Deich fast die gesamte Küste entlang. Spazierwege und kleine Pfade erschließen die Insel

Baedeker TIPP **Einen Schluck hier ...**

... einen Schluck da: Bis zu 8 Stunden kann eine Besichtigungs- und Probier-Tour durch die "Erste Rügener Edeldestillerie" in Ummanz dauern, auf der feine Obstbrände und Liköre genossen werden dürfen. Das Schaubrennen ist sicherlich auch für Abstinenzler interessant (18569 Ummanz, Lieschow 17, ☎ 03 83 05 / 5 53 00).

	für Wanderer; auch für einen Fahrradausflug ist die Gegend ideal.
Freesenort	Im äußersten Süden der Insel Ummanz, vier Kilometer südlich von Waase, liegt der kleine Freesenort, der unter Naturschutz steht. Hier findet man auch eines der ältesten Häuser Rügens, ein niederdeutsches Hallenhaus (▶ Kunst und Kultur S. 49) aus dem 17. Jh., die sog. Hasenburg. Von Freesenort aus kann man über den Deich die Küste in beide Richtungen entlangwandern.
Suhrendorf	Von Freesenort zwei Kilometer entfernt liegt Suhrendorf an der Westküste, wo es einen Campingplatz und eine schöne einsame Badestelle gibt.
Wusse	Zwischen Waase und Freesenort kann man einen Stopp bei der Keramikwerkstatt in Wusse einlegen.
Wanderung	Auf der Hauptinsel Ummanz bietet sich eine Wanderung von Waase quer über die Insel zum Dörfchen Haide nahe der Westküste an (3 km), von dort aus über den Deich zum südlich gelegenen Suhrendorf (2 km) und weiter zum Freesenort an der Südspitze von Ummanz (2 km). Von hier aus wendet man sich nach Norden und wandert auf dem Deich über Wusse (2 km) zurück nach Waase (2,5 km). Von der Ummanz-Information (▶ Auskunft) werden auch geführte Wanderungen angeboten.

Vilm   E 4

Höhe: 0 – 37 m ü. d. M.

Allgemeines	Die kleine, etwa 1 km² große Insel im Rügischen Bodden südwestlich von Putbus ist ein streng geschütztes Vogelparadies und darf deshalb nur mit Führung betreten werden. Von Lauterbach (▶ Putbus, Umgebung) starten Ausflugsboote zu Rundfahrten um die Insel. Vilm entstand vor mehr als 2000 Jahren durch eine Sturmflut, die die Insel von Rügen abtrennte. Schon Jahrtausende früher, in

der mittleren Steinzeit, war das Gebiet bewohnt. Der Name Vilm geht auf den slawischen Begriff für Ulme (ilium) zurück. Im 14. Jh. lebten drei Einsiedler auf der Insel, 1336 wurde dort eine Kapelle errichtet. Im 18. Jh. ist ein Gehöft bezeugt, auf dem fünf Menschen lebten. 1886 entstand ein Logierhaus, da der Badetourismus von Putbus auch einige Besucher auf die Insel Vilm brachte. 1936 wurde die Insel als Naturschutzgebiet ausgewiesen, seit 1959 war die bis dahin überaus beliebte Insel für die Öffentlichkeit gesperrt, da sie zum exklusiven Sommerrefugium und Jagdrevier der Parteiprominenz der DDR wurde, für die eine Ferienhaussiedlung gebaut wurde; auch Erich Honecker hatte hier sein eigenes Häuschen. Seit 1990 hat die Europäische Naturschutzakademie auf der Insel ihren Sitz, die nun wieder in beschränktem Maße für den Publikumsverkehr geöffnet ist (▶ Praktische Informationen S. 233).

Das Inselchen zeichnet sich durch seine landschaftliche Vielfalt aus: Es gibt Sandstrände, Steilküste, Haken- und Sandriffe, dichtes Waldgebiet mit schönen Lichtungen, Salzwiesen, Sumpfgebiet und eine artenreiche Vegetation mit mehr als dreihundert Farn- und Blütenpflanzen. Brandgänse, Uferschwalben, Gänsesäger und Waldkauze brüten auf Vilm, Kormorane und Graureiher fischen im Bodden, Rehe, Füchse und Marder durchstreifen den seit Jahrhunderten naturbelassenen Wald.

Waase

C 3

Höhe: 5 m ü. d. M.
Einwohnerzahl: 200

Direkt an der Brücke, die seit 1901 die Insel Rügen mit der westlich vorgelagerten Insel ▶ Ummanz verbindet, liegt das idyllische Fischerdorf Waase. Die meisten alten Fachwerkhäuser des Straßendorfes sind rohrgedeckt. Sehenswert ist die Kirche, die sich linker Hand hinter dem Ortseingang erhebt, mit dem berühmten Antwerpener Schnitzaltar. Am Ufer des Boddens liegt an der Brücke das Ausflugslokal "Am Focker Strom", von dessen Terrasse aus man einen wunderbaren Blick über den Bodden nach Rügen hat.

Das älteste Bauteil der gotischen Backsteinkirche ist der kreuzrippengewölbte Chor aus der Mitte des 15. Jh.s. Im 17. Jh. wurde die einschiffige Kirche in eine Basilika umgebaut, im 18. Jh. fügte man den Choranbau an und errichtete den freistehenden Glockenstuhl; die Glocke wurde 1605 in Stralsund gegossen. Die letzte umfassende Restaurierung der Kirche fand 1989 bis 1992 statt.

Im breit und gedrungen wirkenden Innenraum fällt als Erstes der kostbare Altaraufsatz mit einem reich geschnitzten Mittelteil und sechs bemalten, aufklappbaren Flügeln auf, der um 1520 in Antwerpen entstand. Er befand sich bis 1708 in verschiedenen Stralsunder Kirchen, zuletzt in der Heiliggeistkirche. In geöffnetem Zustand zeigt der figurenreich geschnitzte Mittelteil des Altars in den oberen drei Feldern die Passion Christi, darunter Szenen aus dem Leben des hl. Thomas Becket von Canterbury. Durch die Staffelung der Figuren wird eine außerordentliche Tiefenwirkung erzeugt. Das hochformatige mittlere Gehäuse ist der Darstellung der Kreuzigung vorbehalten, unterhalb des Gekreuzigten gruppieren sich Trauernde um Maria, hinter dem Kreuz schlagen sich zwei Henker um die letzte Habe Jesu. Links dieses Feldes ist die Kreuztragung dargestellt, rechts die Beweinung Christi. Die drei unteren Gehäuse zeigen, von links nach rechts, die Einsetzung Thomas Beckets als Erzbischof von Canterbury, seine Ermordung – er hatte die Rechte der Kirche gegenüber denen des Königs verteidigt – und im dritten Feld möglicherweise den Schwur Heinrichs II., am Tode Beckets unschuldig zu sein, eine allerdings nicht eindeutige Interpretation der Szene. Die teils voll-, teils halbplastischen Figuren sind fast vollständig mit Blattgold überzogen.

Der kostbare Antwerpener Schnitzalter in der Kirche von Waase

Die sechs beidseitig bemalten Flügel thematisieren auf den Innenseiten das Abendmahl – man beachte den Judas im Vordergrund, der den Geldbeutel umklammert –, die Gefangennahme Christi, seine Auferstehung und die Ausgießung des Heiligen Geistes. Oben links ist die Erscheinung des Auferstandenen vor Maria dargestellt, rechts oben die Begegnung Christi mit zweien seiner Jünger.

Ausstattung

Auch der übrigen Ausstattung der Kirche sollte man Beachtung schenken: 1934 wurden die mittelalterlichen Fresken im Innenraum freigelegt; die ornamentalen und figürlichen Wandmalereien am Chorbogen entstanden schon 1470. Aus dieser Zeit hat sich auch der gemauerte Sakramentsschrein vor der Ostwand erhalten. Die geschnitzte, bemalte und mit Intarsien verzierte Renaissancekanzel von 1572 stammt wie das Altarretabel aus einer anderen Kirche. Die Kronleuchter wurden im 16. und 17. Jh. gefertigt. Mitte des 17. Jh.s wurde die Westempore, die sich über die gesamte Breite des Mittelschiffs erstreckt, mit den zehn Bildtafeln geschaffen.

Höhe: 0 – 5 m ü. d. M.
Einwohnerzahl: 1300

Am Wieker Bodden auf der nördlichsten Halbinsel Rügens (▶ Wittow) liegt das hübsche Haufendorf Wiek mit seinen rohrgedeckten Häusern. Am Hafen des zweitgrößten Ortes der Halbinsel legen Fähren nach Hiddensee ab, Ausflugsboote bieten Rundfahrten an. Die hässliche Kreideverladebrücke, die nach dem Ersten Weltkrieg gebaut, aber nie benutzt wurde, sollte zum Abtransport der Kreidevorkommen am Kap Arkona dienen.

Lage und Bedeutung

In slawischer Zeit, als hier eine Burg stand, hieß das Dorf noch "Medow" (= Honig), was auf eine Bienenzucht in dieser Gegend hindeutet. Seit dem 13. Jh. nannten die aus Niedersachsen zugezogenen neuen Bewohner das Dorf "Wiek", d. h. Handels- bzw. Marktplatz. Ein solcher konnte sich hier aufgrund der geschützten Lage des Wieker Hafens schnell entwickeln und spielte bis ins 20. Jahrhundert eine wichtige Rolle für den Handelsverkehr mit Rügen. Die Bewohner lebten u. a. vom Bootsbau. 1936, als der Rügendamm fertig gestellt war, sank die Bedeutung Wieks schlagartig; damals stellte man auch die Dampfschifflinie nach Stralsund ein.

Geschichte

Sehenswert ist neben den rohrgedeckten Häusern Wieks die spätgotische Backsteinkirche aus dem 15. Jh. mit dem reich verzierten gotischen Westgiebel und dem freistehenden Glockenturm (um 1600). Von der reichen Ausstattung der Hallenkirche sind der spätromanische Taufstein (um 1250), die gotische Triumphkreuzgruppe sowie ein barocker Altaraufsatz von 1747 / 1748 und ein Beichtstuhl aus derselben Zeit besonders erwähnenswert. In der Sakristei befindet sich eine wertvolle Holzplastik aus dem 15. Jh., die den hl. Georg hoch zu Ross zeigt. Seit 1997 werden die Wand- und Deckenfresken freigelegt. Rechts neben dem Hauptportal führt eine Tür zu einer Wendeltreppe, die man erklimmen darf. Oben angelangt, kann man das Kreuzgratgewölbe des Langhauses von oben betrachten – ein ungewöhnlicher und interessanter Blickwinkel!

Kirche

Nach Plänen des Architekten Waldo Wenzel entstand 1920 auf dem Gelände eines ehemaligen Fliegerhorstes das lange, weiß gestrichene Holzgebäude des Kinderkurheims, das größte dieser Art in den neuen Bundesländern. Seit 1990 wird die "weiße Kinderstadt am Bodden" von der AOK Sachsen betrieben. Das Kinderkurheim liegt an der Straße Richtung Wittower Fähre.

Kinderkurheim

Höhe: 0 – 46 m ü. d. M.

Wittow, die nördlichste Halbinsel Rügens, war noch vor 150 Jahren eine eigenständige Insel. Wie mit einer dünnen Nabelschnur ist sie seit dem 19. Jh. mit der Halbinsel Jasmund im Osten verbunden, eine Landverbindung nach Zentralrügen existiert nicht, jedoch setzt eine Fähre im Süden Wittows Personen und Pkws über. Das

Lage und Bedeutung

Wittow

Wittow (Fortsetzung)	Band zwischen Wittow und Jasmund ist die Schaabe, eine Nehrung, an deren Ostküste sich ein kilometerlanger Sandstrand erstreckt. Ein weiteres Badegebiet befindet sich an der Nordküste von Wittow beim Bakenberg. Durch die exponierte Lage Wittows ist
"Windland Wittow"	die Halbinsel den oft rauen Westwinden schutzlos ausgeliefert, weshalb sich der Name "Windland Wittow" eingebürgert hat. Hier wird hauptsächlich Landwirtschaft betrieben, auf dem fruchtbaren Boden gedeihen vor allem Weizen, Roggen, Raps und Kohl. Waldgebiete gibt es nur südlich von ▶ Dranske auf dem Bug und um den Bakenberg an der Nordwestküste.

Sehenswertes auf der Halbinsel Wittow

Den Hauptsehenswürdigkeiten der Halbinsel sind eigene Kapitel gewidmet: dem ▶ Kap Arkona, der nördlichsten Spitze Rügens, dem Doppelort ▶ Breege und Juliusruh an der Tromper Wiek bzw. dem Breeger Bodden sowie den Ortschaften ▶ Wiek an der Westküste, ▶ Altenkirchen mit der zweitältesten Kirche Rügens und ▶ Dranske mit dem Nationalpark Bug im äußersten Westen.

Schaabe	Wittow ist auf dem Landweg nur von Jasmund aus über die Schaabe zu erreichen. Die Schaabe ist ein schmaler, 11 km langer Sandstreifen von elf Kilometern Länge, der an der Ostküste Wittows bei Juliusruh ansetzt und nach Glowe auf die Halbinsel Jasmund führt. Die Landzunge existiert erst seit dem 19. Jh., nachdem so viel Sand und anderes Material angeschemmt worden war, dass die Ostsee vom Großen Jasmunder Bodden abgetrennt wurde. Zwischen 1860 und 1890 pflanzte man auf der Schaabe Kiefern, Fichten und Birken an, um die Dünenwanderung zu verhindern. Heute gilt die
*Badeparadies	Schaabe als Badeparadies, da sich von Juliusruh bis Glowe ein feiner weißer Sandstrand entlang der Ostküste der Nehrung hinzieht. An mehreren Stellen gibt es Parkplätze, kleine Pfade führen von der Straße durch einen schmalen Streifen Kiefernwald zum Strand.
Großsteingrab "Riesenberg"	Biegt man von der Straße von Altenkirchen in Richtung Putgarten nach etwa 2,5 km nach Nobbin ab, ist es nicht mehr weit bis zu einem bedeutenden Großsteingrab, dem sog. Riesenberg. Wenn man von Nobbin aus den Wanderweg entlang der Küste Richtung Norden einschlägt, sieht man ihn nach etwa 300 m zur Linken. Das rund 5000 Jahre alte Hünengrab wurde in Form eines Schiffsrumpfes angelegt. Es wird von zwei Steinreihen und von zwei großen Wächtersteinen begrenzt.
Nordküste von Wittow Bakenberg	Zwischen dem Kap Arkona im Nordosten und Dranske im Westen der Halbinsel verläuft ein Hochuferweg entlang der Steilküste. Der feine, ca. 30 m breite Sandstrand beim Bakenberg eignet sich gut zum Baden. Hier führen zwei Treppen vom Hochufer hinab zur See. Vom 28 m hohen Hügel des Bakenbergs hat man einen schönen Blick über die See bis zur dänischen Insel Møn.
Wittower Fähre	Eine Fährverbindung an der schmalsten Stelle (350 m) zwischen Zentralrügen und Wittow, etwa 8 km südlich von Wiek, gab es schon vor fast 500 Jahren. Heute setzt man mit der Wittower Autofähre in wenigen Minuten von der südlichen Spitze der Halbinsel

zur Mutterinsel über. Allerdings braucht man für diese günstige Verbindung zu den Hauptverkehrszeiten und während der Hochsaison im Sommer erheblich mehr Zeit, wenn sich nämlich lange Autoschlangen vor dem kleinen Hafen bilden. Die Fähre wurde früher mit Dampf betrieben und steht heute unter Denkmalschutz.

Wittow
(Fortsetzung)

Ein schöner, etwa 17 km langer Rundwanderweg führt über die Schaabe von Juliusruh nach Glowe und wieder zurück. Der Hinweg verläuft über den feinen Sandstrand an der Ostküste der Schaabe bis Glowe, wo man eine Rast in einem der Ausflugslokale machen kann. Am westlichen Ortsausgang von Glowe liegt ein Campingplatz; hier führt ein blau markierter Weg nach links zum Bodden. Wiese und Wald wechseln sich ab, wenn man den Pfad entlang des Boddens über Großer Ort, Kleiner Ort und Gelmer Ort spaziert. Vom Kegelinberg am Ufer hat man eine gute Sicht bis nach Hiddensee. Immer an der westlichen Küste entlang führt der Weg durch Wald am Steilufer entlang nach Breege und Juliusruh.

Wanderung

Zirkow

Zirkow   E 3

Höhe: 15 m ü. d. M.
Einwohnerzahl: 700

Im Mittelpunkt des Dreiecks Bergen – Binz – Putbus liegt das alte Bauerndorf Zirkow an der B 196. Lohnend ist ein Besuch des Museumshofs und der schönen Backsteinkirche. Erste schriftliche

Lage und Bedeutung

Der Museumshof in Zirkow vermittelt ein anschauliches Bild des bäuerlichen Alltags vergangener Jahrhunderte.

Zirkow (Fortsetzung)	Belege für die Existenz eines Ortes in dieser Gegend, die schon in der Steinzeit besiedelt war, finden sich 1313. Von der alten Bausubstanz des Dorfes haben sich einige Fachwerk-Traufenhäuser mit z.T. rohrgedeckten Dächern erhalten.
Kirche	An der Dorfstraße fällt die rote Backsteinkirche auf, die im 15. Jh. an Stelle eines Vorgängerbaus errichtet wurde. Im Innern bemerkt man die 1948 freigelegte und ergänzte einfache spätgotische Bemalung der Gewölbe: Blattfriese zieren die Rippen und Schildbogen, um ein Entlüftungsloch und in einem weiteren Gewölbezwickel sieht man groteske Masken. Der Altar, einer der wenigen Kanzelaltäre auf Rügen, der schwebende Taufengel und die beiden Beichtstühle entstanden Anfang des 18. Jh.s, noch älter sind die zwei Altarleuchter und der Kronleuchter (um 1650). Von dem hochgotischen Orgelprospekt vom Anfang des 18. Jh.s sind nur noch zwei Schutzflügel erhalten, auf deren Innenseiten kniende Könige abgebildet sind, möglicherweise Salomo (links) und David (rechts).
*****Museumshof**	Biegt man, von der B 196 kommend, vor der Kirche links ab, führt nach wenigen Metern ein schmaler Weg zum Museumshof. Das Gehöft aus der Zeit um 1720 umfasst drei Gebäude, in denen Geräte aus Landwirtschaft und Haushalt das Leben und Wirtschaften der Bauern von der Zeit der Leibeigenschaft bis zu den LPGs der DDR dokumentieren. Das große Hallenhaus mit dem tief herabgezogenen Rohrdach diente im 18. und 19. Jh. als Wohn- und Arbeitsstätte sowie als Viehstall. 1978 bis 1980 wurde das Haus unter denkmalpflegerischen Aspekten renoviert und als Museum eingerichtet. Im Innern erwartet den Besucher eine Fülle von Haushaltsgeräten, z. B. eine alte Wäschemangel, Werkzeuge und landwirtschaftliche Arbeitsgeräte wie eine große handbetriebene Putzmühle für Getreide, eine Fruchtpresse, ein riesiger Blasebalg, außerdem altes Mobiliar und mehrere anschauliche Bild- und Texttafeln, die den bäuerlichen Alltag der Vergangenheit lebendig werden lassen. Einen Eindruck von der Entwicklung der Technik während der letzten Jahrzehnte und Jahrhunderte vermitteln die Exponate in den zwei Scheunen des Museumshofs. Hier findet sich z. B. eine Getreidemähmaschine aus den Dreißigerjahren, alte Elektromotoren, ein altertümlicher Mähbinder mit Pferdezug (1920 / 1930) zum Mähen und Binden des Getreides und ein Traktor aus dem letzten Jahrhundert. Die zweite, etwas weiter zurückversetzte Scheune birgt u. a. eine alte Jauchepumpe, eine Drillmaschine mit Pferdezug, eine riesige Strohpresse und verschiedene Pflüge und Dreschkästen vom Anfang bis zur Mitte des 20. Jahrhunderts (☎ 03 83 93 / 3 28 24, geöffnet Di. – Fr. 9⁰⁰ – 17⁰⁰, Sa. u. So. 10⁰⁰ – 17⁰⁰ Uhr).

Zudar   C/D 4

Höhe: 0 – 25 m ü. d. M.

Lage und Bedeutung	Den südlichsten Zipfel von Rügen bildet die flache, schwach besiedelte, knapp 22 km^2 große Halbinsel Zudar, etwa 4 km südlich von Garz. Seit der Eröffnung der Fährverbindung 1994 von Glewitz auf Zudar nach Stahlbrode auf dem Festland rauscht vergleichsweise viel Verkehr über die als Vogelparadies bekannte Halbinsel. Bei

Glewitz und Grabow an der Südküste Zudars und bei Poppelvitz befinden sich noch Hünengräber, die von der Besiedlung des Inselkerns seit der Jungsteinzeit zeugen. Die wenigen Bewohner von Zudar leben heute fast ausschließlich von der Landwirtschaft – der Boden hier gilt als der beste Rügens für den Weizenanbau.

Der Westteil der Halbinsel

Die fischreiche Schoritzer Wiek, das Gewässer zwischen Rügen und Zudar südlich von Groß Schoritz, wo sich das Geburtshaus von Ernst Moritz Arndt (▶ Garz) befindet, zieht nicht nur viele Angler an, sondern auch seltene Vogelarten, die hier auf Nahrungssuche eine Rast einlegen und zum Teil auch hier brüten, darunter die großen schwarzen Kormorane, die in großen Kolonien leben. Seit 1984 ist die Schoritzer Wiek deshalb naturgeschützt.

Schoritzer Wiek

Der nördlichste und größte Ort auf der Halbinsel ist das Dorf Zudar. Hier steht eine schöne Backsteinkirche aus dem 13./14. Jh. mit einem Westturm aus dem 17. Jahrhundert. Im Innern der um 1400 eingewölbten Kirche fallen Altar und Kanzel ins Auge: der reich verzierte Altaraufsatz von 1707 rahmt fünf Gemälde ein; die Kanzel wurde 1765 gefertigt. Ein angeblich wundertätiges Heiligenbild machte die Kirche früher zu einer Wallfahrtsstätte. Eine schöne, dicht bestandene Lindenallee führt südwärts nach Losentitz.

Zudar

In dem kleinen Ort Losentitz im Westen der Halbinsel ließ Moritz von Dyke um 1800 ein Arboretum mit mehr als 130 zum Teil exotischen Gehölzen wie Sumpfzypressen und Ginkgos anpflanzen. Seit einiger Zeit ist der in den letzten Jahrzehnten stark verwilderte Park wieder zu begehen. Fährt man die Straße von Losentitz bis ans Ende, erreicht man die Glewitzer Fähre.

Losentitz

Die Autofähre von Zudar zum etwa 20 km südlich von Stralsund gelegenen Stahlbrode ist eine Alternative für alle, die nicht riskieren wollen, auf dem Rügendamm zwischen Stralsund und Altefähr im Stau zu stehen. Sie ist die kürzeste Fährverbindung zwischen Rügen und dem Festland (▶ Praktische Informationen S. 200).

Glewitzer Fähre

Der Ostteil der Halbinsel

Südlich des Dorfes Zudar zweigt eine Straße zu den Orten im Ostteil der Halbinsel ab. Nachdem man Maltzien durchquert hat, gelangt man durch Poppelvitz und Zicker zur Schoritzer Wiek. Es lohnt sich, die Strecke ab Poppelvitz zu Fuß zurückzulegen, um mit etwas Glück einige Watvögel beobachten zu können. Eine schöne Wanderung führt entlang der Ostküste auf dem Uferweg, der allmählich in einen Steiluferweg übergeht. Auf dem Hochuferweg han man eine gute Sicht bis zum Mönchgut. Beide Wege führen schließlich nach Grabow und zum Palmer Ort im äußersten Süden Zudars, wo sich eine schöne einsame Badestelle befindet. Alternativ biegt man nach Maltzien gleich rechts Richtung Grabow ab. Von diesem Dorf ist es nur noch einen Katzensprung über einen gepflasterten Feldweg zum Badestrand und zum Palmer Ort.

Maltzien, Poppelvitz und Zicker

Palmer Ort

Praktische Informationen

Praktische
Informationen von A bis Z

Anreise

Mit dem Auto
Von Lübeck aus erreicht man Stralsund via Wismar und Rostock über die B 105, eine im Sommer sehr stark befahrene Strecke, auf der es immer wieder zu Staus kommt. Von Stralsund gelangt man auf der B 96 über den Rügendamm nach Rügen. Von Berlin aus bieten sich folgende Strecken an: über die A 19 nach Rostock und von dort weiter über die B 105 nach Stralsund; oder über die A 11 bis zur Ausfahrt Prenzlau, dann auf die B 109 bis Greifswald und weiter auf der B 96 nach Stralsund.

Der Rügendamm ist ein Nadelöhr, dort muss häufig mit langen Staus gerechnet werden. Darüber hinaus wird mehrmals am Tag die Ziegelgrabenbrücke jeweils für 20 Minuten geöffnet, um größeren Schiffen die Durchfahrt durch den Strelasund zu ermöglichen ($2^{30} - 2^{50}$, $5^{20} - 5^{40}$, $9^{20} - 9^{40}$, $17^{50} - 18^{10}$, $21^{30} - 21^{50}$ Uhr).

Autofähre
Eine Alternative zum Verkehrsengpass Rügendamm ist die Autofähre zwischen Stahlbrode und Glewitz auf der Rügener Halbinsel Zudar. Die Fähre verkehrt vom 1. April bis zum 31. Oktober täglich zwischen 6^{00} und 21^{40} Uhr im 20-Minuten-Takt (Informationen unter ☎ 0 38 28 / 8 05 13). In den Sommermonaten ist aber auch hier mit Wartezeiten zu rechnen. Die Fähre erreicht man, indem man die B 96 aus Richtung Greifswald bei Reinberg in Richtung Stahlbrode verlässt.

Mit der Bahn
Durch die direkte Anbindung an das IC-Netz ist die Fahrt mit der Bahn nach Rügen schnell und bequem, z. B. mit dem "IC Rügen" von Köln über Hamburg nach Binz. Weitere Intercity- bzw. Interregio-Verbindungen bestehen u. a. von Berlin, Frankfurt am Main, München, Nürnberg, Würzburg und Stuttgart aus.

Autozug
Wer während des Rügenurlaubs nicht auf sein Auto verzichten will, aber die staugeplagte Anfahrt scheut, kann von Juni bis September komfortabel und relativ preiswert von Dortmund, Neu Isenburg oder Stuttgart aus mit dem Autozug nach Sassnitz reisen (DB-Service-☎ 01 80 / 5 24 12 24).

Mit dem Flugzeug
Die nächsten internationalen Flughäfen sind Berlin und Hamburg. Zum nationalen Flughafen Rostock-Laage besteht ein Linienverkehr aus Dortmund, Hamburg, Hannover und Köln/Bonn.

Die Ostsee-Flug-Rügen GmbH bietet neben Inselrundflügen, Fracht- und Geschäftsreiseflügen auch Charter- und Zubringerflüge vom und zum Rügener Flugplatz in Güttin an, der etwa 8 km von Bergen entfernt liegt.

◀ Binz ist mit seinem langen Sandstrand und dem historischen Kurhaus eines der attraktivsten Seebäder auf Rügen.

Ostsee-Flug-Rügen GmbH
Flugplatz Güttin
18573 Güttin
☎ 03 83 06 / 12 89

FAX 03 83 06 / 12 89
www.ruegenmagic.
de/flug.htm

Das autofreie Hiddensee ist nur auf dem Seeweg erreichbar, entweder von Stralsund aus oder von Schaprode auf Rügen. Die Schiffe
verkehren regelmäßig in kurzen Abständen, in der Hauptferienzeit
zwischen 6⁰⁰ und 19⁰⁰ Uhr. Im Sommer ist auch ein Linienschiffs-
verkehr zwischen Vitte und Breege (Rügen), Wiek (Rügen) und der
Halbinsel Zingst eingerichtet (▶ Schiffsverkehr). Außerdem besteht
die Möglichkeit, ein Wassertaxi zu mieten. Die Schnellboote verkehren zwischen Kloster, Vitte, Neuendorf und Schaprode bzw.
Stralsund.

Reederei Hiddensee GmbH
Achtern Diek 4
18565 Vitte
☎ 01 80 / 3 21 21 50

www.reederei-hiddensee.com

Hiddenseer Taxiring
☎ 03 83 00 / 5 01 69

Apotheken

Apotheken gibt es in Altenkirchen, Bergen, Binz, Dranske, Garz,
Göhren, Gingst, Putbus, Sagard, Samtens und Sassnitz. Deren Öffnungszeiten und welche Apotheke Bereitschaftsdienst hat, kann
man der lokalen Tagespresse und den Aushängen in den Apotheken entnehmen.

Ärztliche Hilfe

Notruf

Rettungsleitstelle
☎ 0 38 38 / 2 20 77
oder 112

Rotes Kreuz
☎ 0 38 38 / 8 02 30

DLRG
☎ 0 38 38 / 2 21 39

Krankenhäuser

Sana-Krankenhaus Rügen GmbH
Calandstr. 7
18528 Bergen
☎ 0 38 38 / 390
FAX 0 38 38 / 39 10 15

E-Mail: info@sana-ruegen.de
www.sana-ruegen.de

**Klinikum der
Hansestadt Stralsund**
Krankenhaus am Sund
Große Parower Str. 47 - 53
18435 Stralsund
☎ 0 38 31 / 350
FAX 0 38 31 / 35 10 05
www.krankenhaus-stral-
sund.de

Krankenhaus West
Rostocker Chaussee 70
18437 Stralsund
☎ 0 38 31 / 450
FAX 0 38 31 / 35 10 05

Internet

www.all-in-all.de
Vor allem für Urlauber die geeignete Einstiegs-Website, um sich über Land und Leute, Freizeitmöglichkeiten, Unterkünfte usw. zu informieren.

www.insel-hiddensee.de
Hier kann man sich umfassend über die "kleine Schwester" Rügens informieren.

www.kreidefelsen.de
Aktuelle Kultur- und Sportveranstaltungen auf Rügen und Hiddensee.

www.mvtermine.de
Wann was wo in Mecklenburg-Vorpommern los ist, erfährt man unter dieser Adresse.

www.ruegen.com
Neben allgemeinen Auskünften über Rügen, Urlaubsinfos und der Möglichkeit, im ausgewählten Hotel gleich zu buchen, findet man hier auch eine aktuelle Presseschau.

Allgemeine Informationen

Tourismusverband Rügen
Am Markt 4
18528 Bergen
☎ 0 38 38 / 8 07 70
FAX 0 38 38 / 25 44 40
E-Mail: tourismusverband-ruegen@t-online.de
www.insel-ruegen.de

Touristik Service Rügen GmbH
Bahnhofstr. 28 a
18528 Altefähr
☎ 03 83 06 / 61 60
FAX 03 83 06 / 6 16 66
E-Mail: urlaub@insel-ruegen.com
www.insel-ruegen.com

Tourismus- und Gewerbeverein Hiddensee
Wallweg 5
18565 Vitte / Hiddensee
☎ 03 83 00 / 253
FAX 03 83 00 / 5 04 05

Lokale Informationen

Altefähr
Tourismus-Info
Fährberg 9
18573 Altefähr
☎ 03 83 06 / 7 54 24
FAX 03 83 06 / 7 50 56
http://atair.sunddata.de/amtswr/altef.htm

Baabe
Kurverwaltung
Fritz-Worm-Str. 1
18586 Baabe
☎ 03 83 03 / 14 20
FAX 03 83 03 / 142 99
www.ostseebad-baabe.de/kur1.htm

Bergen
Tourist-Info
Markt 23
18528 Bergen
☎ 0 38 38 / 81 12 06
FAX 0 38 38 / 81 12 06
E-Mail: touristeninformation@stadt-bergen-auf-ruegen.de
www.stadt-bergen-auf-ruegen.de

Binz
Tourismus AG
Hauptstr. 1
18609 Ostseebad Binz
☎ 03 83 93 / 13 46 0
FAX 03 83 93 / 13 46 15
E-Mail: TourismusAG@binz.de
www.binz.de

Kurverwaltung
Haus des Gastes
Heinrich-Heine-Str. 7
18609 Ostseebad Binz
☎ 03 83 93 / 14 81 48

FAX 03 83 93 / 14 81 45
E-Mail: KV-Binz@t-online.de
www.ostseebad-binz.de

Breege / Juliusruh
Informationsamt
Wittower Str. 5
18556 Breege
☎ 03 83 91 / 311
FAX 03 83 91 / 311
E-Mail: seebad-breege@
t-online.de
www.breege.de

Dranske
Fremdenverkehrsamt
Max-Reichpietsch-Ring 4
18556 Dranske
☎ 03 83 91 / 8 90 07
FAX 03 83 91 / 8 94 24
E-Mail: Fremdenverkehrsamt-
Dranske@t-online.de

Gager
Kurverwaltung
Zum Höft 15 a
18586 Gager
☎ 03 83 08 / 82 10
FAX 03 83 08 / 82 10
www.wild-east.de/meckpom/
ruegen/gager

Gingst
Fremdenverkehrsverein
Kapelle 3
18569 Gingst
☎ 03 83 05 / 284 und 435
FAX 03 83 05 / 284 und 435
www.insel-ruegen.de

Göhren
Kurverwaltung
Poststr. 9
18586 Göhren
☎ 03 83 08 / 6 67 90
FAX 03 83 08 / 66 79 32
E-Mail: KV@Goehren.de
www.goehren-ruegen.de

Middelhagen
Kurverwaltung
Dorfstr. 4
18586 Middelhagen
☎ 03 83 08 / 21 53
FAX 03 83 08 / 21 54

Putbus
Putbus-Information
Alleestr. 5
18581 Putbus
☎ 03 83 01 / 6 14 31
FAX 03 83 01 / 6 14 32
E-Mail: info.putbus@
putbus.de
www.putbus.de

Putgarten
Informationsamt
Kap Arkona
Am Parkplatz
18556 Putgarten
☎ 03 83 91 / 41 90
FAX 03 83 91 / 4 19 17

Sagard
Zimmervermittlung
Meschkowski
Ernst-Thälmann-Str. 74
18551 Sagard
☎ 03 83 02 / 25 13
FAX 03 83 02 / 25 13

Sassnitz
Tourist-Service
Rügen-Galerie 27
18546 Sassnitz
☎ 03 83 92 / 64 90
FAX 03 83 92 / 6 49 20
E-Mail: mail@touristservice-
sassnitz.de
www.touristservice-
sassnitz.de

Sellin
Kurverwaltung
Warmbadstr. 4
18586 Sellin
☎ 03 83 03 / 16 11
FAX 03 83 03 / 8 72 05
E-Mail: KV@ostseebad-
sellin.de
www.ostseebad-sellin.de

Stralsund
Stralsund-Information
Alter Markt 9
18439 Stralsund
☎ 0 38 31 / 2 46 90
FAX 0 38 31 / 24 69 49
E-Mail: info-hst@t-online.de
www.stralsund.de

Auskunft (Fortsetzung)	**Thiessow** Kurverwaltung Hauptstr. 36 18586 Thiessow ☎ 03 83 08 / 82 80 FAX 03 83 08 / 3 01 91 E-Mail: Ostseebad-Thiessow@ t-online.de	**Ummanz** Ummanz-Information Am Focker Strom 63 18569 Waase ☎ 03 83 05 / 81 35 FAX 03 83 05 / 81 36 www.ummanz.de

Autohilfe

Adressen der Abschleppdienste und Reparaturwerkstätten erfährt man vor Ort von den Stadtinformationen (▶ Auskunft) bzw. den örtlichen Telefonbüchern.

ADAC Werftstraße 4 18439 Stralsund ☎ 0 38 31 / 29 32 20 FAX 0 38 31 / 29 22 33 www.adac.de	**ACE** Schmidener Straße 233 70374 Stuttgart ☎ 07 11 / 5 30 30 FAX 07 11 / 5 30 32 59 www.ace-online.de

Baden

Dünen

Dünen, die ersten Bollwerke gegen Sturmhochwasser, dürfen nicht betreten werden. Nur auf ausgewiesenen Wegen ist die Dünendurchquerung erlaubt.

FKK

An den kurtaxefreien Naturstränden ist FKK üblich. Offizielle FKK-Strände befinden sich am Bakenberg auf Wittow, bei Vitt, auf der Schaabe, in Rappin und Sellin, zwischen Thiessow und Lobbe, Groß Stresow und Neu Reddevitz sowie beim Campingplatz Pritzwald auf Zudar.

Sturmwarnung

Badebeschränkungen und -verbote werden durch rote Korbbälle an den Rettungsstationen angezeigt. Bei einem hochgezogenen roten Ball ist Kindern und Nichtschwimmern das Baden untersagt und Schwimmern der Aufenthalt im Wasser nur bis Brusttiefe gestattet. Bei zwei Bällen darf nicht gebadet werden.

Strandkörbe

Es heißt, der Strandkorb wurde auf Rügen erfunden, und zwar von dem Rostocker Korbmacher Wilhelm Bartelmann, der ihn 1893 hier eingeführt haben soll – zuerst als Einsitzer, später auf Drängen seiner Kundschaft für zwei Personen.
Von Mai bis Oktober stehen Strandkörbe an den viel besuchten Stränden, vor allem im Südosten Rügens auf dem Mönchgut (Sellin, Baabe, Göhren), in Binz und in Glowe und Juliusruh, wo man sie direkt am Strandeingang mieten kann. Im Hochsommer ist eine rechtzeitige Reservierung empfehlenswert. Manche Hotels stellen sie ihren Gästen zur Verfügung.

Falls die Wassertemperatur der Ostsee nicht zum Schwimmen einlädt, braucht man trotzdem nicht auf Badespaß zu verzichten. Neben dem HanseDom in Stralsund und dem Freizeitbad NEMO in Sellin stellen etliche Hotels auf Rügen ihre Badeeinrichtungen nicht nur den eigenen Gästen zur Verfügung.

Binz

IFA Ferienpark Rügen
Strandpromenade 74
☎ 03 83 93 / 90
FAX 03 83 93 / 9 20 30
www.ifa-ruegen.de

Strandhotel Arkona
Strandpromenade 59
☎ 03 83 93 / 550
FAX 03 83 93 / 5 77 77 u. 5 55 55
www.wild-east.de/firmen/
rugard/hotel.html

Hotel Im Schwedischen Hof
Sonnenstr. 1
☎ 03 83 93 / 25 49
FAX 03 83 93 / 3 23 15
www.wild-east.de/firmen/
swed-hof

Strandhotel Rugard
Strandpromenade 62
☎ 03 83 93 / 550
FAX 03 83 93 / 5 7 77 u. 5 55 55
www.wild-east.de/firmen/
rugard/hotel.html

Hotel Vier Jahreszeiten
Zeppelinstr. 8
☎ 03 83 93 / 500
FAX 03 83 93 / 5 04 30
www.hotel-vier-jahreszei-
ten.de

Juliusruh

Aquamaris
Wittower Str. 4
☎ 03 83 91 / 4 44 06
FAX 03 83 91 / 4 41 41
www.all-in-all.de/1143.htm

Putbus

Ringhotel Wreecher Hof
Kastanienallee
☎ 03 83 01 / 850
FAX 03 83 01 / 8 51 00
www.wreecher-hof.de

Sagard

Steigenberger Maxx Resort
Neddesitz
☎ 03 83 02 / 95
FAX 03 83 02 / 9 66 20
E-Mail: ruegen@maxx-
hotels.de
www.steigenberger.de

Sassnitz

Hotel Rügentherme
Seestr. 1
☎ 03 83 92 / 5 31 00
FAX 03 83 92 / 5 35 50

Kurhotel Rügentherme
Hauptstr. 1
☎ 03 83 92 / 530
FAX 03 83 92 / 5 33 33

Sellin

Cliff-Hotel
Siedlung am Wald
☎ 08 00 / 2 54 33 46
FAX 03 83 03 / 84 95
E-Mail: info@cliff-hotel.de

NEMO - Die Wasserwelt
Badstr. 1
☎ 03 83 03 / 12 30
FAX 03 83 03 / 1 23 45
E-Mail: info-sellin@
nemo-wasserwelt.de
www.nemo-wasserwelt.de

Stralsund

HanseDom
Grünhufer Bogen 18-20
☎ 0 38 31 / 3 73 30
FAX 0 38 31 / 3 73 33 44

Baden (Fts.), Ausgewählte Strände	Die meisten Strände auf Rügen und Hiddensee sind feinsandig und breit – für viele der Grund, hier den Sommerurlaub zu verbringen. Die attraktivsten Strände befinden sich im Südosten Rügens bei den großen traditionellen Badeorten und auf den Nehrungen Schaabe im Norden und Schmale Heide im Westen sowie auf der Insel Hiddensee.
Im Südosten Rügens	Vor allem in den Badeorten an der südöstlichen Küste Rügens, in Binz, Sellin, Baabe und Göhren, gibt es wunderbare (bewachte) Sandstrände mit Strandkorbverleih und etlichen Gaststätten sowie Cafés in der Nähe. Das Ufer fällt meist recht flach ab, sodass man gut im Wasser stehen kann – ideal für Kinder!
Mönchgut	Weiter im Süden dehnt sich auf dem Mönchgut zwischen Lobbe und Thiessow ein langer Naturstrand (FKK). Hier befinden sich auch große Campingplätze.
Schmale Heide	Nördlich von Binz zieht sich die Schmale Heide bis Neu Mukran. Auch hier kann man sich an dem mehrere Kilometer langen, schönen und meist sehr einsamen Sandstrand, der hinter Kiefernwäldern von Binz an Prora vorbei bis Neu Mukran verläuft, sonnen und baden. Bei Prora gibt es Parkplätze, ansonsten muss man über kleine Pfade durch den Wald zum Strand vordringen.
Schaabe	Die Schaabe, die Verbindung zwischen den Halbinseln Wittow und Jasmund, gilt als Badeparadies. Vor allem bei den Orten Glowe und Juliusruh ist der Sandstrand sehr gepflegt. Auch entlang dieser Küste trennen Kiefernwälder den Strand von der Durchgangsstraße. Wegen der oft starken Winde nehmen viele Sonnenhungrige hier einen Windschutz mit zum Strand.
Wittow	Auf der Halbinsel Wittow im Norden Rügens empfiehlt sich der Naturstrand bei Bakenberg.
Weitere Bademöglichkeiten	Weitere schöne Strände finden sich an der Ostküste der Halbinsel Zudar im Süden Rügens (FKK), zwischen dem Großen und dem Kleinen Jasmunder Bodden in Lietzow, am Rügischen Bodden südlich von Putbus zwischen Neuendorf und Neukamp sowie bei Lauterbach und Groß Stresow.
Hiddensee	Ein schier endloser, feiner Sandstrand erstreckt sich fast über die gesamte Westküste Hiddensees von Kloster im Norden bis weit unterhalb von Neuendorf im Süden. Zwischen Neuendorf und Gellen befindet sich ein FKK-Bereich. In der Nähe der Ortschaften Kloster, Vitte und Neuendorf sorgen Gaststätten und Cafés für das leibliche Wohl entlang den schönen Naturstränden. Ein einsamer Strand befindet sich an der Nordküste Hiddensees am Enddorn.

Behindertenhilfe

Reiseorganisation	Eine ganze Reihe von Institutionen organisiert Gruppenreisen, vermittelt geschulte Reisehelfer und leistet Hilfestellung bei Individualreisen.

Bundesarbeitsgemeinschaft der Clubs Behinderter und Ihrer Freunde e.V.
Eupener Str. 5
55131 Mainz
☎ 0 61 31 / 22 55 14

FAX 0 61 31 / 23 88 34
E-Mail: Bagcbfmainz@
aol.com
www.bagcbf.de

Bundesverband Selbsthilfe Körperbehinderter e.V.
BSK-Reisedienst
Postfach 20
74236 Krautheim
☎ 0 62 94 / 6 81 10
FAX 0 62 94 / 9 53 83
www.bsk-ev.de

Verband aller Körperbehinderten Österreichs
Lützowgasse 24-28

A-1140 Wien
☎ 01 / 9 11 32 25
FAX 01 / 9 11 32 25

Mobility International Schweiz
Frobergstr. 4
CH-4600 Olten
Reisedienst:
☎ 062 / 2 06 88 30
FAX 062 / 2 06 88 39
Reiseinformation:
☎ 062 / 2 06 88 35

Behindertenhilfe
(Fortsetzung)

In der von der Kurverwaltung des Ostseebades Binz (▶ Auskunft) herausgegebenen Broschüre "Urlaub mit Handicap" werden z.B. behindertengerechte Strandzugänge, Restaurants und Hotels, Sportmöglichkeiten für Behinderte sowie Ausleihstellen für Rollstühle vorgestellt.
Behindertengerechte Unterkünfte nennt der Hotel- und Reiseratgeber "Handicapped-Reisen Deutschland".

Weitere Informationen

FMG Verlag
Postfach 2154
40644 Meerbusch

☎ 0 21 59 / 81 56 22
FAX 0 21 59 / 81 56 24
E-Mail: fmg-verlag@t-online.de

Cafés

Bergen

Café am Markt
Am Markt 13
☎ 0 38 38 / 25 18 18
Reiche Auswahl an Kuchen und Snacks. Für ganz Hungrige gibt es sogar ein Tagesmenü. An den Wänden hängen (erwerbbare) Bilder Rügener Künstler.

Binz

Bistro Cappuccino
Hauptstr. 15
☎ 03 83 93 / 3 26 37
Gemütliches italienisches Eiscafé, in dem es neben Eiskreationen, Kaffee und Kuchen auch kleine Gerichte sowie eine große Auswahl an Longdrinks gibt.

Göhren

Café 007
Marienstraße 1
☎ 03 83 08 / 24 17
Sehr modisch; wer keinen Appetit auf Kuchen, Eis und Kaffee verspürt, kann auch Fisch- oder Spaghettigerichte bestellen.

Putbus

Galerie-Café
Circus 8
☎ 03 83 01 / 6 20 64
Nach einem Besuch der Kunstausstellungen und der Sammlung von DDR-Spielzeug kann man sich bei Kaffee und Kuchen stärken und den Blick auf das klassizistische Häuserensemble genießen.

Cafés
(Fortsetzung)

Camping

Sassnitz

Korns Eiscafé
Strandpromenade 3
☎ 03 83 92 / 2 22 26
Kuchen und Eisspezialitäten
aus eigener Patisserie; herrlicher Blick auf die Ostsee.

Sellin

Villa Elisabeth
Wilhelmstraße 40

☎ 03 83 03 / 8 70 44
Hier wird ein reichhaltiges
Frühstück angeboten. Herr-
lich ist auch der Blick auf den
Strand von der Terrasse aus.

Stralsund

Café Lütt
Alter Markt 12
Das kleine, kitschig-rüschige
Café befindet sich direkt
neben dem Rathaus.

Camping

Wildes Campen ist auf Rügen und Hiddensee verboten. Die Insel
Rügen bietet genügend Campingplätze mit teilweise gehobener
Ausstattung; Chemoentsorgung ist auf fast allen Plätzen möglich.
Auf Hiddensee darf nicht campiert werden. Detaillierte Informatio-
nen zu den einzelnen Campingplätzen enthält die Broschüre "Insel
Rügen – Camping, Caravan, Motorcaravan", die beim Tourismusver-
band Rügen (▶ Auskunft) angefordert werden kann.

Altefähr

Campingplatz "Am Strelasund"
Klingenberg 15
☎ 03 83 06 / 7 54 83
FAX 03 83 06 / 7 50 56
geöffnet: 1.4. – 31.10.
400 m vom Strand entfernt
am Ortsrand direkt neben
Kurpark und Landschafts-
schutzgebiet gelegen.

Altenkirchen

Campingpark
Altenkirchen-Drewoldke
☎ 03 83 91 / 1 24 84
FAX 03 83 91 / 1 24 84
geöffnet: 1.4. – 31.10.
Lang gestrecktes, mit Kiefern
bestandenes Gelände in der
Nähe von Juliusruh. FKK auf
dem gesamten Sandstrand.

Baabe

Campingzentrum Baabe
☎ 03 83 03 / 8 73 09

☎ 03 83 03 / 14 20 (Nov. – April)
FAX 03 83 03 / 142 99
geöffnet: 1.4. – 31.10.; Teilbereich ganzjährig
Direkt hinter den Dünen in
einem Kiefernwald gelegen;
breiter Sandstrand, zahlreiche
Versorgungseinrichtungen sowie breites Freizeitangebot.
Vom 15.6. bis 15.9. sind Hunde
hier nicht erlaubt.

Dranske

Caravancamp Ostseeblick
Seestraße 39 a
☎ 03 83 91 / 81 96
FAX 03 83 91 / 81 96
ganzjährig geöffnet
Auf dem kleinen Platz dürfen
nur Wohnwagen und Wohn-
mobile abgestellt werden. Supermarkt, Restaurants sowie
eine Fischräucherei gibt's in
unmittelbarer Nähe. Möglichkeiten zum Reiten und Golf-
spielen. FKK auf dem gesamten Strand.

RegenbogenCamp
Karl-Liebknecht-Str. 41
Nonnevitz
☎ 03 83 91 / 8 90 32
FAX 03 83 91 / 87 65
geöffnet: 1.4. – 15.10.
Auf dem nördlichsten, teilweise im Kiefernwald gelegenen Campingplatz auf Rügen gibt's 750 Stellplätze, Supermarkt, Bäckerei, Restaurant und Bistro, Fahrradverleih, Spiel- und Volleyballplatz sowie Sauna. Langer, flacher Sandstrand. Behindertengerecht.

Gingst

Campingplatz Haidhof
Haidhof Nr. 2
☎ 03 83 05 / 344
ganzjährig geöffnet
Kleiner Platz im Westen der Insel inmitten von Wiesen und Obst- und Laubbäumen.

Göhren

Ostsee-Campingplatz
☎ 03 83 08 / 9 01 20
FAX 03 83 08 / 21 23
geöffnet: 1.4. – 31.10.; Teilbereich ganzjährig
Etwa einen km nördlich von Göhren ruhig im Wald gelegen, mit Supermarkt, Surfshop und Restaurant. Vielfältige Freizeitangebote. 100 m bis zum Strand.

Groß Banzelvitz

Campingplatz Banzelvitzer Berge
☎ 0 43 65 / 72 44
FAX 0 43 65 / 84 64
geöffnet: 1.3. – 1.11. sowie über Weihnachten und Silvester
Im bewaldeten Dünengelände an der Steilküste des Großen Jasmunder Boddens gelegen. Lebensmittelverkauf, Gaststätte, Postservice. Vielfältige Freizeitangebote. Behindertengerecht.

Lobbe

Freizeit-Oase Rügen
Lobbe 32 a
☎ 03 83 08 / 2 51 27
FAX 03 83 08 / 2 51 27
geöffnet: 1.4. – 30.9.
Auf der Halbinsel Mönchgut direkt am flachen Sandstrand gelegen. Hunde sind nur auf dem Platz, nicht am Strand erlaubt.

Lohme

Waldcampingplatz Nipmerow
Am Teufelsberg 15
☎ 03 83 02 / 92 44
FAX 03 83 02 / 5 32 20
geöffnet: Ostern – 31.10.
Ruhig gelegener Platz im Nationalpark Jasmund. Ideal auch für Durchreisende von und nach Nordeuropa.

Prora

Camping-Meier
Proraer Chaussee 30
☎ 03 83 93 / 20 85
FAX 03 83 93 / 3 26 24
geöffnet:
Ende März – Ende Oktober
Auf großer Waldlichtung gelegener Platz, 600 m zum Strand. Nächste Einkaufsgelegenheit ist 1,5 km entfernt, Restaurants sind in der Nähe.

Schaprode

Campingplatz "Am Schaproder Bodden"
Lange Str. 24
☎ 03 83 09 / 12 34
FAX 03 83 09 / 12 34
geöffnet: Ostern – 30.10.
Das 2,5 ha große Wiesengelände verfügt über einen Lebensmittelladen, ein Restaurant sowie über einen Spiel-, Volleyball- und Basketballplatz und einen kleinen Streichelzoo. 200 m langer, flacher Naturstrand.

Camping
(Fortsetzung)

Suhrendorf

Ostseecamp Suhrendorf
☎ 03 83 05 / 8 22 34
FAX 03 83 05 / 8165
ganzjährig geöffnet
Auf der Insel Ummanz. 350 Plätze auf Grasboden, einige im Wald gelegen. Es gibt einen Supermarkt, Imbissstände, Restaurants sowie einen Volleyballplatz, eine Minigolfanlage und eine platzeigene Fischräucherei. Langer Sandstrand. Behindertengerechte Sanitäranlagen.

Thiessow

Camping-Oase
Hauptstraße 4
☎ 03 83 08 / 82 26
FAX 03 83 08 / 82 97
geöffnet: 1.4. – 31.10.
Der Platz mit 320 Stellplätzen auf Gras- und Sandboden ist etwa 100 m vom Strand entfernt. Neben einer Gaststätte und einem Laden gibt es einen Kinderspielplatz sowie ein vielfältiges Freizeitangebot. Ein lohnender Surfplatz mit eigenen Stellplätzen, die "Surf-Oase", liegt etwa 1 km entfernt.

Zudar

Campingplatz Pritzwald
☎ 03 83 04 / 758
FAX 03 83 04 / 758
geöffnet: 1.4. – 31.10; Teilbereich ganzjährig
Der überwiegend im Kiefernwald gelegene Platz verfügt über einen Lebensmittelladen, ein Restaurant, TV-Raum und einen Beachvolleyballplatz. Zum Strand sind es 300 m.

Einkäufe und Souvenirs

Bernstein

Das beliebteste Mitbringsel ist der Bernstein, das "Gold der Ostsee", der in zahlreichen Werkstätten zu reizvollen Schmuckstücken verarbeitet wird. Mit etwas Glück und Geduld findet man selbst am Strand Bernstein, beispielsweise auf Hiddensee.

Goldschmuck

Auf Rügen und in Stralsund gibt es in Goldschmieden Nachbildungen des Hiddenseer Goldschmucks in Form von Broschen, Ringen und Anhängern zu kaufen.

Handwebereien

Ende der Achtzigerjahre wurde die Blaudruckerei von Gisela Hoth wiederbelebt. Kissen, Bettwäsche, Tischtücher und andere Textilien mit weißen Mustern auf tiefblauem Grund können in ihrer Ladenwerkstatt erworben werden.

| **Blaudruck-Werkstatt** | Wilhelmstr. 1 |
| Gisela Hoth | 18586 Göhren |

Keramik

Überaus beliebt ist auch die Rügen-Keramik: bodenständige Töpferware und Fayencen mit hübschen Schmuckmotiven oder szenischen Darstellungen. Keramiken, die sich durch schöne künstlerische Gestaltung und gute Qualität auszeichnen, findet man vor allem in Breege, Göhren, Juliusruh, Middelhagen, Sassnitz und Waase auf Ummanz.

Beinahe in jedem Küstenort findet man die so genannten Buddel- Buddelschiffe schiffe – die kleinsten nur wenige Zentimeter groß – in extra dafür hergestellten Flaschen.

Gemälde

Als Andenken eignen sich auch die Arbei-
ten einheimischer Maler und Bildhauer.
Vor allem in Altenkirchen, Binz und
Kloster auf Hiddensee bieten Maler ihre
Gemälde – in erster Linie mit Landschafts-
motiven – an.

Strandgut

Die billigsten und zugleich authentischs-
ten Erinnerungsstücke sind auf alle Fälle
diejenigen, die man bei einem Spaziergang entdeckt (▶ Baedeker Special S. 184):
Bernstein, hübsche Muscheln, "Donnerkeile" (versteinerte Gehäuseteile von urweltlichen Tintenfischen) oder "Hühnergötter" (durchlöcherte Feuersteine).

Keramikherstellung auf Rügen

Zu den typischen kulinarischen Mitbringseln zählen Honig, Sand- **Kulinarisches**
dornlikör und Räucheraal.

Essen und Trinken

Die Küche Mecklenburg-Vorpommerns bevorzugt einfache, deftige
Hausmannskost mit einem Hang zum Süß-Sauren. Backpflaumen
oder Rosinen findet man in vielen Hauptgerichten. Das Hauptnah-
rungsmittel der Region war und ist die Kartoffel. Ein typisches
Gericht ist z. B. Kartoffelsuppe. Auch Eintöpfe, zubereitet aus Fisch
und Gemüse, haben sich schon immer sehr großer Beliebtheit
erfreut.

Schweinebraten mit Rotkohl oder Kalbsbraten mit Stachelbeeren **Fleisch, Wurst,**
mögen die Rüganer, eigenen Bekundungen zufolge, am liebsten. **Geflügel**
Viele Restaurants führen als Spezialität auch Wildgerichte wie den
Jasmunder Hasenpfeffer. Etwas ungewohnt für fremde Gaumen,
aber durchaus probierenswert ist die Grützwurst mit Rosinen, ein
Gericht aus der Schwedenzeit. Wer nur schnell etwas zwischendurch essen möchte, sollte einmal an den zahlreichen Imbissstuben die Rügener Bratwurst probieren; sie ist sehr würzig und
erfreulicherweise nicht zu fett.

Jedes Jahr im Oktober liegt Rügen im "Kohlfieber". Dann bieten **Kohlgerichte**
viele Restaurants der als "Kohlkammer" bekannten Insel allerlei
Gerichte mit dem gesunden Gemüse an, beispielsweise mit Räu-
cherspeck gefüllten Kohl.

Natürlich gehören auf Rügen und Hiddensee Fischgerichte zu den **Fisch**
Spezialitäten. In den Restaurants gibt es fangfrischen Fisch (Aal,
Dorsch, Flunder, Hecht, Heilbutt, Hering, Steinbutt, Zander) in
jeder Variation: gekocht, gebraten, gedünstet, geräuchert, in der

Essen und Trinken (Fts.)

Suppe oder sauer eingelegt, meist nach traditionellen Rezepten zubereitet. Empfehlenswerte Gerichte sind "Kak't Dösch" (gekochter Dorsch) mit Senfsoße und "Rügener Fischterrine", eine mit der südfranzösischen Bouillabaisse vergleichbare Fischsuppe.

"Rode Grütt"
Zum Nachtisch serviert man meist "Rode Grütt" (Rote Grütze) mit Vanillesoße.

Getränke
Das traditionelle Getränk der Rügener ist Bier, und immer mehr Gasthäuser servieren zum Essen auch das Selbstgebraute.

Fahrradfahren

Rügen und Hiddensee mit dem Fahrrad zu erkunden, auf kleinen Ausflügen oder größeren Radtouren die reizvollen, vielfältigen Landschaften der beiden Inseln zu entdecken und kennen zu lernen, ist ein einmaliges Naturerlebnis. Das Radwegenetz wird ständig weiter ausgebaut, und in fast jedem Ort besteht die Möglichkeit, Fahrräder auszuleihen.

Auf den Alleen

Das Radfahren auf den schönen, aber schmalen Alleen Rügens hat zwei Gesichter: Einerseits geben die alten Bäume herrlichen Schatten und bieten ein anmutiges Bild, andererseits kann das Radeln wegen der geringen Fahrbahnbreite auch sehr anstrengend werden, da man während der Hauptverkehrszeiten auf den stärker befahrenen Straßen ständig von Autos oder Lkws und Bussen überholt bzw. abgedrängt wird; die Bundesstraßen sollten, vor allem während der Saison, ganz gemieden werden. Auch Kopfsteinpflaster und Sandpisten können gelegentlich für Radfahrer beschwerlich werden oder zumindest das Tagespensum verringern, was man bei der Vorbereitung einer Radtour oder größeren Radwanderung berücksichtigen sollte.

Fahrradverleih

Campingplatz Altefähr
Klingenberg 15
18573 Altefähr
☎ 03 83 06 / 7 54 83

Radverleih Lesch
Bollwerkstr. 12
18586 Baabe
☎ 03 83 08 / 29 27

Zweiradhaus Deutschmann
Proraer Chaussee 4
18609 Binz
☎ 03 83 93 / 29 27 81

Fahrradverleih Gehrke
Bergener Str. 30
18574 Garz
☎ 03 83 04 / 418

Fahrrad Tilly
Schulstr. 7
18586 Göhren
☎ 03 83 08 / 22 40

Fahrrad-Verleih Pehl
Hafenweg 4
18565 Kloster / Hiddensee
☎ 03 83 00 / 437

Fahrradverleih
Bahnhofstr. 5
18565 Putbus
☎ 03 83 01 / 429

Fahrradverleih Fürstenberg
Am Bodden 16
18528 Ralswiek
☎ 0 38 38 / 31 32 55

Rental-Station
Parkstr. 2
18586 Sellin
☎ 03 83 03 / 8 66 55

Fahrrad-Müller
Wallweg 2
18565 Vitte / Hiddensee
☎ 03 83 00 / 472

Fahrradverleih Kreskowski
Poppelvitz 16
18556 Zudar

Radwege

— ausgebaute Radwege

— witterungsabhängig nutzbare Radwege

8 km

© Baedeker

Radwege	Mehrere ausgebaute Radwege und solche, deren Nutzung man sich je nach Witterung gut überlegen sollte, da sie z. B. bei Nässe schlammig oder rutschig werden können, sind auf der Karte S. 213 eingezeichnet. Darüber hinaus kann eine Vielzahl von Feld- und Waldwegen sowie Wanderwegen genutzt werden. Im Nationalpark Jasmund sind die Hinweisschilder an den Wegen zu beachten.

Gemieden werden sollten die stark befahrenen Bundesstraßen 96 und 196. In der Feriensaison sind folgende Straßen ebenfalls stark befahren: Sagard–Glowe–Juliusruh–Altenkirchen–Putgarten; Samtens–Gingst; Bergen–Schaprode; Altefähr–Wiek–Trent–Schaprode; Kluis–Gingst–Ummanz; Garz–Glewitzer Fähre.

Organisierte Radtouren

Wer auf Rügen und Hiddensee einen Fahrradurlaub verbringen möchte, kann sich mehrtägige Radwanderungen bis ins letzte Detail vorbereiten lassen. Gesorgt wird dabei auch für die Übernachtung, den Gepäcktransport, auf Wunsch für Leihräder und das notwendige Kartenmaterial.

Mecklenburger Radtour Zunftstr. 4 18437 Stralsund ☎ 0 38 31 / 28 02 20 FAX 0 38 31 / 28 02 19 E-Mail: mecklenburger-radtour@t-online.de www.mecklenburgerrad tour.de	**Radsportverein** **Tour d'Allee Rügen e. V.** Matthias Scheibe Siedlung am Wald 16 18586 Sellin ☎ 03 83 03 / 8 46 72 FAX 03 83 03 / 84 94 E-Mail: info@tda-ruegen.de

Ferien mit Kindern

Strände

Die Ostsee mit ihrem gemäßigten Klima ist für Ferien mit Kindern ideal. Die flachen Sandstrände sind ein wahres "Buddel-Paradies" voller Muscheln. In den meisten Ortschaften gibt es Kinderbetreuung, Spielplätze und Babywickelräume.

Angebote für Kinder

Vielerorts werden Spielnachmittage, Kinderfeste und Sport-Spiel-Aktionen angeboten, z. B. in den Kurparks der großen Seebäder. Zu den Attraktionen für Kinder zählen eine Fahrt mit der Dampfeisenbahn "Rasender Roland" (▶ Öffentlicher Nahverkehr), ein Besuch des Störtebeker-Spektakels in Ralswiek, Schiffstouren entlang der Kreideküste, Kutschfahrten, Radtouren, ein Besuch des IFA-Ferienparks in Binz (▶ Baden) sowie ein Gang durch das Puppen- und Spielzeugmuseum in Putbus. In Putbus und Sassnitz gibt es Tiergärten, ebenso in Stralsund.

Kinder- und Jugendtreffs

Auf Rügen gibt es für Kinder und Jugendliche vielfältige Möglichkeiten zur Freizeitgestaltung; spezielle Freizeittreffs für Kinder und Jugendliche gibt es u. a. in Baabe, Binz, Sassnitz und Sellin.

Fischer's Fit's Am Campingplatz	18586 Baabe

Jugendclub Bergen
An der Graskammer 12
18528 Bergen
☎ 0 38 38 / 2 20 60

Kinder- und Jugendtreff
Hermann-Matern-Str. 34
18528 Bergen
☎ 0 38 38 / 2 20 66

Freizeitzentrum Binz
"Alte Schule"
18609 Binz
☎ 03 83 93 / 3 21 41

Jugendclub Gingst
Mühlenstr. 33
18569 Gingst
☎ 03 83 05 / 459

Freizeittreff
Lauterbacher Str. 2
18581 Putbus
☎ 03 83 01 / 6 13 10

Kulturladen Sassnitz
Grundtvighaus
18546 Sassnitz
☎ 03 83 92 / 5 77 26

Freizeitzentrum
Siedlung am Wald
18586 Sellin
☎ 03 83 03 / 8 60 35

Jugendtreff Wiek
Zürkvitzer Str. 21
18556 Wiek
☎ 03 83 91 / 7 00 04

Ferien mit
Kindern (Fts.)

In einigen Badeorten kann in Segelschulen der Jüngstenschein von
Jugendlichen erworben werden, z.B. in der Wassersportschule Rügen in Sellin. Die Adressen weiterer entsprechender Segelschulen
kann man beim Deutschen Segler-Verband in Erfahrung bringen.

Segelschulen

Deutscher Segler-Verband e.V.
Gründgensstraße 18
22309 Hamburg
☎ 040 / 6 32 00 90
FAX 040 / 63 20 09 28
www.dsv.org

Wassersportschule Rügen
18568 Sellin
☎ 03 83 03 / 951
FAX 03 83 03 / 8 70 37

Ferienwohnungen

In zahlreichen Orten werden Ferienwohnungen und Privatzimmer
vermietet. Adressenlisten der Vermieter sind beim Tourismusverband Rügen, bei den lokalen Fremdenverkehrsämtern (▶ Auskunft)
oder unter der Servicenummer ☎ 0 38 38 / 31 10 70 erhältlich.

Flugverkehr

Etwa 8 km von Bergen entfernt bei Güttin liegt der Rügener Flugplatz. Neben Charter-, Fracht- und Geschäftsreiseflügen werden
auch Inselrundflüge (für drei bis sechs Personen) angeboten.

Flugplatz Güttin

Ostsee-Flug-Rügen GmbH
Flugplatz Güttin
18573 Güttin
☎ 03 83 06 / 12 89

FAX 03 83 06 / 12 89
www.ruegenmagic.de/
flug.htm

Banken	Die Banken sind in der Regel montags bis freitags von 9^{00} bis 12^{00} Uhr und von 14^{30} bis 16^{00} Uhr, mittwochs nur vormittags geöffnet.
Geldautomaten	In allen größeren Badeorten gibt es Geldautomaten.
Kreditkarten	In den meisten Hotels, Pensionen, Restaurants und Gaststätten werden Kreditkarten akzeptiert.

Hotels

Wer in der Hochsaison, im Juli und August, anreisen möchte, sollte sich rechtzeitig um eine Unterkunft bemühen. Mittlerweile sind die meisten Hotels und Pensionen modernisiert worden. Das Preisniveau entspricht dem anderer deutscher Urlaubsregionen.

In den meisten Orten werden Privatzimmer, nach Wunsch auch mit Frühstück, angeboten. Die Zimmer werden von den Fremdenverkehrsämtern (▶ Auskunft; Ferienwohnungen) vermittelt. Auch hier empfiehlt es sich, für die Hauptreisezeiten recht frühzeitig zu buchen.

Preise Übernachtungspreise (pro Nacht und Person im Doppelzimmer mit Frühstück) nach Kategorien:

Kategorie 1: über 60 €
Kategorie 2: 40 – 60 €
Kategorie 3: bis 40 €

Altefähr

Sundblick
Fährberg 8
18573 Altefähr
☎ 03 83 06 / 71 30
FAX 03 83 06 / 71 31
10 Z.; Kat. 1
Hotel garni. Schwimmbad, Trocken- und Dampfsauna, Terrasse mit Blick auf die Silhouette von Stralsund. Für Wassersportfreunde liegt eine hauseigene Yacht im Hafen.

Baabe

Feriendorf Siesta
Am Fuchsloch 26
18586 Baabe
☎ 03 83 03 / 8 74 10
FAX 03 83 03 / 8 79 84
www.feriendorf-siesta-ruegen.de
20 Z.; Kat. 3
Preiswerte Ferienhäuser mit Zimmern für 2 bis 5 Personen. Einfacher Komfort, 200 m vom Strand entfernt.

Strandhotel Baabe
Strandstr. 28
18586 Baabe
☎ 03 83 03 / 150
FAX 03 83 03 / 15 150
E-Mail: strandhotel@t-online.de
44 Z.; Kat. 2

Im Biosphärenreservat Südost-Rügen gelegen, etwa 200 m vom feinsandigen Ostseestrand entfernt. Geschmackvoll eingerichtete Zimmer mit TV und Minibar. Restaurant, Caféterrasse und Biergarten. Es werden auch Ferienwohnungen vermietet.

Villa Granitz
Birkenallee 17
18586 Baabe
☎ 03 83 03 / 14 10
FAX 03 83 03 / 14144
www.wild-east.de/firmen/
villa-granitz
44 Z.; Kat. 1 - 2
Im traditionellen Bäderstil neu erbautes Hotel. Zimmer mit Balkon oder Terrasse. Behindertengerecht.

Bergen

Treff-Hotel Rügen
Stralsunder Chaussee 1
18528 Bergen
☎ 0 38 38 / 81 50
FAX 0 38 38 / 81 55 00
www.wild-east.de/firmen/
treff_h
154 Z.; Kat. 1
Eines der größten Hotels auf der Insel mit Restaurant, Bar und Caféterrasse sowie Fitnessraum und Sauna. Angeboten wird eine Fülle von Sport- und Freizeitmöglichkeiten.

Binz

Dünenpark Binz
Dollahner Str. 55
18609 Binz
☎ 03 83 93 / 480
FAX 03 83 93 / 4 89 99; Kat. 1
Die Ferienanlage umfasst 17 Häuser im Stil der Bäderarchitektur mit Zwei- und Drei-Zimmer-Apartments und Serviceeinrichtungen im Zentralhaus. Zum Strand sind es etwa 150 m, zum Ortskern ca. 800 m. Großes Sportangebot.

IFA-Ferienpark Rügen
Strandpromenade 74
18609 Binz
☎ 03 83 93 / 9 11 02
FAX 03 83 93 / 9 20 30
www.ifa-ruegen.de
387 Z.; Kat. 2
Die Hotelanlage besteht aus drei Häusern und der 3000 m² großen, überglasten Freizeitlandschaft "Vitarium" mit Ladenpassage, Kinderspielplatz und Restaurants. Angeboten werden neben großzügigen Zimmern auch Ferienwohnungen mit ein bis drei Zimmern. Das über 1000 m² große Erlebnisbad "Vitamar" mit Wasserrutsche, Wildwasserkanal, Grotten und Saunen ist ein Badespaß der ganz besonderen Art.

Hotel Goldener Löwe
Hauptstraße 22
18609 Binz
☎ 03 83 93 / 53 50
FAX 03 83 93 / 5 35 55
www.goldener-loewe.de
39 Z.; Kat. 2
Ein Haus im Stil der Bäderarchitektur, 50 m vom Strand und der Seebrücke entfernt. Geräumige, zum Teil behindertengerechte Zimmer. Restaurant und Tanzbar.

Strandhotel Rugard
Strandpromenade 62
18609 Binz
☎ 03 83 93 / 550
FAX 03 83 93 / 5 77 77
www.wild-east.de/firmen/
rugard
193 Z., Kat. 1 - 2
Direkt an der Strandpromenade gelegen, nahe dem alten Ortskern von Binz. Vom Panorama-Dachrestaurant, wo auch die Mahlzeiten eingenommen werden und das mit einem gläsernen Aufzug zu erreichen ist, hat man einen herrlichen Blick über die gesamte Binzer Bucht.

Hotel Vier Jahreszeiten
Zeppelinstr. 8
18609 Binz
☎ 03 83 93 / 500
FAX 03 83 93 / 5 04 30
www.wild-east.de/firmen/
preussker/vjz
77 Z.; Kat. 1 - 2

Beeindruckende, ruhig gelegene Seebadvilla mitten im Ort.
Geschmackvoll eingerichtete,
großzügige Zimmer, Restaurants, Terrassencafé, Bar sowie Kamin- und Musikzim-
mer. Großer Fitnessbereich
mit Schwimmbad und Tennis-
schule. Zwei Gehminuten
zum Badestrand.

Hotel Villa Meeresgruß
Margarethenstr. 19
18609 Binz
☎ 03 83 93 / 38 20
FAX 03 83 93 / 3 82 40
www.wild-east.de/firmen/centi
18 Z.; Kat. 2
Charmantes, familiär geführ-
tes Hotel in einem der schönsten Häuser von Binz. Ruhig
und zentral gelegen, etwa
50 m vom Strand entfernt.

Breege

Kapitänshäuser Breege
Hochzeitsberg 16
18556 Breege
☎ 03 83 91 / 420
FAX 03 83 91 / 1 20 05
www.all-in-all.de/1471.htm
26 Z.; Kat. 1
Die Ferienanlage liegt direkt
am Yachthafen und verfügt
über 4 Apartmenthäuser mit
Ferienwohnungen und Hotel-
zimmern. Mit Fischrestaurant
sowie Hallenbad, Kinderspielplatz, Segelschule, Tischten-
nis, Badmintonhalle, Moun-
tainbike-, Ruder- und Tret-
bootverleih.

Gingst

Landhotel Gingster Hof
Mühlenstr. 33
18569 Gingst
☎ 03 83 05 / 500
FAX 03 83 05 / 5 01 90
www.wild-east-de/firmen/
tv-katalog/gingster-hof
80 Z.; Kat. 2
Schöne, komfortabel eingerichtete Zimmer; gepflegte
Atmosphäre in ruhiger Lage.
Restaurant im Haus. Ausreichend Parkmöglichkeiten sowie Fahrrad- und Roller-
verleih.

Glowe

Hotel-Pension Alt Glowe
Hauptstr. 37 a
18551 Glowe
☎ 03 83 02 / 5 30 59
FAX 03 83 02 / 5 30 67
www.wild-east.de/firmen/
alt_glowe
17 Z.; Kat. 2
Nettes, kleines Hotel mit indi-
viduell eingerichteten Zimmern. Etwa 100 m vom Strand
der Schaabe entfernt.

Hotel Meeresblick
Hauptstr. 128
18551 Glowe
☎ 03 83 02 / 5 30 50
FAX 03 83 02 / 5 30 57
www.wild-east.de/firmen/
meeresblick
31 Z.; Kat. 2
In unmittelbarer Meeresnähe
gelegen mit Blick auf die Tro-
per Wiek. Geräumige Zimmer,
einige mit Balkon. Zwei hotel-
eigene Restaurants, Wintergarten, Terrasse, Solarium.

Göhren

Hotel Hanseatic
Nordperdstr. 2
18586 Göhren
☎ 03 83 08 / 515
FAX 03 83 08 / 5 16 00
www.hotel-hanseatic.de
86 Z.; Kat. 2

Das Hotel liegt auf dem höchsten Punkt der Landzunge Nordperd. Die meisten der komfortablen, geschmackvoll eingerichteten Zimmer bieten einen überwältigenden Blick aufs Meer. Mit Restaurants, Wintergartencafé, Bar, Boutiquen, Kunstgalerie, Bibliothek und Kinderspielplatz.

Nordperd
Nordperdstraße 11
18586 Göhren
☎ 03 83 08 / 70
FAX 03 83 08 / 71 60
www.ruegen-web.de/hotel-nordperd
95 Z.; Kat. 2
Das beste Haus in Göhren. Hoher Komfort. Behindertengerechte Zimmer, Sauna, Sonnenstudio. Restaurant mit ausgezeichneter regionaler Küche. 10 Gehminuten zum Strand.

Hagen

Hotel Baumhaus
18551 Hagen
☎ 03 83 92 / 2 23 10
FAX 03 83 92 / 6 68 69
www.wild-east.de/firmen/tv-katalog/baumhaus
8 Z.; Kat. 2

Das idyllisch gelegene, rohrgedeckte "Baumhaus" ist die einzige Unterkunftsmöglichkeit im Nationalpark Jasmund. Die exklusiv eingerichteten Zimmer verfügen über eine Terrasse oder einen Balkon. Das Restaurant "Baumhaus-Stuben" serviert Fisch- und Wildspezialitäten. Wer mag, unternimmt einen Törn mit der hoteleigenen Motoryacht.

Juliusruh

Strandresidenz Aquamaris
Wittower Str. 4
18556 Juliusruh
☎ 03 83 91 / 440
FAX 03 83 91 / 4 41 40
www.aquamaris.de
140 Z., 68 Suiten; Kat. 1
Die am Strand der Schaabe, mitten im Dünenwald gelegene Hotelanlage bietet modern ausgestattete Zimmer und Suiten sowie 52 Ferienwohnungen. Neben vier Restaurants und zwei Bars gibt es allerlei Freizeit- und Sportmöglichkeiten.

Pension Hinter der Düne
Ringstr. 17
18556 Juliusruh
☎ 03 83 91 / 1 21 26
www.wild-east.de/firmen/schewe/duene.html
9 Z.; Kat. 2
Kleine, ruhig gelegene Pension an der Bucht "Tromper Wiek" mit im Landhausstil eingerichteten Zimmern. Zum Strand sind es 50 m.

Kloster / Hiddensee

Pension Zum Klausner
Im Dornbuschwald 1
18565 Kloster / Hiddensee
☎ 03 83 00 / 66 10
FAX 03 83 00 / 6 61 20
7 Z.; Kat. 1
Die nahe der Steilküste und

dem Leuchtturm gelegene Pension bietet in seinem Restaurant gutbürgerliche Küche mit Fischspezialitäten. Vermittlung von Reitstunden.

Lancken-Granitz

Pension Jägerhof
Dorfstr. 37
18586 Lancken-Granitz
☎ 03 83 03 / 8 59 63
FAX 03 83 03 / 8 74 09
www.wild-east.de/firmen/
jaegerhof
24 Z.; Kat. 3

Preisgünstige Pension mit Blick auf den Neuensiener See beim Biosphärenreservat Südost-Rügen. Es werden auch sechs jeweils 50 m² große Ferienwohnungen vermietet.

Lobbe

Aparthotel Eldena
Göhrener Weg 40
18586 Lobbe
☎ 03 83 08 / 500
FAX 03 83 08 / 22 32
30 Z.; Kat. 1 - 2
Das direkt am Strand gelegene Haus bietet neben modernen Zimmern auch 25 komfortabel ausgestattete Apartments, ein Restaurant, Terrasse und Sauna. Fahrrad- und Strandkorbverleih.

Lohme

Panorama-Hotel Lohme
Dorfstr. 35
18551 Lohme

☎ 03 83 02 / 92 21
FAX 03 83 02 / 92 34
35 Z.; Kat. 2
Direkt am Jasmunder Nationalpark gelegenes Hotel im Stil der Bäderarchitektur. Klassisch-elegant eingerichtete Zimmer. Herrlicher Blick auf die Bucht der Tromper Wiek bis Kap Arkona. Das Restaurant serviert gute regionale Küche. Eigener Strandzugang.

Middelhagen

Deichgraf
Deichweg
18586 Middelhagen
☎ 03 83 08 / 54 40
FAX 03 83 08 / 5 44 25
15 Z.; Kat. 3
Ruhige, preisgünstige Pension mit modern eingerichteten Zimmern, Grill- und Sonnenterrasse, Gästeküche sowie Hallenbad mit Sauna.

Poseritz

Hotel Lindenkrug
Lindenstr. 27/28
18574 Poseritz
☎ 03 83 07 / 251
FAX 03 83 07 / 354
www.hotelsonline.de/mecklen
burgvorpommern/lindenkrug
36 Z.; Kat. 3
Verkehrsgünstig gelegenes Hotel, das sich gut als Ausgangspunkt eignet, um Stralsund und Rügen zu erkunden. Ordentliche und preiswerte Zimmer.

Putbus

Hotel Clemens
Dorfstr. 14
18581 Putbus
☎ 03 83 01 / 8 20
FAX 03 83 01 / 6 13 81
www.ruegen.im-web.de
18 Z.; Kat. 2
In der Nähe des Yachthafens Lauterbach gelegen, mit Win-

Hotels

tergarten und Terrasse. Herrlicher Blick über den Bodden bis zur Insel Vilm.

Tiet un Wiel
Bergener Straße 1
18573 Samtens
☎ 03 83 06 / 22 20
FAX 03 83 06 / 2 22 15
www.tiet-un-wiel.de
62 Z.; Kat. 2
Das Sporthotel und Freizeitzentrum ist v. a. für bewegungsfreudige Urlauber eine wahre Freude. Es gibt Tennis-, Squash- und Badmintonhallen, eine Free-Climbing-Kletterwand, Kegel- und Bowlingbahnen und einen Fitnessraum. Angeboten werden außerdem Aerobic-Kurse sowie eine Saunalandschaft mit römischem Dampfbad und finnischer Blockhaussauna.

Kurhotel Sassnitz
Hauptstr. 1
18546 Sassnitz
☎ 03 83 92 / 530
FAX 03 83 92 / 5 33 33
www.ruegenweb.de/Kurhotel
83 Z.; Kat. 1
Das Kurhotel, ein ehemaliges Seemannsheim, befindet sich oberhalb des Seglerhafens unmittelbar an der Steilküste, mit weitem Blick über die Ostsee. Komfortabel ausgestattete, z. T. behindertengerechte Zimmer. Mit Restaurant, Bierkeller, Hotelshop, Sauna und Schwimmhalle.

Parkhotel Sassnitz
Hauptstr. 36
18546 Sassnitz
☎ 03 83 92 / 69 50
FAX 03 83 82 / 69 51 99
www.all-in-all.com/1491.htm
20 Z., 1 Suite; Kat. 2
Das in einem Patrizierhaus untergebrachte Hotel hat modern eingerichtete Zimmer mit Kabel-TV und exklusivem Mobiliar.

Villa Aegir
Mittelstr. 5
18546 Sassnitz
☎ 03 83 92 / 30 20
FAX 03 83 92 / 3 30 46
www.villa-aegir.de
36 Z.; Kat. 1
Das Hotel in traditioneller Rügener Bauweise liegt mitten im Zentrum, hoch über dem Sassnitzer Hafen mit schönem Blick auf die Ostsee.

Hotel Bernstein
Hochuferpromenade 8
18586 Sellin
☎ 03 83 03 / 17 17
FAX 03 83 03 / 17 18
www.wild-east.de/firmen/
hotel-bernstein
68 Z.; Kat. 1
Neubau auf dem Hochufer, umgeben von Buchenwald. Mit herrlichem Blick aufs Meer. Fitnessraum, Sauna.

Cliff-Hotel
Siedlung am Wald
18586 Sellin
☎ 03 83 03 / 84 84
FAX 03 83 03 / 84 95
E-Mail: info@cliff-hotel.de
www.cliff-hotel.de
262 Z.; Kat. 1
Eine der besten Unterkünfte auf Rügen. Reizvolle Lage am Hochufer der Ostsee. Moderne Hotelanlage mit vielen Entspannungs- und Sportmöglichkeiten. Gästeaufzug zum Strand. Behindertengerecht.

Wald-Hotel
Luftbadstraße 16
18586 Sellin
☎ 03 83 03 / 8 73 03 und 13 80
FAX 03 83 03 / 8 74 90
28 Z.; Kat. 2-3

Ruhige, preisgünstige Unterkunft am Wald, ca. 500 m vom Strand entfernt.

Spyker

Schlosshotel Spyker
Schlossallee
18551 Spyker
☎ 03 83 02 / 770
FAX 03 83 02 / 5 33 86
www.Schlosshotel-Spyker.de
35 Z.; Kat. 1 - 2
Ruhig gelegenes Luxushotel inmitten eines Parks am Spykerschen See. Komfortable, mit italienischen Stilmöbeln ausgestattete Zimmer. Das exklusive Restaurant "Vier Jahreszeiten" serviert internationale Spezialitäten; das Lokal "Zum alten Wrangel" im Gewölbekeller bietet im Ambiente des 17. Jh.s regionale und schwedische Küche.

Stralsund

Hotel Zur Post
Am Neuen Markt
18439 Stralsund
☎ 0 38 31 / 20 05 00
FAX 0 38 31 / 20 05 10
www.hotel-zur-post-stralsund.de
108 Z.; Kat. 2
Im Herzen von Stralsund gelegen, aber dennoch ruhig. Einige Studios im Ateliergeschoss für längere Aufenthalte.

Haus am Rügendamm
Reiferbahn 29
18439 Stralsund
☎ 0 38 31 / 29 50 51
FAX 0 38 31 / 29 50 53
80 Z.; Kat. 2
Touristenpension in der Nähe der historischen Altstadt mit modern ausgestatteten Zimmern. Von den oberen Stockwerken hat man einen schönen Blick auf den Rügendamm und Stralsund. Ausreichend Parkmöglichkeiten.

Schweriner Hof
Neuer Markt 1
18439 Stralsund
☎ 0 38 31 / 28 84 80
FAX 0 38 31 / 28 84 89
www.schweriner-hof.de
37 Z.; Kat. 1
Das im Zentrum der Altstadt gelegene Hotel, in unmittelbarer Nähe des Deutschen Meeresmuseums und des Kulturhistorischen Museums, bietet komfortabel ausgestattete Zimmer.

Unter den Linden
Lindenallee 41
18437 Stralsund
☎ 0 38 31 / 44 20
FAX 0 38 31 / 44 22 70
38 Z.; Kat. 2
Ruhig gelegenes Hotel mit behaglich eingerichteten Zimmern. Die beiden hoteleigenen Restaurants servieren deutsche, griechische und italienische Küche. Wer mit dem Zug anreist, wird vom Bahnhof abgeholt.

Thiessow

Pension Wahnfried
Hauptstr. 9
18586 Thiessow
☎ 03 83 08 / 82 80
FAX 03 83 08 / 3 09 12
www.wild-east.de/firmen/wahnfried
8 Z.; Kat. 3

Gemütliche, familiär geführte Pension an der Südspitze des Mönchguts. Die Zimmer sind liebevoll eingerichtet. Rund 150 m bis zum Strand.

Radisson SAS Resort Trent
Vaschvitz 17
18569 Trent
☎ 03 83 09 / 220
FAX 03 83 09 / 2 25 99
www.radisson.dom
159 Z.; Kat.1
Am Naturschutzgebiet gelegenes, im Landhausstil erbautes Hotel mit Restaurants, Bars und vielen Freizeit- und Sportmöglichkeiten (Segeln, Reiten, Wellness- und Beautyangebote, Hallenbad). Etwa 100 m vom Meer entfernt.

Hotelanlage Heiderose
In den Dünen 127
18565 Vitte
☎ 03 83 00 / 630
FAX 03 83 00 / 6 31 24
www.all-in-all.com/1270.htm
34 Z.; Kat. 2
Die Hotelanlage mit Rohrdach-Ferienhäusern befindet sich zwischen Neuendorf und Vitte. Mit Gartenterrasse, Restaurant, Sauna und Solarium. Angeboten werden vielfältige Sport- und Fitnessmöglichkeiten.

Jugendherbergen

Die Jugendherbergen von Rügen und Stralsund stehen jedem offen, der im Besitz eines gültigen Jugendherbergsausweises ist. Buchungen sind direkt bei den Jugendherbergen möglich.

Deutsches Jugendherbergswerk (DJH)
Bismarckstr. 8
32756 Detmold
☎ 0 52 31 / 740 10
FAX 0 52 31 / 74 01 74
E-Mail: service@djh.de
www.djh.de

DJH Landesverband Mecklenburg-Vorpommern
Erich-Schlesinger-Str. 41
18059 Rostock
☎ 03 81 / 77 66 70
FAX 03 81 / 769 86 82
E-Mail: djh-mv@t-online.de
www.djh-mv.de

Jugendherberge Binz
Strandpromenade 35
18609 Binz
☎ 03 83 93 / 3 25 97
FAX 03 38 93 / 3 25 96
E-Mail: jh-binz@t-online.de
www.jugendherberge-binz.de
15 Gehminuten vom Bahnhof entfernt. 143 Betten, vorwiegend 5-Bett-Zimmer.

Jugendherberge Stralsund
Am Kütertor 1
18439 Stralsund
☎ 0 38 31 / 29 21 60
FAX 0 38 31 / 29 76 76
E-Mail: jh-stralsund@sunddata.de
www.djh-mv.de/stralsund/jh.htm
Die Jugendherberge ist in drei historischen Gebäuden im Altstadtkern der Hansestadt untergebracht. 164 Betten.

Jugendherberge Stralsund-Devin
Strandstr. 21
18439 Stralsund
☎ 0 38 31 / 49 02 89
FAX 0 38 31 / 49 02 91
E-Mail: jh-devin@sunddata.de
http://atair.Sunddata.de/jh-devin
Im Ortsteil Devin, unmittelbar beim Naturschutzgebiet "Halbinsel Devin" am Strelasund gelegen, 204 Betten. Geboten werden viele Sport- und Freizeitmöglichkeiten.

Kinos gibt es in Bergen, Göhren, Sassnitz und Stralsund. Darüber hinaus werden auch saisonale Sommerkinos eingerichtet, z.B. auf der Freilichtbühne in Ralswiek.

Cine Center Rügen
Ringstr. 140
18528 Bergen
☎ 0 38 38 / 20 21 22

Kur-Lichtspiele
Waldstr. 6
18586 Göhren
☎ 03 83 08 / 22 12

Waldkino
Ostsee-Camping
18586 Göhren
☎ 03 83 08 / 9 01 20
Während der Campingsaison.

Lichtspiele Sassniz
Grundtvighaus
Seestr. 3
18546 Sassnitz
☎ 03 83 92 / 5 77 75
Der Filmclub im Grundtvighaus zeigt immer freitags ein ausgewähltes Programm für Kinder und Erwachsene.

CineStar
Frankenstr. 7
18439 Stralsund
☎ 0 38 31 / 28 85 28
www.cinestar.de

Kur und Erholung

Die jodhaltige Luft, das milde Seeklima und die sehr gute Wasserqualität wirken gesundheitsfördernd bei der Behandlung von Atemwegs- und Hauterkrankungen, rheumatischen Krankheiten und psychosomatischen Krankheitsbildern, z.B. Stress, innere Unruhe, Schlaflosigkeit und muskulöse Dauerverspannung. Vor allem für Kuraufenthalte von Kindern und Jugendlichen sowie für sog. Mutter-Kind-Kuren hält Rügen ein vielfältiges Angebot bereit. Genauere Auskünfte über Kuren auf Rügen erteilen die Kurverwaltungen (▶ Auskunft).

Thermalbad

Einzigartig an der Ostseeküste bzw. auf Rügen ist die Thermal-Sole-Quelle in Binz. Heilkräftige Sole, wie es sie sonst nur am Toten Meer gibt, sprudelt aus über 1200 m Tiefe direkt in die für jedermann zugänglichen 32 °C und 34 °C warmen Schwimmbecken des Seehotels Binz-Therme.

Seehotel Binz-Therme Rügen
Strandpromenade 76
18609 Binz
☎ 03 83 93 / 60
FAX 03 83 93 / 6 15 00
www.binz-therme.de

Kurorte

Sanatorien, Kurmittelhäuser und Hotels, in denen "Kreide-Bäder", Meeresschlickpackungen, Naturheilverfahren, Entspannungs- und Regenerationsbehandlungen und Programme zur Gewichtsreduktion angeboten werden, gibt es vor allem in Baabe, Binz, Bergen, Breege-Juliusruh, Garz, Glowe, Göhren, Middelhagen, Putbus, Sassnitz, Sellin, Thiessow, Trent und Vaschvitz.

Kurtaxe

Alle Rügener Badeorte erheben eine Kurtaxe von ca. 1 bis 2 € pro Tag; Kinder sind meist davon befreit. Schwerbehinderte, Rentner und Arbeitslose müssen in der Regel nur die Hälfte bezahlen. Die Kurkarte berechtigt bei vielen Veranstaltungen zu freiem oder ermäßigtem Eintritt. Detaillierte Informationen erteilen die Kurverwaltungen und Fremdenverkehrsämter (▶ Auskunft).

Mietwagen

Avis
☎ 0 18 05 / 55 77 55
www.avis.de

Budget
☎ 0 18 05 / 24 43 88
www.budget.com

Europcar
☎ 0 18 05 / 80 00 00

www.europcar.de

Hertz
☎ 0 18 05 / 33 35 35
www.hertz.de

Sixt
☎ 0 18 05 / 25 25 25
www.sixt.de

Darüber hinaus gibt es in jedem größeren Ort auch kleine Autoverleihfirmen. Über Anschrift und Telefonnummer kann man sich bei den Fremdenverkehrsverbänden (▶ Auskunft) informieren.

Notdienste

Polizei
☎ 110

Feuerwehr, Rettungsdienst
☎ 112

DLRG
☎ 0 38 38 / 2 21 39

Wasserschutzpolizei
Ralswiek: ☎ 0 38 38 / 31 33 00
Sassnitz: ☎ 0 38 49 2 / 3 08 34
Schaprode: ☎ 03 83 09 / 14 17
Stralsund: ☎ 0 38 31 / 2 61 40

Ärztliche Hilfe
▶ dort

Öffentlicher Nahverkehr

Das Buslinienetz auf Rügen ist gut ausgebaut, sodass jedes touristische Ziel problemlos und relativ preiswert mit dem Bus zu erreichen ist. In Bergen und Sassnitz fahren Stadtbusse; zwischen Sassnitz und Göhren, Binz und Putbus sowie zwischen Mönchgut und Ralswiek verkehren in der Sommersaison Nachtbusse.

Busse

Die Rügener Personennahverkehrs GmbH (RPNV) bietet Ausflugstouren zu ausgewählten Zielen an, z. B. mit dem "Alleenbus" von Sassnitz nach Stralsund oder eine Tour zum Kap Arkona.

Ausflugsbusse

Öffentlicher Nahverkehr

"UmweltTicket"   Recht günstig erweist sich dabei das "UmweltTicket", eine Bus-Tageskarte für das gesamte Liniennetz der RPNV; Erwachsene zahlen etwa 10 €, eine Familienkarte kostet 18 €.

Rügener Personennahverkehrs GmbH (RPNV)	www.rpnv.de
Tilzower Weg 33	**InfoThek am Busbahnhof**
18528 Bergen	Friedensstraße
☎ 0 38 38 / 8 22 90	18528 Bergen
Service-☎ 0 38 38 / 194 48	☎ 0 38 38 / 194 49
FAX 0 38 38 / 82 29 29	Mo. – Fr. 8 00 – 12 00, 13 00 – 16 00

Bahn   Drei Regionalbahnen übernehmen im Ein- bis Zwei-Stunden-Takt auf Rügen den Personennahverkehr: von Stralsund nach Sassnitz über Bergen und Lietzow, von Bergen nach Putbus-Lauterbach und von Binz über Lietzow nach Bergen.

Geradezu ein Muss ist eine Fahrt mit dem "Rasenden Roland", der mehrmals täglich zwischen Putbus und Göhren in gemächlichem Tempo einherzockelt.

Historischer Dampfzug "Rasender Roland"   Obwohl die Schmalspurbahn ein "ganz normaler" Nahverkehrszug ist – eine Fahrt mit dem schnaufenden, qualmenden und bei jedem Bahnübergang weithin hörbar tutenden "Rasenden Roland" ist eine der Hauptattraktionen auf Rügen, die man sich nicht entgehen lassen sollte. Der historische Dampfzug verkehrt im Zwei-Stunden-Takt zwischen Putbus-Lauterbach und Göhren über Binz, Sellin und Baabe auf einem alten Gleisbett mit 750 mm Spurbreite.

Der erste Streckenabschnitt zwischen Putbus und Binz wurde am 22. Juli 1895 eröffnet. In den folgenden Jahren erweiterte man die Strecke mehrmals. Die Gesamtstrecke bis Göhren wurde am 13. Oktober 1899 in Betrieb genommen. Für die etwa 27 km lange Strecke braucht der Zug auch heute noch etwa eineinhalb Stunden. Eisenbahnfans können sich ihren Kindheitstraum erfüllen und sich für 720 € in einem zehntägigen Kurs auf der Schmalspurbahn zum Ehrenlokführer oder in fünf Tagen – für 160 € – zum Ehrenzugführer ausbilden lassen. Der in Putbus ansässige Förderverein nimmt gern engagierte Mitglieder auf und organisiert mit dem Traditionszug alljährlich zahlreiche Sonderfahrten.

Öffentlicher Nahverkehr (Fortsetzung)

> **Rügensche Kleinbahn GmbH & Co** ☎ 03 83 01 / 8 01 12
> Binzer Str. 12 FAX 03 83 01 / 8 01 15
> 18581 Putbus www.rasender-roland.de

Öffnungszeiten

Auf Rügen öffnen die meisten Läden wochentags um 8 00 oder 9 00 Uhr und schließen um 18 00 Uhr. Am Samstagvormittag sind nur die Warenhäuser und die größeren Geschäfte in den Stadtzentren geöffnet; in kleineren Ortschaften sind Läden entweder nur am ersten Samstag eines Monats bis 12 00 Uhr offen oder gar nicht. Von Juni bis August haben viele Geschäfte längere Öffnungszeiten, dann kann man auch an Sonn- und Feiertagen einkaufen.

Post

Postämter gibt es auf Rügen in Altenkirchen, Binz, Bergen, Dranske, Garz, Göhren, Putbus, Sassnitz, Sellin und Wiek. Auf der Insel Hiddensee nur in Kloster. Das Postamt in Stralsund befindet sich am Neuen Markt.

Reisezeit

Rügen und Hiddensee haben zu allen Jahreszeiten ihre Reize. Die beste Reisezeit sind die Monate von Mai bis September. Im Mai und Juni stehen die Rapsfelder in Blüte. In den warmen Monaten Juni bis August eignet sich das Wasser der kalten Ostsee am ehesten zum Baden, allerdings drängen sich in dieser Zeit die Urlauber auf den Inseln. Reizvoll ist auch der Herbst, wenn die Laubbäume verfärbt sind. Sogar der Winter gewinnt als Reisezeit immer mehr Anhänger, weil man dann wunderschöne Spaziergänge entlang den verschneiten Stränden und durch die raureifüberzogene Landschaft unternehmen kann.

Auf Rügen und Hiddensee herrscht Inselwetter mit feuchten, relativ warmen, aber oft stürmischen Wintern und kurzen, eher kühlen Sommern. Regenkleidung sollte auf keinen Fall vergessen werden. Für Wanderungen ist festes Schuhwerk notwendig.

Reisekleidung

Altenkirchen

Zur Post
Max-Reimann-Str. 21
☎ 03 83 91 / 1 24 03
Deutsche Küche, Spezialität
sind Fischgerichte. Im Sommer wird auch im Garten serviert. Großer Parkpatz.

Alt Reddevitz

Kliesow's Reuse
Dorfstr. 23a
☎ 03 83 08 / 21 71
Zwei rustikale Gasträume in
einer etwas abseits gelegenen,
rohrgedeckten Bauernscheune. Neben Fleischgerichten
gibt es vor allem regionale
Fischküche nach alten Rezepten. Ungezwungener Service.

Baabe

Eden
Dorfstr. 1
☎ 03 83 03 / 8 59 65
Auf der umfangreichen Speisekarte stehen Fleisch- und
Fischgerichte aus der Region.
Spezialität des Hauses: "Rügener Kartoffelpfannkuchen".

Zur Kogge
Dorfstr. 9
☎ 03 83 03 / 8 60 64
Die Außenfassade lädt nicht
unbedingt zur Einkehr ein,
doch die Gerichte sind gut
und preiswert.

Bergen

Ratskeller
Am Markt 27
☎ 0 38 38 / 2 31 12
Restaurant in der gläsernen
Loggia des traditionsreichen
Hotels. Serviert wird regionale, deutsche und internationale Küche.

Binz

Brasserie
Strandpromenade 41
☎ 03 83 93 / 22 23
www.ruegen-schewe.de
Im Hotel Villa Salve, einer um
die Jahrhundertwende errichteten Jugendstilvilla, direkt
an der Strandpromenade gelegen. Französische und regionale Fischspezialitäten und
Fleischgerichte sowie umfangreiche Weinkarte.

Poseidon
Lottumstr. 1
☎ 03 83 93 / 26 69
www.wild-east.de/firmen/
schewe/poseidon.html
Das beste und bekannteste
Fischrestaurant weit und breit
ist in einer alten Seebäder-Villa untergebracht. Es gibt aber
auch Wildgerichte und Steakvariationen sowie herrliche
Weine aus Deutschland und
Frankreich. Vor allem in der
Hauptsaison sollte man einen
Tisch reservieren.

Breege

Zum alten Fischer
Am Breeger Hafen
☎ 03 83 91 / 1 21 89
Direkt am Hafen gelegen. Die
Küche ist bodenständig, die
Preise entsprechend günstig.
Gekocht wird nach historischen Rezepten. Spezialität:
Aalsuppe.

Buschvitz

Sonnenhaken
Grüner Weg 9
☎ 0 38 38 / 82 10
Durch die riesige Glasfront
des Hotelrestaurants hat man
einen herrlichen Blick auf
den Bodden. Gute Küche.

Dranske

Schifferkrug
Kuhle
☎ 03 83 91 / 84 60
Eine der ältesten Gaststätten
Rügens, auf halbem Weg zwischen Wiek und Dranske gelegen. Seit 1455 wird hier Bier
ausgeschenkt. Einfache, preiswerte Küche.

Garz

Am Wiesengrund
Am Wiesengrund 23
☎ 03 83 04 / 347
Am Ortsausgang von Garz in
Richtung Zudar gelegenes
Hotelrestaurant mit familiä-
rer Atmosphäre. Gutbürgerli-
che Küche.

Gingst

Marktschenke
Am Markt 1
☎ 03 83 05 / 5 55 20
In der Nähe der "Historischen
Handwerkerstuben" gelegen.
Auf der Speisekarte stehen ita-
lienische Gerichte, Fischge-
richte und andere regionale
Spezialitäten. Di. Ruhetag.

Glowe

Fischerhus
Hauptstr. 53
☎ 03 83 02 / 52 35
Große Auswahl an regionalen
Fischgerichten. Recht ange-
nehme Atmosphäre.

Göhren

Nordperd
Nordperdstr. 11
☎ 03 83 08 / 70
In dem modern ausgestatteten Restaurant mit hübscher
Gartenterrasse wird hauptsächlich regionale Küche
serviert. Große Weinauswahl;
kompetente Bedienung.

Klein Zicker

Zum trauten Fischerheim
Dörpstrat 15
☎ 03 83 08 / 3 01 52
Regionale Fischgerichte. Samstags und sonntags werden von
10⁰⁰ bis 22⁰⁰ Uhr Fische geräuchert.

Kloster / Hiddensee

Haus Hiddensee
Kirchweg 31
☎ 03 83 00 / 335
Gemütliches Lokal mit preis-
wertem Essen.

Lohme

Panorama-Restaurant
Dorfstr. 35
☎ 03 83 02 / 92 21
Auf der windgeschützten Terrasse kann man erstklassige
Fisch- und Wildspezialitäten
genießen. Als Beilage gibt's
einen phantastischen Blick
hinaus aufs Meer.

Middelhagen

Zur Linde
Dorfstr. 20
☎ 03 83 08 / 55 40

Im ehemaligen Dorfkrug der
Zisterziensermönche von 1450
wird preisgekrönte Mönchguter Küche serviert, vor allem
Heringspezialitäten. Dazu
gibt es das selbst gebraute,
süffige "Bio-Landbier".

Moritzdorf

Moritzburg
☎ 03 83 08 / 2 52 84
Weithin bekanntes Ausflugslokal, auf einem Berg gelegen,
mit einer herrlichen Sicht
über Südostrügen. Regionale
Küche.

Neuendorf / Hiddensee

Stranddistel
Plogshagen 15
☎ 03 83 00 / 393
Das Lokal befindet sich südlich des Hafens. Serviert wird
regionale Küche. Hervorragen-
des Fischangebot.

Putbus

Jägerhütte
Am Wildgehege
☎ 03 83 01 / 510
Mit seinem rustikalen Am-
biente wird das Lokal seinem
Namen mehr als gerecht. Neben Fischgerichten gibt's hier
– natürlich – ausgezeichnete
Wildgerichte.

Putbus-Wreechen

Wreecher Hof
Kastanienallee
☎ 03 83 01 / 850

Elegantes, in hellen Farben ge-
haltenes Restaurant im Stadt-
teil Wreechen. Sehr gute
regionale Gerichte, umfangreiche Weinkarte. Schöner
Wintergarten und mehrere
Terrassen.

Ralswiek

Zum Likedeeler
Am Bodden 21
☎ 0 38 38 / 31 33 35
Das zur gleichnamigen kleinen Pension gehörende Restaurant serviert deutsche
Küche und besitzt einen sehr
schönen Wintergarten.

Sassnitz

Gastmahl des Meeres
Strandpromenade 2
☎ 03 83 92 / 51 70
Hier gibt's Fisch in allen nur
erdenklichen Variationen: gebraten, gegrillt, gekocht und
geräuchert. Die Preise dafür
sind recht moderat. Während
der Hauptsaison sollte man
unbedingt reservieren.

Kapitänsmesse
Walterstr. 8
☎ 03 83 92 / 5 78 58
Das kleine Restaurant in der
gleichnamigen Pension serviert in zwei Gasträumen gute
regionale Küche. Von der Terrasse hat man einen schönen
Blick auf den Hafen.

Zur Mole
Strandpromenade 1
☎ 03 83 92 / 2 27 98
Das direkt am Hafen gelegene
rustikale Restaurant bietet
regionale Fisch- und Fleisch-
spezialitäten.

Sellin

Seebrücke
Wilhelmstraße
☎ 03 83 03 / 82 90 und 84 80
Im Gebäude auf der Seebrücke sind die Restaurants "Pal-
mengarten" im mediterranen
Stil und "Kaiserpavillon" im
Flair der Goldenen Zwanzigerjahre empfehlenswert. Gute
Küche mit vielen Fischspezialitäten.

Seeterrassen
Siedlung am Wald
☎ 03 83 03 / 84 82
Das Restaurant im Cliff-Hotel Rügen bietet neben einer kreativen Cuisine auch herzhafte Regionalkost. Die Weinauswahl ist ordentlich, der Service recht freundlich.

Russische Teestube
Tschai Kowski
Wilhelmstr. 28
☎ 03 83 03 / 14 50
Im Restaurant der Pension "Tatjana" gibt es nicht nur russischen Tee, sondern auch andere original russische Getränke und Speisen – zu moderaten Preisen.

Stralsund

Hotel zur Post
Tribseer Straße 22
☎ 0 38 31 / 20 05 00
Modernes Interieur prägt das elegante Restaurant im gleichnamigen Hotel. Die Küche glänzt mit ideenreichen und dennoch bodenständigen Gerichten.

Torschließerhaus
Am Kütertor 1
☎ 0 38 31 / 29 30 32
Gutbürgerliche Küche zu erschwinglichen Preisen und in guter Qualität.

Wulflamstuben
Alter Markt 5
☎ 0 38 31 / 29 15 33
Die empfehlenswerte Küche entspricht dem stilvollen Ambiente im altehrwürdigen, mittelalterlichen Wulflamhaus.

Thiessow

Mönchguter Fischerklause
Hauptstr. 48
☎ 03 83 03 / 3 03 97
Hier gibt es typische Regional-

küche zu ordentlichen Preisen, z.B. Rügener Sülzfleisch und Labskaus.

Trent

Cokij
Vaschvitz 17
☎ 03 83 09 / 220
Eines von fünf Restaurants im "Radisson SAS Resort Trent". Modern ausgestattetes Fischlokal im Wintergarten. Superbe Weinkarte.

Vitt

Zum Goldenen Anker
☎ 03 83 91 / 1 21 34
Urige Kneipe mit deftiger Hausmannskost in rustikalem Ambiente am Eingang des denkmalgeschützen Fischerdörfchens beim Kap Arkona.

Vitte / Hiddensee

Inselreif
Süderende 9
☎ 03 83 00 / 263
Sehr empfehlenswerte norddeutsche Küche. Das Restaurant wurde mit dem Logo "Regionale Esskultur" ausgezeichnet.

Mühlenhof
Wiesenweg 58
☎ 03 83 00 / 217
Das Restaurant bietet regionale und internationale Küche sowie eine ausgesuchte Getränkekarte. Die Spezialität sind Fischgerichte.

Wiek

Landhotel Herrenhaus Bohlendorf
Bohlendorf bei Wiek
☎ 03 83 91 / 770
Im gediegen eingerichteten Hotelrestaurant werden gehobene internationale Küche serviert und Weine aus zehn Ländern angeboten.

Ausflugsfahrten

Eine ganze Reihe von Reedereien bietet von Sassnitz, Binz, Göhren, Sellin und anderen Küstenorten Ausflugsfahrten an, z.B. Schiffsrundfahrten um die Insel Rügen oder um die unter Naturschutz stehende Insel Vilm, Boddenrundfahrten, Erlebnis- und Vergnügungsausflüge zu anderen Rügener Seebädern und den Kreidefelsen, Angelfahrten, Abendfahrten, aber auch Tagesschiffsreisen auf die Insel Usedom und zur Greifswalder Oie, zum deutschen Festland und in benachbarte Länder.

Zum Kreidefelsen

Zum Kreidefelsen und Königsstuhl fahren die MS Binz und MS Cap Arkona der Reederei Ostsee-Tour ein-, zwei- oder dreimal täglich von den Seebrücken von Binz, Göhren und Sellin sowie vom Sassnitzer Hafen aus. Die Rundfahrt dauert zwischen eineinhalb und vier Stunden.

Zum Kap Arkona

Täglich außer samstags fährt die MS Cap Arkona von Binz (Abfahrt 13^{15} Uhr) und Sassnitz (Abfahrt 14^{00} Uhr) aus entlang der Kreideküste und vorbei an dem malerischen Fischerdörfchen Vitt zum Kap Arkona. Die Rundfahrt dauert etwa vier Stunden.

Seebrückenverkehr

Von Ende März bis Anfang November fahren die drei Schiffe der Reederei Ostsee-Tour mehrmals täglich zu den Ostseebädern Sassnitz, Binz, Sellin und Göhren.

Ausflugskutter im Sassnitzer Hafen

Die Reederei Ostsee-Tour bietet vom 1. Mai bis zum 30. September jeden Montag eine etwa elfstündige Fahrt rund um Rügen ab Sassnitz (7⁴⁵ Uhr), Binz (8³⁰ Uhr), Sellin (9⁰⁰ Uhr) und Göhren (9³⁰ Uhr) an. Die Fahrt führt durch den Greifswalder Bodden, an Stralsund und der Insel Hiddensee vorbei, um das Kap Arkona herum und an der Kreideküste entlang bis zu den Ausgangspunkten Sassnitz, Binz oder Sellin.

Rund um Rügen

Die Fahrgastreederei Lenz bietet von Putbus-Lauterbach aus mehrmals täglich eine ca. eineinhalbstündige Ausflugsfahrt rund um die kleine naturgeschützte Insel Vilm an.

Rund um Vilm

Nach telefonischer Voranmeldung ist es auch möglich, zu einer etwa zweieinhalbstündigen Führung auf die Insel Vilm zu fahren. Man sollte sich dafür aber rechtzeitig anmelden, da täglich nur 30 Personen auf die Insel dürfen.

Vilm-Exkursion

Die Boddenreederei Gutowski sowie die Reederei Ostsee-Tour bieten Fahrten von Sassnitz, Binz, Sellin, Göhren und Gager nach Peenemünde auf der Insel Usedom und zur Greifswalder Oie an. Eine zweistündige Busrundfahrt ins Hinterland von Usedom kann zusätzlich gebucht werden. Oder man besichtigt während des Landgangs Flugzeuge, Hubschrauber und Raketen, die auf dem Freigelände des Historisch-Technischen Informationszentrums ausgestellt sind, sowie das größte U-Boot der ehemaligen sowjetischen Kriegsmarine. Fahrpläne und weitere Informationen zu den Usedom-Fahrten erhält man von den Fremdenverkehrsämtern (▶ Auskunft) oder den Reedereien.

Zur Insel Usedom und Greifswalder Oie

Durch den Breeger und Lebbiner Bodden in den Großen Jasmunder Bodden und zurück führt die eineinhalbstündige Fahrt, die die Personenschifffahrt R. Kipp von Breege aus anbietet.

Boddenrundfahrt

Von Ende April bis Anfang Oktober werden von Stralsund und von Altefähr aus mehrmals täglich Hafenrundfahrten ("Rund um den Dänholm") angeboten. Nähere Auskünfte erteilen der Tourismusverband Rügen (▶ Auskunft) und die Weiße Flotte GmbH.

Hafenrundfahrt in Stralsund

Schiffsverkehr

Reedereien – Ausflugsfahrten

Boddenreederei Gutowski
Zum Höft 15 a
18586 Gager
☎ 03 83 08 / 83 89
FAX 03 83 08 / 83 92
E-Mail: boddenreederei@t-online.de

Breeger Fähr- und Ausflugsfahrten
Parkweg 8 f
18556 Breege
☎ 03 83 91 / 1 22 74
FAX 03 83 91 / 1 22 74

Fahrgastreederei Lenz & Co. KG
Alleestraße 9
18581 Putbus
☎ 03 83 01 / 6 18 96
FAX 03 83 01 / 6 18 74
E-Mail: reederei-lenz@mpm.de

Flying Adler-Line
Fährstr. 16
18439 Stralsund
☎ 0 38 31 / 26 81 16
FAX 0 38 31 / 26 81 30
E-Mail: akquise@weisse-flotte.com

KTG-Kalinin Touristik GmbH
Kapitänsweg 4

18546 Sassnitz
☎ 03 83 92 / 3 21 80
FAX 03 83 92 / 3 21 80

Personenschifffahrt R. Kipp
Dorfstr. 101
18556 Breege
☎ 03 83 91 / 1 23 06
FAX 03 83 91 / 1 23 07

Reederei Lojewski
Schlossallee 4
18546 Sassnitz
☎ 03 83 92 / 2 25 63
FAX 03 83 92 / 2 33 63
E-Mail: reederei.lojewski@
t-online.de

Reederei Ostsee-Tour
Hafenstraße 12 j
18546 Sassnitz
☎ 03 83 92 / 31 50
FAX 03 83 92 / 5 06 72
E-Mail: info@Reederei-
Ostsee-Tour.de
www.ostseetour.im-web.de

Weiße Flotte GmbH
Fährstraße 16
18439 Stralsund
☎ 01 80 / 3 21 21 20
FAX 0 38 31 / 26 81 30
www.weisse-flotte.com

Fährverbindungen nach Rügen

Ab Stahlbrode Von Stahlbrode nach Glewitz, die kürzeste Verbindung zwischen dem Festland und Rügen, legen die Fähren täglich zwischen 6^{00} und 21^{40} Uhr alle 20 Minuten ab; im Winter fahren sie im Halbstundentakt zwischen 8^{00} und 19^{00} Uhr.

Ab Stralsund Die Fähren der Weißen Flotte legen von Mai bis September sechsmal täglich zwischen 9^{45} und 17^{30} Uhr von Stralsund nach Altefähr ab.

Fährverbindungen nach Hiddensee

Ab Schaprode Zwischen Schaprode und Neuendorf, Vitte und Kloster auf Hiddensee unterhält die Reederei Hiddensee einen Linienverkehr. Zwischen Mai und Mitte September fahren die Schiffe täglich ab 6^{15} bis 18^{15} Uhr; außerhalb der Sommersaison ist der Fahrplan etwas eingeschränkt. Die Überfahrt dauert zwischen einer halben Stunde und 75 Minuten.

Ab Stralsund Von Anfang April bis Mitte September kann man täglich von Stralsund aus auf Hiddensee übersetzen. Abfahrt ist jeweils um 9^{15} und 17^{30} Uhr; die Fahrtdauer nach Neuendorf beträgt 1, 5 Std., nach Vitte 2 Std. und nach Kloster 2, 5 Std.

Ab Wiek Von Wiek aus startet die MS Schaprode im Sommer (Saisonstart: 24. Mai) um 13^{30} Uhr nach Neuendorf und um 20^{00} Uhr nach Kloster.

Ab Zingst Ausflugsfahrten von Zingst nach Vitte beginnen tgl. um 9^{00} Uhr und dauern etwa drei Stunden. Zurück geht's um 16^{15} Uhr (Saisonstart: 18. Juni).

Wassertaxi Wer die letzte Personenfähre von oder nach Hiddensee verpasst hat oder wer es eilig hat, kann sich ein Wassertaxi (▶ Taxi) bestellen.

Weiße Flotte GmbH
Fährstr. 16
18439 Stralsund
☎ 0170 / 3 47 24 18
Info-☎ 0180 / 3 21 21 20
www.weisse-flotte.com

Reederei Hiddensee
Büro Stralsund
18439 Stralsund
☎ 0 38 31 / 26 810

FAX 0 38 31 / 26 81 30
E-Mail: info@weisse-flotte.com

Büro Hiddensee
Achtern Diek 4
18565 Vitte
☎ 03 83 00 / 5 0169
Service-☎ 0180 / 3 21 21 50
FAX 03 83 00 / 5 0170
E-Mail: info@reederei-
hiddensee.com

Schiffsverkehr
(Fortsetzung)

Überregionale Fährverbindungen

Wer während seines Urlaubs einmal über die Grenzen Rügens und Hiddensees hinaus die Ostsee erkunden möchte, dem bietet sich eine ganze Reihe von Kurztrips und Tagestouren nach Dänemark oder Schweden. Nähere Informationen und Fahrpläne erhält man bei den Reedereien oder im Fährcenter Sassnitz.

Fährverkehr von Sassnitz nach Rønne (Bornholm): im Sommer sechsmal, im Winter zwei- bis dreimal wöchentlich mit Scandlines oder BornholmFerries (Fahrtdauer: etwa 3,5 Std.). **Nach Dänemark**

Die Fähre Sassnitz – Trelleborg (Fahrtdauer: 4 Std.) fährt das ganze Jahr über fünfmal täglich. **Nach Schweden**

BornholmFerries
Fährhafen Sassnitz
18546 Sassnitz
☎ 03 83 92 / 3 52 26
FAX 03 83 92 / 3 52 21
www.bornholmferries.dk

Scandlines Touristik GmbH
Wismarsche Str. 61
18057 Rostock
☎ 0180 / 5 34 34 47

FAX 0180 / 5 34 34 48
www.scandlines.de

Scandlines Deutschland GmbH
Servicecenter Sassnitz
Fährhafen Sassnitz
18546 Sassnitz
☎ 03 83 92 / 6 44 20
Info-☎ 0 18 05 / 72 26 35 46 37
FAX 03 83 92 / 6 44 29

Sport

Angeln

▶ Wassersport

Beachvolleyball

Während der Sommersaison sind an vielen Stränden Spiel-
felder eingerichtet; hin und wieder finden auch Beachvolleyball-Turniere statt.

Bowlen und Kegeln

Bowlingtreff
Bahnhofstr.

18586 Göhren
☎ 03 83 08 / 23 44

Hotel Aquamaris
Wittower Straße 4
18556 Juliusruh
☎ 03 83 91 / 440

Sporthotel "Tiet un Wiel"
Bergener Str. 1
18573 Samtens
☎ 03 83 06 / 22 20

Bowling Center
Gewerbepark 14
18546 Sassnitz
☎ 03 83 92 / 3 21 61

Fahrradfahren

▶ dort

Golf

Golf- und Landclub Wittow e.V.
Am Bakenberg
18556 Dranske
☎ 03 83 91 / 8 92 04
FAX 03 83 91 / 8 92 08

Ferienresidenz Rugana
18556 Dranske-Bakenberg
☎ 03 83 91 / 9 14 13
FAX 03 83 91 / 9 14 14

Golfclub Rügen
Schloss Karnitz e.V.
18574 Karnitz
☎ 03 83 04 / 1 24 20
FAX 03 83 04 / 1 24 20
www.golfclub-ruegen.de

Minigolf

Minigolfanlagen gibt es z.B. in Thiessow, im IFA-Ferienpark in Binz und am Göhrener Nordstrand.

Reiten

Die Pferdezucht hat, wie überhaupt in Mecklenburg-Vorpommern, auch auf Rügen seit Jahrhunderten Tradition.

Reiter haben hier eine Vielzahl von Möglichkeiten, ihren Sport auszuüben; viele Gestüte bieten Reitkurse an. In zunehmendem Maße kann man auch Kremser- und Kutschfahrten unternehmen.

Pferdehof Altkamp
Haus Nr. 3
18581 Altkamp
☎ 03 83 01 / 6 17 30
FAX 03 83 01 / 6 17 96

Reitschule Bergen
Teteler Landweg 1
18528 Bergen
☎ 0 38 38 / 2 24 66

Reittouristik Heike Thomsen
Neuendorf Nr. 8
18528 Boldevitz
☎ 0 38 38 / 31 36 08
FAX 0 38 38 / 31 36 10

Reiterhof "Ginas Pferdestärken"
Haus Nr. 7
18528 Dalkvitz
☎ 03 83 93 / 3 26 41
FAX 03 83 93 / 3 26 41

Fuhrmannshof Neubauer
Hafenweg 10
18565 Kloster / Hiddensee
☎ 03 83 00 / 487

Reiterhof Groß Stubben
Groß Stubben 3
18574 Poseritz
☎ 03 83 07 / 262

Reiter- und Zuchthof Pätzold
Haus Nr. 37
18566 Starrvitz
☎ 03 83 91 / 82 33
FAX 03 83 91 / 9 35 78

Reiterhof Wiktor
Haus Nr. 3
18569 Zubzow/Trent
☎ 03 83 09 / 13 57
FAX 03 83 09 / 13 57
E-Mail: info@reiterhof-wiktor.de
www.reiterhof-wiktor.de

Tennis

Tennisplatz
Stedaer Weg
18528 Bergen
☎ 0 38 38 / 25 24 88

Tennisplatz
Am Klünderberg
18609 Binz
☎ 03 83 93 / 3 27 59

Tennisplatz
Kurpark
18586 Göhren
☎ 03 83 08 / 2 50 18

Hotel Aquamaris
Wittower Straße 4
18556 Juliusruh
☎ 03 83 91 / 440

Sporthotel "Tiet un Wiel"
Bergener Str. 1
18573 Samtens
☎ 03 83 06 / 22 20

Wandern

▶ dort

Wassersport

▶ dort

Sport
(Fortsetzung)

Taxi

Taxizentralen

Funktaxiruf auf Rügen
☎ 03 83 92/ 3 31 80

Bergen
☎ 0 38 38 / 25 26 27

Binz
☎ 03 83 93 / 24 24

Göhren
☎ 03 83 08 / 6 68 99

Sassnitz
☎ 03 83 92 / 30 30

Sellin
03 83 03 / 8 50 45

Wassertaxis

Tag und Nacht verfügbar sind die Schnellboote des Hiddenseer Taxirings (☎ 03 83 00 / 5 01 69), die zwischen Stralsund, Schaprode und den drei Häfen der Insel Hiddensee verkehren.

MS Pirat
☎ 0171 / 745 77 13

MS Störtebeker
☎ 0171 / 745 77 10

MS Anna Maria II
☎ 0171 / 6 42 80 21

Theater

Naturbühne Ralswiek
Störtebeker Festspiele
Am Bodden 100
18528 Ralswiek
☎ 0 38 38 / 3 11 00
FAX 0 38 38 / 31 31 92

www.stoertebeker.de
Von Ende Juni bis Anfang September kann man hier die Abenteuer des legendären Seeräubers Klaus Störtebeker miterleben.

237

Theater
(Fortsetzung)

Theater Putbus
Markt 13
18581 Putbus
☎ 03 83 01 / 8 08 30
Karten-☎ 0 18 05 / 05 24 25
FAX 03 83 01 / 8 08 39
www.theater-putbus.de
Vor allem Ensembles aus Stralsund, Rostock und Schwerin bringen hier Opern, Operetten, Konzerte, Dramen und Mundartstücke auf die Bühne.

Theatersommer am Kap
Tourismusgesellschaft mbH
Kap Arkona
Am Parkplatz
18556 Putgarten
☎ 03 83 91 / 41 90
Info-☎ 07 00 / 79 70 59 10
FAX 03 83 91 / 4 19 17

www.theatersommer-am-kap.de
Im Juli und August werden sowohl klassische Stücke als auch Boulevardtheater geboten. Bei gutem Wetter finden die Vorstellungen auf der Sommerbühne unter den Leuchttürmen am Kap Arkona statt, bei schlechtem Wetter in der Theaterscheune auf dem Rügenhof.

Theater Stralsund
Olof-Palme-Platz
18439 Stralsund
☎ 0 38 31 / 2 64 60
www.theater-vorpommern.de
Eine weitere Spielstätte des Theaters ist die Studiobühne im Brauhaus am Alten Markt.

Veranstaltungen

Rügens Veranstaltungskalender ist so prall gefüllt, dass man seinen Inselurlaub ohne weiteres ausschließlich auf Festen und Partys ver-

Freilichtbühne der Störtebeker-Festspiele in Ralswiek

bringen könnte. Die Seebäder und Küstenorte feiern vor allem während der Sommersaison Strand-, Strandkorb-, See- und Seebrückenfeste. Hinzu kommen Fischer-, Hafen- sowie Herings- und Hornfischfeste; aber auch am Boddenufer und im Hinterland gibt es neben Ernte- und Schlachtefesten eine Vielzahl interessanter und feuchtfröhlicher Veranstaltungen. Ebenfalls in den Sommermonaten werden in zahlreichen Rügener Kirchen Konzerte veranstaltet. Im Frühjahr gibt's in fast allen Gemeinden neben Frühlings- und Krokusfesten auch Ostermärkte und Maifeuer. Zum Ausklang der Saison finden Oktober-, Herbst-, Reiter-, Drachen- und Leuchtturmfeste statt, und im Winter schließlich werden allerorts Advents- und Weihnachtsmärkte abgehalten.

Januar

Stralsund
Alljährliches Eisbaden im Strelasund

Februar

Sellin
Seebrückenfasching

April

Altefähr
Heringsfest mit Party im Festzelt am Fähranleger, kostenlosen Surfkursen und einer Katamaran-Regatta (30. April).

Bergen
Burg- und Turmparty am Arndt-Turm

Kap Arkona
Tag der offenen Tür am Kap und auf dem Rügenhof

Putbus
Ostereiersuchen mit dem "Rasenden Roland"

Mai

Binz
"Anbaden": Am 1. Mai treffen sich die Binzer Hoteliers zum ersten Bad in der Ostsee, mit dem die Saison eröffnet wird; "Rügenclassics": Stolze Besitzer präsentieren ihre blitzblank polierten Oldtimer.

Putbus
In Rügens kulturellem Zentrum finden Ende Mai / Anfang Juni im Marstall, der Orangerie, in der Schlosskirche und anderen Veranstaltungsorten die Putbus-Festspiele statt mit Konzerten, Oper- und Theateraufführungen sowie Literaturlesungen.

Sassnitz
Promenadenfest auf dem Kurplatz mit Kultur- und Sportveranstaltungen

Stralsund
Friedenstage der Hanse: Im Gedenken an den Stralsunder Frieden von 1370 nach dem Sieg der Hanse über die Dänen lädt die Stadt jeweils am Wochenende um den 24. Mai eine der daran beteiligten Hansestädte ein.

Ummanz
Volksfest mit "Tonnenabschlagen": Reiter versuchen, ein an Seilen aufgehängtes Fass mit einer Holzkeule zu zertrümmern.

Juni

Baabe
Mittsommerfest mit Sommernachtsball und Straßenparty

Bergen
Flohmarkt und Gauklerfest

Binz
Seebrückenfest mit großem Kulturprogramm und Markt

Göhren
Folklore-Festival im Kurpavillon mit deutschen und osteuropäischen Folkloregruppen

Lauterbach
"Blaue-Band"-Regatta rund um Vilm

Ralswiek
Störtebeker-Festspiele auf der Naturbühne von Ende Juli bis Ende September

Stralsund
Segelwoche mit Regatten rund um Rügen und Hiddensee

Juli

Göhren
Folk- und Country-Festival im Kurpavillon

Kap Arkona
Theatersommer am Kap: Von Ende Juli bis Ende August spielen verschiedene Theatergruppen bei den Leuchttürmen und in der Theaterscheune des Rügenhofs.

Sassnitz
Rügener Hafentage mit Schaustellern, Musikveranstaltungen und Feuerwerk

Stralsund
Sundschwimmen: Die 2,4 km lange Strecke von Altefähr zur Stralsunder Seebadeanstalt ist für viele Langstreckenschwimmer der sportliche Höhepunkt des Jahres;
Tierparkfest mit Schaustellerbuden und Veranstaltungen;
Wallensteintage: Um den 24. Juli feiert die Stadt im Gedenken an den erfolgreichen Widerstand gegen die Belagerung durch die Truppen Wallensteins im Jahr 1628 ihr traditionelles Wallensteinfest mit Seeschlacht, Bootskorso und Mittelalter-Markt.

August

Baabe
Rügener Blues-Festival mit Konzerten auch in Binz und Sassnitz

Göhren
Seebrückenfest mit Schaustellerbuden, Tanz und Feuerwerk

Kap Arkona
Brauerei-Fest auf dem Rügenhof

Putbus und Ralswiek
Zuckertütenfahrt mit dem "Rasenden Roland" für Schulanfänger und deren Familien

September

Bergen
"Rügana": Leistungsschau der Insel Rügen;
Rügener Kohlwochen: Von Ende September bis Mitte Oktober liegt Rügen im "Kohlfieber": Auf dem Bergener Marktplatz sowie in anderen Orten gibt's zu Kohlgerichten viel Kultur und Geselliges.

Binz
Rügener Kabarett-Regatta: Im "Haus des Gastes" und im Theater Putbus gibt es den ganzen Monat über Kabarett, Comedy und Kleinkunst pur.

Dranske
Nationalparktag auf dem Südbug am ersten Septemberwochenende

Lauterbach
Einmal im Jahr versuchen über hundert Langstrecken-

schwimmer beim traditionellen "Vilm-Schwimmen" die etwa 2,5 km lange Strecke vom Anleger der Insel Vilm bis zum Lauterbacher Hafen hinter sich zu bringen. Sobald der letzte Schwimmer das Ziel erreicht hat, wird ausgiebig gefeiert.

Stralsund
Herbstmarkt: Jahrmarktsbuden und Schausteller auf dem Neuen Markt

Oktober

Göhren
Internationaler Mönchgut-Marathon;
Deutsches Bernsteinfest: große Bernstein-Ausstellung in der Nordperdhalle. Anschließend findet eine Party statt mit Livemusik und Tanz. Höhepunkt des Festes ist die Wahl der Deutschen Bernsteinkönigin.

Stralsund
"Tour d'Allée": Die traditionelle Rad-Tour mit viel Rennsport-Prominenz führt über den Rügendamm entlang der Deutschen Alleenstraße nach Binz.

Ummanz
Internationaler Kranichlauf: großes Volkssportfest mit zehn verschiedenen Läufen (erstes Oktoberwochenende)

November

Binz
Ostseeländer-Chortreffen: Jeden Herbst geben Kammerchöre aus den Ostsee-Anrainerstaaten gemeinsame Konzerte.

Kap Arkona
Schlachtefest zum Martinstag (11. November)

Dezember

Kap Arkona
Silvestermarkt auf dem Rügenhof und Höhenfeuerwerk

Putbus
Fahrt mit dem Weihnachtsmann im "Rasenden Roland"

Sassnitz
Traditionelles Weihnachtskonzert

Stralsund
Weihnachtliches Chorkonzert im Stralsunder Remter

Wandern

Vor allem in der Vor- und Nachsaison bieten sich Rügen und Hiddensee als abwechslungsreiche, erholsame Wandergebiete an. Die allermeisten Wanderwege sind gut ausgeschildert. Man unterscheidet zwischen Hauptwanderwegen (blaues Zeichen auf weißem Grund), Gebietswanderwegen (rotes Zeichen) und örtlichen Wanderwegen (alle Farben außer Blau und Rot). Die attraktivsten Strecken und Wanderziele sind in den ▶ "Reisezielen von A bis Z" aufgeführt und beschrieben.

In allen größeren Urlaubsorten bieten die Touristeninformationen (▶ Auskunft) organisierte Wanderungen, zumeist mit naturkundlichen Erläuterungen, an, z.B. durch das Biosphärenreservat Südost-Rügen, den Nationalpark Jasmund und den Nationalpark Vorpommersche Boddenlandschaft.

Geführte Wanderungen

Wassersportlern bieten Rügen und Hiddensee hervorragende Bedingungen, ihrer Passion zu frönen. Liegeplätze für Motorboote und Segelyachten gibt es rund um die beiden Inseln, und in vielen Häfen findet man Surf- und Segelschulen sowie Tauchsportzentren.

Angeln

Rügen ist ein Paradies für Angler und eines der besten Angelreviere Europas. Beachten muss man die Verbote in den Schutzgebieten. Der Große Jasmunder Bodden (Barsch, Hecht, Plötz), der Kleine Jasmunder Bodden, der Strelasund sowie der Greifswalder und der Wieker Bodden (Hecht, Barsch, Zander, Hering, Flunder, Plötz, Dorsch, Aal, Hornfisch) sind hervorragende Angelreviere. Und die beste Zeit, einige große Fische an die Angel zu bekommen, ist von Oktober bis April. Während der Heringssaison im März und April ist der beliebteste Angelplatz Mecklenburg-Vorpommerns der Rügendamm. Jeden Tag drängen sich dann 400 bis 500 Freizeitfischer auf der Brücke.

Angelerlaubnis

Grundsätzlich werden ein Fischereischein und eine Angelerlaubnis benötigt. Spezielle Informationen erhält man von den örtlichen Angelvereinen. Die allermeisten Touristeninformationen und Fremdenverkehrsämter (▶ Auskunft), das Landesamt für Fischerei in Rostock, dessen Außenstellen und so manches Angelgeschäft stellen Angelkarten aus.

Angeltörns

Einige Bootseigner und Reedereien bieten Angeltörns und Hochseeangelfahrten an.

Rudern

Ruderboote ausleihen kann man in Seedorf bei Sellin, am Selliner und am Schmachter See bei Binz und in Dranske.

Segeln

Seglern eröffnen sich an den Boddenlandschaften Rügens attraktive Entfaltungsräume. Die modernen, komplett ausgerüsteten Häfen und die Naturhäfen, wie man sie auf der Insel Hiddensee vorfindet, erfreuen sich großer Beliebtheit.

Surfen

Die Strände von Thiessow, Bakenberg-Nonnevitz und vor der Insel Ummanz, bei Suhrendorf, eignen sich hervorragend zum Surfen. Surfschulen und -shops sowie Ausrüstungsverleihe sind auf Rügen ausreichend vorhanden.

Die schönsten Tauchreviere Rügens findet man vor dem Kap Arkona und vor dem kleinen Ort Lohme an der Tromper Wiek. Wegen der guten Sicht- und Wasserverhältnisse lässt sich hier die reiche Unterwasserflora und -fauna sehr gut beobachten; besonders lohnend sind Nachttauchgänge.

Angelscheine

www.mv-regierung.de

Landesamt für Fischerei
Dr.-Lorenz-Weg 1
18059 Rostock
☎ 03 81 / 40 51 80
FAX 03 81 / 4 05 18 43

Landesamt für Fischerei
Außenstelle
Neue Straße 22
18556 Breege-Juliusruh
☎ 03 83 91 / 238

**Landesamt für Fischerei
Außenstelle**
Chausseestr. 4
18581 Putbus-Lauterbach
☎ 03 83 01 / 468

**Landesamt für Fischerei
Außenstelle**
Hafenstraße 12 h
18546 Sassnitz
☎ 03 83 92 / 3 50 49

**Landesamt für Fischerei
Außenstelle**
Am Querkanal 5
18439 Stralsund
☎ 0 38 31 / 29 32 62

**Breeger Fähr- und
Ausflugsfahrten**
Parkweg 8 f
18556 Breege
☎ 03 83 91 / 1 22 74
FAX 03 83 91 / 1 22 74

KTG-Kalinintouristik GmbH
Kapitänsweg 4
18546 Sassnitz
☎ / FAX 03 83 92 / 3 21 80

Reederei Ostsee-Tour
Hafenstraße 12 j
18546 Sassnitz
☎ 03 83 92 / 31 50
FAX 03 83 92 / 5 06 72

Altefähr
Wasserwanderstützpunkt
Am Fährberg 6
☎ 03 83 06 / 7 54 24
60 Liegeplätze

Baabe
Bollwerk Baabe
Fritz-Worm-Str. 1
☎ 03 83 03 / 14 20
20 Liegeplätze

Breege
Wasserwanderstützpunkt
Am Hafen 60

☎ 03 83 91 / 579
60 Liegeplätze

Gager
Werft- und Kommunalhafen
Zum Hövt 28 a
☎ 03 83 08 / 33 10
30 Liegeplätze

Kloster / Hiddensee
Kommunalhafen
☎ 03 83 00 / 6 42 63

Lauterbach
Yachthafen
☎ 03 83 01 / 80 90
300 Liegeplätze

Lohme
Hafen Lohme
Dorfstr. 23
☎ 03 83 02 / 9 09 09
55 Liegeplätze

Neuendorf / Hiddensee
Hafenkontor
Am Bollwerk 6
☎ 03 83 00 / 5 03 78
40 Liegeplätze

Ralswiek
Seglerhafen Ralswiek
Am Bodden 24
☎ 0 38 38 / 31 35 53
40 Liegeplätze

Sassnitz
Stadthafen
Hafenstr. 12
☎ 03 83 92 / 6 90 10
120 Liegeplätze

Schaprode
Yachtservice Rügen
Streuer Weg 63 a
☎ 03 83 09 / 2 80 10
20 Liegeplätze

Seedorf
Kommunalhafen
☎ 03 83 03 / 736
40 Liegeplätze

Sellin
Am Bollwerk

☎ 03 83 03 / 8 68 30
30 Liegeplätze

Stralsund
Marina Yachtcharter
Am Querkanal 2
☎ 0 38 31 / 29 36 28
FAX 0 38 31 / 28 06 12

Vitte / Hiddensee
Yachthafen Langer Ort
Süderende 133
☎ / FAX 03 83 00 / 5 01 07
180 Liegeplätze

Waase
Am Fockerstrom
☎ 03 83 05 / 81 59
20 Liegeplätze

Segelschulen

Segelschule Altefähr
Fähranleger
18573 Altefähr
☎ 0 17 27 / 3 91 33 31

Segelschule und Yachtcharter "Mola"
Boddenweg 1 - 2
18556 Breege
☎ 03 83 91 / 43 20
FAX 03 83 91 / 4 32 11
www.mola.de

"im jaich"
Marina Lauterbach
Am Yachthafen
18581 Putbus-Lauterbach
☎ 03 83 01 / 80 90
FAX 03 83 01 / 8 09 10

Segelschule Rückenwind
Am Yachthafen
18581 Putbus-Lauterbach
☎ 03 83 01 / 8 09 40
FAX 03 83 01 / 8 09 40

Segelschule Ralswiek
Am Bodden 24
18528 Ralswiek
☎ 0 38 38 / 31 32 47
FAX 0 38 38 / 31 32 47

Segeltörns

Windjammer Reederei Rügen
Puddemin Nr. 1
18574 Poseritz
☎ 03 83 07 / 4 05 55
FAX 03 83 07 / 4 11 37

Surfschulen

Surfschule Nessy
Campingplatz
Drewoldke
18556 Altenkirchen
☎ 03 83 91 / 1 21 24
FAX 03 83 91 / 1 21 24

Surfschule Baabe
Strandstr. 18
18586 Baabe
☎ 03 83 03 / 14 40
FAX 03 83 03 / 1 44 19
www.wasser-wind.de

Uni Surf Team Rügen
Am Ufer 14
18556 Dranske
☎ 03 83 91 / 8 98 98
FAX 03 83 91 / 8 95 99

Surfschule Mönchgut
Hauptstr. 4
18586 Thiessow
☎ 03 83 08 / 3 03 60

Windsurfing Rügen
Ostseecamp
18569 Suhrendorf
☎ 03 83 05 / 8 22 40
FAX 03 83 05 / 8 22 40
E-Mail: ws.ruegen@
gmx.net
www.windsurfing-
ruegen.de

Tauchbasen

Taucherbasis
18556 Altenkirchen
☎ 03 83 914/ 1 28 22

Taucherbasis Dänholm
Dänholm-Nord
Haus 93

☎ 0 38 31 / 29 70 90
FAX 0 38 31 / 29 70 99

Schöni's Tauchschule
Hotel "Ostsee Residenz"
Nordstrand 2
18586 Göhren
☎ 03 83 03 / 8 62 76
FAX 03 83 03 / 8 62 76

Rügener Wassersportzentrum
18581 Lauterbach
☎ 0161 / 4 40 33 65
FAX 03 83 01 / 6 12 44

Taucherservice
18556 Nonnevitz
☎ 03 83 91 / 8 90 42

Zeitungen · Zeitschriften

Die auflagenstärkste Tageszeitung der Region ist die "Ostsee-Zeitung". Sie informiert unter anderem über Veranstaltungen, Kino- und Theaterprogramme sowie über wichtige Ereignisse auf Rügen und Hiddensee.
Daneben berichtet die überall auf Rügen kostenlos erhältliche Wochenzeitung "Der Rüganer" über das Geschehen auf den beiden Inseln.

Das jährlich siebenmal erscheinende Magazin "Der Rüganer à la carte" bringt einen umfassenden Immobilienteil und informiert über Sport- und Kulturveranstaltungen.
Tipps und Informationen vor allem für Touristen sowie Veranstaltungsberichte und -hinweise enthält das neunmal im Jahr erscheinende Magazin "Rügen & Stralsund aktuell", das man für einen halben Euro – manchmal sogar umsonst – an Kiosken und in Supermärkten, in Museen und großen Hotels sowie in den Fremdenverkehrsämtern erhält.
Nur auf Hiddensee erhältlich sind die monatlich erscheinenden "Hiddensee Inselnachrichten".

Zeitungen

Zeitschriften

Zoologische Gärten

Putbus

Wildgehege
Schlosspark
Öffnungszeiten:
ständig zugänglich
Das etwa 8 ha große Wildgehege in einem der schönsten Landschaftsgärten Deutschlands wurde bereits im Jahr 1815 angelegt und beherbergt Rot- und Damwild.

Sassnitz

Tierpark Sassnitz
Steinbachweg 4

☎ 03 83 92 / 2 23 81
Öffnungszeiten:
tgl. 10^{00} – 18^{00} Uhr
Auf dem etwa 2,5 ha großen Gelände kann man neben Affen, Wölfen und Adlern über 50 heimische Tierarten wie Pferde, Esel, Schafe, Rotwild oder Eichhörnchen ganz aus der Nähe beobachten.

Stralsund

Deutsches Meeresmuseum Aquarium
Katharinenberg 14 / 20
☎ 0 38 31 / 26 50 10

www.meeresmuseum.de
Öffnungszeiten:
Juli und August tgl. 9^{00} – 18^{00}, sonst tgl. 10^{00} – 17^{00} Uhr
In insgesamt 45 großen und kleinen Aquarien werden die Bewohner der Ostsee, des Mittelmeers und der tropischen Meere vorgestellt. Jeden Samstag und Sonntag, jeweils um 11^{00} Uhr, finden Schaufütterungen statt.

Tierpark
Barther Straße

☎ 0 38 31 / 29 30 33
Öffnungszeiten:
Sommer: tgl. 9^{00} – 19^{00} Uhr,
Winter: tgl. 9^{00} – 16^{00} Uhr
Auf einer Fläche von rund 16 Hektar leben etwa 120 "zootypische" Tierarten und ca. 80 zumeist seltene und zum Teil vom Aussterben bedrohte Haustierrassen wie das Ungarische Wollschwein oder das Kaukasische Zwergzebu-Rind. Einzigartig in Deutschland und Stolz des Zoos sind seine Albinoesel.

Register

Verzeichnis der Karten und grafischen Darstellungen

Bildnachweis

Archiv für Kunst und Geschichte (Berlin): S. 36, 39, 40, 41, 43 (2 x), 53, 77
Balzerek, Reinhard (Schwerin): S. 3, 6, 25, 28, 127, 211
Boldt (Berlin): S. 145
Branscheid, Barbara (Karlsruhe): S. 1, 5 (oben), 8 (Mitte), 9 (oben u. unten),
    26, 31, 47, 48, 50, 55, 65, 70, 74, 78, 80, 84, 86 (2 x), 91, 93, 97, 98, 100, 105,
    111, 112, 115, 116, 119, 121, 124, 130, 135, 136, 137, 138, 144, 150, 166, 170 / 171,
    175 (2 x), 176, 180, 192, 195, 198 / 199, 232, 238
Gasthof Linde (Middelhagen): S. 229
Hotel Hanseatic (Göhren): S. 219
Hotel Vier Jahreszeiten (Binz): S. 218
Ihlow, Frank (Potsdam): S. 2, 4, 5 (unten), 7, 8 (unten), 9 (Mitte), 10 / 11, 14,
    22, 92, 106, 122, 126, 146, 153, 162, 173, 187, 226
Jägerhof (Lancken-Granitz): S. 220
Jörss-Munzinger (Sternberg): S. 16, 89, 132, 139
Kertscher (Hamburg): S. 51
Kulturhistorisches Museum der Hansestadt Stralsund: S. 33, 178
Lade Fotoagentur (Hamburg): S. 8 (oben), 8 / 9, 18, 23 (2 x), 63, 69
    102 / 103, 109, 159, 182

Luippold, Wolfgang (Stuttgart): S. 83
Mauritius Bildagentur (Stuttgart): S. 56 / 57
Nationalparkamt Rügen (Lancken-Granitz): S. 185
Neptun GmbH (Neukamp): S. 145
Schwarz, Elke (Thiessow): S. 222
Störtebeker-Festspiele: S. 149
Strandhotel Baabe: S. 216
Wreecher Hof (Putbus): S. 230

Titelbild: IFA-Bilderteam – Kreidefelsen der Stubbenkammer
Hintere Umschlagseite: Kertscher (Hamburg) – Jagdschloss Granitz

Impressum

Ausstattung:
114 Abbildungen
19 Karten und grafische Darstellungen, 1 große Inselkarte

Text:
Barbara Branscheid, Achim Bourmer, Helmut Linde,
Dieter Luippold, Claudia Smettan, Andrea Wurth

Bearbeitung:
Baedeker-Redaktion (Dieter Luippold)

Kartografie:
Christoph Gallus, Hohberg-Niederschopfheim (Lage in Europa, Klimatabelle)
Bernd Hanzlik Grafik, Halle
Mairs Geographischer Verlag, Ostfildern (große Inselkarte)

Chefredaktion:
Rainer Eisenschmid, Baedeker Ostfildern

4. Auflage 2001
Vollständig überarbeitet und neu gestaltet

Urheberschaft: Karl Baedeker GmbH, Ostfildern
Nutzungsrecht: Mairs Geographischer Verlag GmbH & Co., Ostfildern

Printed in Germany
ISBN 3-89525-436-3

Gedruckt auf 100% chlorfreiem Papier

Baedeker Allianz Reiseführer